上海文化发展系列蓝皮书

THE BLUE BOOK SERIES ON
SHANGHAI CULTURAL DEVELOPMENT

# 上海文化产业发展报告
# （2019）

ANNUAL REPORT ON CULTURAL INDUSTRY DEVELOPMENT OF SHANGHAI
(2019)

## 建设国际文化创意产业中心

主编／荣跃明

执行主编／花建

上海人民出版社

上海书店出版社

# 摘　要

2017 年末,中共上海市委、上海市人民政府颁布了《关于加快本市文化创意产业创新发展的若干意见》(简称"文创 50 条"),对上海文化创意产业做了战略性部署,明确提出未来五年,本市文化创意产业增加值占全市生产总值比重达到 15% 左右,基本建成现代文化创意产业重镇;到 2030 年,本市文化创意产业增加值占全市生产总值比重达到 18% 左右,基本建成具有国际影响力的文化创意产业中心;到 2035 年,全面建成具有国际影响力的文化创意产业中心。

2018 年,上海积极贯彻"文创 50 条",发挥市场在文化资源配置中的积极作用,在内部整合文化、创意、科技、资本、制造等体系要素,在外部把握文化创意产业与实体经济深度融合趋势,推动全市文化创意产业跨入了新的发展阶段。上海聚焦于影视、演艺、动漫游戏、网络文化、创意设计等八大重点领域,保持了全国领先水平,实现出版、艺术品、文化装备制造等骨干领域跨越式发展,加快文化旅游、文化体育等延伸领域融合发展,形成一批主业突出、具有核心竞争力的骨干文化创意企业,推进一批创新示范、辐射带动能力强的文化创意重大项目,建成一批业态集聚、功能提升的文化创意园区,构建要素集聚、竞争有序的现代文化市场体系,满足人民群众对于美好幸福生活的热切需求,使文化创意产业成为本市构建新型产业体系新的增长点。

本书"总报告"以"建设具有国际影响力的文化创意产业中心",全面分析了 2018 年上海文化产业建设的成果。在建设具有全球影响力的文化创意产业中心的战略目标指引下,上海聚焦于优化产业结构、推动高质量发展、重点发展创新先导型、内容主导型、智力密集型、资本密集型的产业类型,着力提供传统性、大众化、多样性的文化创意内容和服务,打造创新驱动、结构完整、代表先进文化生产力的现代文化创意产业体系和市场体系,成为上海迈向卓越全球城市,打造创新之城、人文之城、生态之城的重要内容。

栏目一"开发新兴业态,推动高质量发展",包括了《"互联网+"时代上海文化产业上市公司跨界发展与演化研究》《上海文化装备产业发展优势及突破路径——基于市场、技术与政策视角》和《从"展览空间"到"智慧场馆":文化场馆人工智能化的应用与展望》等研究成果。作者从数字化、智能化、网络化的大趋势出发,深入研究了上海在发展数字内容和先进文化装备方面的重要成果,指出上海通过产业链融合、多平台结合、文化科技融合,正在不断增强文化产业创新的动力。

栏目二"集聚优质资源,打响上海文化品牌"包括《把握艺术品金融创新发展趋势,建设世界重要艺术品交易中心——国内外经验与上海的对策》《办好首届"进博会",提升国际会展之都的实力》和《打造国际网络游戏产业中心——上海网络游戏产业的现状与前瞻》等研究成果,作者分析了在贯彻"文创50条"的背景下,上海文化产业在艺术品、网络游戏、会展服务等领域的新进展,指出首届中国国际进口博览会的举办,显示了中国坚持开放战略,推动全球化向积极方向发展的决心,也给上海建设国际会展之都提供了新的契机。

栏目三"探索前沿领域,树立竞争力优势"包括《创新与未来——上海文创特展产业发展研究》《建设新型的艺术品金融教育体系——兼谈亚洲艺术品金融商学院的探索》和《电子竞技与网络游戏共享产业链条研究——以上海为例的观察与思考》等研究成果。作者在进行大量调查研究的基础上,分析了上海文创特展产业、网络游戏与电子竞技产业、艺术品金融教育等领域的最新发展,指出发展新兴业态,有助于上海文化产业培育先进生产力,优化产业结构,提升作为全球城市的服务能级。

栏目四"树立开放新优势,发展对外文化贸易"包括《上海出版产业走向国际市场:发展与对策》《彰显开放品格,提升开放优势,推进开放作为——上海自贸区文化产业的新进展》等研究成果。作者分析了在世界经济经历艰难复苏,全球化遭遇复杂局面的背景下,上海文化产业积极推动对外开放的新优势,借鉴上海自贸区制度创新的优势,适应全球数字贸易等新规则,继续保持上海在全国对外文化贸易领域的排头兵作用。

栏目五"推动创意研发,借鉴海内外经验"包括《博物馆文化创意产品的研发与推广——兼谈海内外博物馆文化创意产业开发对上海的借鉴意义》《韩国工业社会中的匠人精神及创意设计》等研究成果,从海内外文创产业发展的多重视角,提出了上海借鉴国际经验、提升文化产业竞争力的深入思考和发展对策。该栏目包括了《上海文化产业大事记要(2017 年 12 月—2018 年 11月)》,对 2017 年末以来上海文化产业发展的一系列重要政策、举措、事件做了梳理和分析,以便彰显上海文化产业在改革开放 40 周年之际的发展步伐。

# Abstract

On the end of 2017, CPC Shanghai Committee and Shanghai Municipal Government published 'Several Opinions on Boosting Innovative Development of Shanghai Cultural and Creative Industry' ('50 Clauses'), which has made strategic decision for the development of Shanghai cultural industry. The official document points out that, the added value of the city's cultural and creative industries accounts for about 15% of GDP, and basically builds a modern cultural and creative industry. By 2030, the added value of the city's cultural and creative industries will account for about 18% of GDP; a cultural and creative industry center with international influence should be in reach. By 2035, a cultural and creative industry center with international influence should be fully built.

In the year of 2018, entities in Shanghai implemented actively the '50 clauses.' Market is put into the central role in the allocation of cultural resources. It integrates systematic elements including culture, creativity, technology, capital, manufacturing, etc., and seizes the trend of the blending of cultural and creative industry and real economy. Therefore, Shanghai's creative industry has reached a new stage in its development. Shanghai focuses on eight key areas, i. e. film and television, performing arts, animation and games, online culture services, and creative design, sustaining a leading role nationwide. We achieved leap-forward development in the fields of publishing, art, cultural equipment and other key areas, accelerating the integration and development of cultural tourism, culture and sports, and formed a group of key cultural and creative enterprises with outstanding core businesses and competitiveness. A number of innovative and influential key projects are promoted, and a handful ofcultural and creative parks with functional enhancement are built. A modern cultural market system, with concentrated elements and competitive order, is now in the air, meeting the eager needs of the people for a happy and prosperous life. Cultural and creative industry has become a new growth point for the city to build a new industrial system.

In the part of General Report, we analyzed Shanghai's achievements regarding to 'the construction of a cultural and creative industry center with international influence.' With the strategic guidance of constructing a cultural and creative industry center with international influence, Shanghai focuses on upgrading industry structure, on promoting high quality development, on emphasizing ICI-based (innovation, content, and intelligence) industrial models, on providing traditional, popular, and diverse cultural and creative products and services, and on building up a modern and integral cultural industry system and market, driven by innovation and representing advanced productivity. All of these play a vital role in Shanghai leading to be an outstanding global city, and building up an innovative, humanistic, and eco-friendly city.

The first section, titled 'Developing new forms of businesses and promoting high-quality development,' includes 'Study on the cross-border development and evolution of shanghai cultural industry listed companies in the "Internet+" era', 'Advantages and breakthrough paths for Shanghai cultural equipment industry development — An investigation based on market, technology and policy,' and 'From "exhibition space" to "smart venues": the application and prospects of artificial intelligence concerning cultural venues.' Starting from the general trend of digitalization, artificial intelligence and networking, the authors rooted their studies in Shanghai's important achievements in the development of digital content and advanced cultural equipment. It is addressed that Shanghai is constantly strengthening its culture through vertical integration, multi-platform interaction and the blending ofculture and technology innovation. These forms the driving force of industrial innovation.

Section 2 'Collecting high-quality resources and launching Shanghai cultural brands' contains 'Comprehending the trends of art financial innovation, building an important world art trade center — domestic and foreign experience and Shanghai's countermeasures', 'Running the first CIIE, and upgrading the strength of the international conference and exhibition center,' and 'Building the international online gaming industry center — the status and prospects of the shanghai online gaming industry.' The authors analyzedShanghai cultural industry in the context of implementing the '50 clauses' throughnew developments in the fields of products, online gaming, exhibition services, etc. It is pointed out that the holding of the first China International Import Expo showed China's determination to adhere to the open strategy and promote the development of globalization in a positive direction, and also provided new facilities for Shanghai to build an international convention and exhibition capital.

Section 3 'Exploring the frontier areas and establishing competitive advantages' includes 'Innovation and future — Shanghai cultural and creative specialty exhibition industry development research,' 'Building a new type of art finance education system — also on the exploration of Asian art finance business school,' 'The Symbiosis of online gaming and the e-sports industry — observations and thoughts with Shanghai as the focus.' On the basis of a large number of investigations and studies, the authorsanalyzed the latest developments in the fields of Shanghai cultural and creative specialty exhibition industry, online gaming and e-sports industry, art finance education, and so on. It ispointed out that the development of new business forms will help Shanghai cultural industry to cultivate advanced productivity, optimizing the industrial structure and enhance the service level as a global city.

Section 4 'Establishing new advantages of opening up and developing foreign cultural trade' includes 'Shanghai publishing industry heading to the global market: development and countermeasures,' ' Showing openness, enhancing advantages, promoting progresses — new trends in cultural industry within Shanghai Free Trade Zone. ' The authorsanalyzed that, against the background of the difficult recovery of the world economy and the complicated situation of globalization, Shanghai cultural industry actively promotes the new advantages of opening up, draws on the advantages of institutional innovation in the Shanghai Free Trade Zone, adapts to new rules such as global digital trade, and continues to maintain Shanghai played a leading role in the field ofinternational trading of cultural products and services.

Section 5 'Promoting Creative R&D and Learning from Experiences Home and Abroad' includes 'Research and development of museum cultural and creative products — with a reference to the global cultural and creative industry development' and 'The artisan spirit in Korean industrial society. ' These research results focus oncreative design, from the multiple perspectives of the development of cultural and creative industries at home and abroad, putting forward in-depth thinking and development countermeasures to learn from international experience and to enhance the competitiveness of cultural industries for Shanghai. This section also features '2018 Shanghai Cultural Industry Milestones ( Dec. 2017 — Nov. 2018) ,' which sorts out and analyzes a series of important policies, measures and events for the development of Shanghai's cultural industry since the end of 2017, in order to highlight Shanghai cultural industry on the occasion of the 40th anniversary of reform and opening up, exemplifying the pace of development.

# 目　录

## 总　报　告

## 栏目一　开发新兴业态，推动高质量发展

## 栏目二　集聚优质资源，打响上海文化品牌

# CONTENTS

## General Report

## Section 1  Developing new forms of businesses and promoting high-quality development

# 总 报 告

1

# 建设具有国际影响力的文化创意产业中心
## ——2019 年上海文化产业总报告

内容提要　中共上海市委、上海市人民政府颁布的《关于加快本市文化创意产业创新发展的若干意见》（简称为"文创 50 条"）明确提出：到 2035 年全面建成具有国际影响力的文化创意产业中心。这一年多来，上海文化产业朝着高质量发展的目标，呈现出创新驱动、质量提升、规模增长、结构优化的特点。2018 年上海文化产业以创新作为强大的引擎，在产业规模、发展质量、创新成果、市场占有率等方面，继续保持了全国文化产业排头兵的地位；上海注重创新生态建设，强调创新港、大枢纽、广联接、促开放，把金融、科技、文化等要素有机组合起来，形成最有利于培养文化产业新产能、新主体的沃

*　花建，上海社会科学院文化产业研究中心主任、研究员，长期从事文化产业、创意经济、城市文化研究，地区文化发展规划与决策服务工作。

土;在首届中国国际进口博览会的鼓舞下,上海文化产业吸纳全球优秀企业和优质要素,提升开放优势,促进双向流通,有力地推动了长三角文化产业一体化发展。

**关 键 词**　国际影响力　文化创意产业中心　创新驱动　高质量发展

# 一、肩负国家使命,推动高质量发展

中共上海市委、上海市人民政府在 2017 年 12 月颁布了《关于加快本市文化创意产业创新发展的若干意见》(简称为"文创 50 条")。该文件明确指出:文化创意产业是国民经济和社会发展的重要支柱产业,是推动上海创新驱动发展、经济转型升级的重要动力。必须夯实国际文化大都市的产业基础,发挥市场在文化资源配置中的积极作用,使文化创意产业成为本市构建新型产业体系的新的增长点、提升城市竞争力的重要增长极,到 2035 年全面建成具有国际影响力的文化创意产业中心。这一高瞻远瞩的战略目标和指导方针,给予上海文化产业以强有力的推动。这一年多来,上海文化产业朝着高质量发展的目标,呈现出创新驱动、质量提升、规模增长、结构优化的特点。

建设具有国际影响力的文化创意产业中心,必须要以创新、创意、创造作为强大的引擎,这是创新全球化时代的规律所决定的。上海文化产业所要追求的高质量发展,是与后工业化时代全球城市对知识资本、全球影响、多元包容、创新活力、生态文明等的追求密切相关。改革开放以来,上海城市建设积累了大量的基础设施、战略资源、设备硬件,但并不等于有文化整体实力和文化竞争力。文化产业的核心竞争力还涉及战略规划、人才集聚、优化结构等一系列问题。其中,最突出的一个问题是上海如何以创新为第一资源和第一动力,培育面向未来的文化生产力,包括培育新的文化样式、文化市场、文化财富。从文化产业的成果来看,它的根本价值就在于创新,是突破前人的水平而贡献新理念、内容、产品、形式的能力。城市文化实力中的创新力,包含了创意、创新、创造,是资本、科技、内容、人才等四大要素的有机结合。正如"文创50条"所强调的,必须推动城市产业升级和城市定位更新,以人的创造力为核心,借力"互联网+"新动能,拓展"文化+"新思维,走出上海文化创意产业内涵深化整合、外延融合带动的发展新路。

建设具有国际影响力的文化创意产业中心,必须进一步优化产业结构,发展科技密集型、资本密集型、创意密集型的重点领域。根据联合国教科文组织《文化贸易全球化:消费的变迁——2004—2013 年文化货物和服务的国际流动》①所指出的,从 2010 年以来,中国文化产业和文化贸易获得了举世瞩目的增长。中国文化货物贸易总额从 2004 年的 126 亿美元,增至 2013 年的 659.5 亿美元,在十年间增加 4.2 倍,年均增幅达到 20.2%,并且在 2010 年以后,逐步成为全球文化产品的第一出口大国。但是,在全球文化服务出口领域,出口额最高的国家仍然是美国、英国、法国等发达国家,特别是美国以数字化的文化科技开发为代表,在文化技术、版权、服务等方面的出口遥遥领先。根据中国学者张辉的研究,在有统计数据的 188 个国家和地区中,中国对外出口商品中最终消费品占所统计国家和地区前五位的有 123 个,中间品占所统计国家和地区前五位的有 73 个;从中国自国外进口的商品中,最终消费品占所统计国家和地区前五位的有 60 个,中间品占所统计国家和地区前五位的有 74 个。全球有 1/3 到 2/3 的国家通过中间品和最终消费品贸易与中国紧密地联系在一起②。从宏观上看,在整个世界商品的循环大体系中,中国处于中间枢纽的位置,广泛联系着世界上大部分的发达经济体和发展中经济体,这在文化产业和文化贸易领域也有相应的表现。中国不但要积极开展与美国、欧盟、日本、韩国等发达国家开展文化贸易,进入国际中高端文化市场,也要逐步开发新兴经济体和发展中国家的市场,特别是在"一带一路"相关地区,推动文化资源和产品的双向流通。有鉴于此,上海要依托国际金融、经济、贸易、航运中心和科创中心的优势,大力发展科技含量高、经济附加值高、国内市场潜力巨大、国际

---

① UNESCO: The Globalization of Cultural Trade: A Shift in Consumption: International flows of cultural goods and services, 2016 March.

② 张辉:《一带一路:全球治理之中国方案》,《中国社会科学报》2017 年 12 月 26 日第 2 版。

出口市场广阔的文化产业新兴业态,包括文化装备、数字内容、电影生产、网络游戏、出版版权等新兴领域,特别是加强对外文化服务贸易包括技术贸易、版权贸易、投资贸易等的竞争力。

建设具有国际影响力的文化创意产业中心,必须进一步发挥对外开放的优势。这既是国家赋予上海的重大历史使命,也是上海最为宝贵的城市精神和发展活力。2018年11月5日,中国国家主席习近平在首届中国国际进口博览会开幕式的主旨演讲中指出:"一座城市有一座城市的品格。上海背靠长江水,面向太平洋,长期领中国开放风气之先。上海之所以发展得这么好,同其开放品格、开放优势、开放作为紧密相连。"上海作为新时代中国改革开放的排头兵,必须要成为文化产业领域中的亚太门户和东方巨港。正如习近平主席所指出的:"开放、创新、包容已成为上海最鲜明的品格。这种品格是新时代中国发展进步的生动写照。"①从15世纪以后,人类历史上形成了第一次地理大发现,由于工业革命和资本主义所焕发出的前所未有的生产力,跨越辽阔大洋的海上航路,把原本相互隔绝的大陆和岛屿融汇到统一的世界大市场里,也推动了西方的价值观念、市场模式、国际分工、文化与宗教等扩展到西欧、澳洲、北美、南美等地区。第二次世界大战后,以美国为代表的西方势力,进一步把这种国际秩序和价值观念扩展到东亚、中东、南亚、澳洲的许多地区,成为一个全球化的格局。正如新加坡学者郑永年所说:"西方国家在把民主从西方扩展到西方之外的国家和地区,主要包括如下几种方式,包括殖民地、军事占领、冷战阵线等。"②这个全球化格局至今仍在发挥作用,但已暴露出许多问题,潜藏着深刻的危机。这种以西方价值观为代表的世界秩序,有利于美国维持在全世界的霸权,对中国、印度等新兴经济体和大部分发展中国家显示了诸多的限制。这如同英国学者汤因比所说:"帝国的衰落来自于对外的过度扩张和社会内部扭曲的扩大。"③大国兴衰的历史证明:唯有一个大国自身保持不断创新的活力,率先提出和实践全球性的议题,引领全人类发展的价值观念和方向,

① 《习近平主席在首届中国国际进口博览会开幕式上的主旨演讲》,新华社,2018年11月5日。
② 郑永年:《地缘政治和民主秩序问题》,《联合早报》2014年9月30日。
③ 汤因比:《历史研究》中译本,曹未风等译,上海人民出版社1986年版,第405页。

才能吸引广泛的盟友,这就是国家文化软实力的精髓。而中国首倡的"一带一路"战略,突出了市场引导、互利共赢、兼顾各方利益和重大关切,遵循国际规则和市场规律,充分发挥市场在资源配置中的重要作用,调动各方积极性,也为新兴经济体和发展中国家创造了更多的发展机会,将文化与外交、经贸密切结合,形成文化交流、文化传播、文化贸易协调发展态势,实现互利共赢。有鉴于此,中国推动对外贸易的战略与美欧日发达国家依托跨国公司的优势,实施全球产业布局的策略不同,也和大部分发展中国家作为发达国家文化产品销售市场的地位大不相同。它的最大特色是目标升级、双向流通,即不断扩大文化市场的对外开放,积极吸收国际的优质文化资源,同时,大力研发具有自主知识产权的技术密集型、资本密集型、版权密集型文化产品和文化服务,结合数字经济的潮流,进入到全球文化产业价值链的中高端,扩大中国在全球文化贸易市场上的话语权。中国是全球化的参与者、贡献值和受益者。中国从吸引跨国公司的文化投资开始,吸纳全球优秀企业和优质要素,积极扩大先进的文化技术和关键设备、零部件进口,也增强了自身的文化生产能力,实现对外文化产品出口,又在这个过程中实施自主创新战略,培育中国自身的高端文化产业要素,加强中国的对外文化贸易优势,特别是大力发展技术密集型、资本密集型、版权密集型的文化产品,努力进入到全球文化产业价值链的中高端。有鉴于此,上海发展文化产业,培育对外文化贸易优势的过程中,以目标升级作为特色战略,以双向流通作为路径选择,以鼓励创新作为活力源泉。

2018年上海文化产业以创新作为强大的引擎,在产业规模、发展质量、创新成果、市场占有率等方面,继续保持了全国文化产业排头兵的地位。从2010年以来,上海文化产业保持了每年两位数以上的增长率。在上海地区生产总值总量巨大和增速与全国持平的背景下,文化产业增加值占GDP的比重依然稳步提升,显示了强劲的增长势头。这是一个来之不易的发展成果。上海文化产业增加值在2010年为973.57亿元,占GDP比重为5.67%;2012年为1 283.86亿元,占GDP比重为6.36%;2014年为1 397.47亿元,占GDP比重为5.93%;2016年为1 861.67亿元,占GDP比重为6.61%;2017年为2 081.42亿元,占GDP比重达到6.80%,其中文化核心领域所贡献的增加值为 1 558.53 亿元。在近七年间，上海文化产业增加值的总体规模翻了一番以上，占全市 GDP 的比重也在稳步提升。在建设具有全球影响力的文化创意产业中心的战略目标指引下，上海聚焦于优化产业结构、推动高质量发展，重点发展创新先导型、内容主导型、智力密集型、资本密集型的产业类型，着力提供传统性、大众性、多样性的文化创意内容和文化服务项目，打造创新驱动、结构完整、代表先进文化生产力的现代文化创意产业体系和市场体系。上海文化产业将不断跨上新的台阶，在产业结构、规模效应、市场主体、科技含量、创新活动、对外贸易等方面实现进一步提升，显示出文化产业高质量发展的成果。

## 二、培育市场主体，树立重点优势

在创新全球化的时代，上海要建设全球文创产业中心，需要培育大批的文化生产力主体，这就需要建设文化产业的创新生态，强调创新港、大枢纽、广联接、促开放，把金融、科技、文化等要素有机组合起来，形成最有利于培养新产能、新主体的沃土。从 2017 年末到 2018 年末，上海文化产业贯彻"文创 50 条"提出的：重点发展创新先导型、内容主导型、智力密集型、资本密集型的产业类型，着力提供传统性、大众化、多样性的文化创意内容和服务，既强调新型文化业态，又鼓励传统产业提升，既突出前瞻型的探索，又鼓励多样性的路径，打造创新驱动、结构完整、代表先进文化生产力的现代文化创意产业体系和市场体系。

2018 年 5 月，光明日报社和经济日报社联合发布了第十届"全国文化企业 30 强"名单。该评选主要突出骨干文化企业的总体规模实力和综合效益，把握骨干文化企业的市场占有率，鼓励骨干文化企业提升市场竞争力和盈利能力，以发挥文化产业排头兵的带动作用。在连续十年颁布的全国文化企业 30 强中，入围的门槛越来越高，企业的营收水平和盈利水平逐步提升，企业净资产的规模越来越大，综合竞争力逐步提升。第十届"全国文化企业 30 强"主营收入合计 3 768 亿元，平均每一家达到 125.6 亿元；30 强的净资产合计 4 569 亿元，平均每一家达到 152.3 亿元；30 强的净利润合计达 421 亿元，平均每一家达到 14 亿元,三项指标全部创下历史新高。能够入选第十届"全国文化企业 30 强",对于全国文化产业的领军企业提出了更高的要求,堪称入门不易、优胜更难。此次上海在这一全国文化产业企业 TOP 排行榜上再次显示佳绩,在第十届"全国文化企业 30 强"有 3 家企业入选,它们分别是:上海世纪出版(集团)有限公司、上海电影(集团)有限公司、东方明珠新媒体股份有限公司。而在连续十届的"全国文化企业 30 强"中,上海共有 27 家(次)入选,占总量的 9%,在全国各省市中名列前茅。

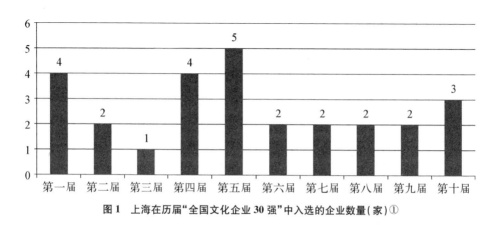

图 1　上海在历届"全国文化企业 30 强"中入选的企业数量(家)①

　　在上海文化产业的骨干企业中,特别是在推动体制改革,创造可复制、可推广的经验方面,一批国有大型文化企业担当了排头兵的作用。上影集团是全国范围内电影产业链最为丰富、经营效益最好、对外贸易最有成效的国有电影产业集团。上影集团锐意推动体制改革,在坚持弘扬电影主旋律的同时,积极推进多领域市场的拓展,被公认为是全国综合效益最佳的国有电影集团。它在全国连续十届"全国文化企业 30 强"评选中 8 次获得"全国文化企业 30 强"荣誉称号,2 次被评为"全国文化体制改革先进企业",6 次被评为"国家文化出口重点企业",为上海建设全球影视创制中心做出了举足轻重的贡献,这在全国范围内是绝无仅有的。上影集团近年来多次获得戛纳电影节、柏林电影节、东京电影节、香港金像奖、台湾金马奖等重要奖项。2006 年、2007 年连续两

---

　　①　本文作者根据相关数据整理和绘制。

届获得威尼斯电影节最佳影片"金狮奖"，有 9 部影片在戛纳电影节正式参赛并获得评委会大奖、最佳男主角、最佳编剧、最高技术奖等 4 项国际重要奖项。

在出版、版权和印刷领域中，上海世纪出版（集团）有限公司是经中宣部、原新闻出版署批准成立的全国第一家出版集团和首批全国文化体制改革试点单位之一。上海世纪出版（集团）有限公司以图书、报刊出版为主业，同时在艺术品经营领域大力拓展，在基础教育、古籍文献、社会科学、中外文学、医学、工具书、音乐、美术等诸多细分图书市场上显示了强大实力，出版了一大批代表社会主义核心价值观念和国家文化软实力的优秀图书，是国内最具影响力的文化生产和内容提供企业。它积极推动优质国产图书和版权走向世界，推动了出版领域的国际合作与交流，先后荣获第十届"全国文化企业三十强"、全国版权示范单位、全国文化体制改革工作先进单位等称号。集团所属各单位出版的图书、期刊连续荣获中国出版政府奖、中华优秀出版物奖、"五个一工程"、茅盾文学奖等各类国家级奖项，获奖数量位居全国各地方出版集团前列。

2018 年 9 月，由中共上海市委宣传部、市文广影视局、市新闻出版局指导，东方网牵头主办的第二届"上海文化企业十强""上海文化企业十佳"和"文化创业年度人物"揭晓。上海举办这一活动的宗旨，是进一步发掘和展示近年来上海文化产业发展取得的成果，着力培育和扶持一批具有自主知识产权和核心竞争力的骨干文化企业和文化企业创业者，以推进上海文化产业发展、创造良好的创新创业氛围。评选单位经过广泛征求意见，通过四个月的推荐、展示、路演、投票、评选，推选出新文化、张江文化等第二届"上海文化企业十强"，河马动画、咪咕视讯等第二届"上海文化企业十佳"以及 10 位"文化创业年度人物"。此次入选的上海文化企业十强，侧重于规模实力、对行业发展的引领、对地区经济的影响力等方面，强调发挥骨干和引领作用；此次入选的文化企业十佳，主要侧重于促进产业融合、新业态培育、商业模式创新等方面的成果，鼓励文化企业提升强劲的市场竞争力；此次入选的文化创业年度人物，主要侧重于勇于创业、积极创新，创造良好社会效益和经济效益等方面，以强调文化产业领域创新、创业的示范性。

习近平主席在 2018 年 11 月 1 日民营企业座谈会上的讲话中指出："公有

制为主体、多种所有制经济共同发展的基本经济制度,是中国特色社会主义制度的重要组成部分,也是完善社会主义市场经济体制的必然要求。"①习近平主席充分肯定我国民营经济的重要地位和作用,强调公有制经济、非公有制经济应该相辅相成、相得益彰。这一重要指示对于上海在文化产业领域中培育民营企业,推动国有和民营企业各显所长,取长补短,共同发展,提供了思想上的重要指导。近年来,上海在数字内容、文化装备、演艺娱乐、艺术品、创意设计、出版和印刷、工艺美术、涌现了一大批富于创新、创意和创造活力的文化企业,其中既有国有企业,也有民营企业,还有合资企业。它们包括诸多快速成长的"独角兽"和"蹬羚"企业,也形成了大批中小微企业组成的生力军。如上海巨人网络科技有限公司,是一家以网络游戏为起点,集研发、运营和销售为一体的综合性互动娱乐企业,发展愿景是成为一家拥有互联网娱乐、互联网金融和互联网医疗的综合性互联网企业。2016 年,巨人网络借壳世纪游轮重返证券市场,成为上海和全国数字游戏的骨干企业之一。巨人拥有超过 1 000 多人的专业研发团队,培育出强大的原创能力,推动了企业快速成长。它通过采用独特的"大区模式",成长为中国数字游戏行业的领军企业。近两年中,巨人网络先后获得"2017 年度中国十大品牌游戏企业"、2017 年度中国游戏行业"金手指·优秀企业奖"、2018 年"中国互联网百强企业"、2018 年"文化创意企业100 强"。它开发的《球球大作战》获得良好的效益,荣获 2016 年度"中国原创游戏精品出版工程"和"2017 年度十大最受欢迎移动网络游戏"称号。

上海的文化产业企业努力开发与数字经济相结合的新兴领域,敏锐把握数字经济推动下文化产业发展的前沿领域。比如在网络文化领域,阅文集团就成为引领全行业的正版数字阅读平台和文学 IP 培育平台,也是海内外最有影响力的华语数字阅读平台。阅文集团坚持社会主义主流文化和多样化的数字文艺创作力量,汇聚了中文创作的强大团队,拥有起点中文网等一大批优秀网站,吸引了海内外数亿热心读者。阅文集团及其下属企业先后荣获 2018 年第二届"上海文化企业十强""2016 年度中国互联网行业领军企业""2015 年

---

① 习近平:《在民营企业座谈会上的讲话》,新华网,2018 年 11 月 1 日。

度最具影响力品牌奖""2015年度最佳网络文学平台网站奖"等称号。阅文集团旗下上海玄霆娱乐信息科技有限公司荣获"2017—2018年度国家文化出口重点企业""2016—2017年度上海文化出口重点企业""上海市安全互联网服务单位"称号;上海市第七届优秀网站评选活动中,集团旗下"起点中文网"荣获最佳网站和优秀网站,"创世中文网"荣获优秀网站。

上海的文化产业企业根据人民群众对文化消费的不断升级,努力开拓前所未有的蓝海市场,以前沿的科技装备、创新的文化形态、细分的专业服务,出巨大的文化消费新市场。如沪江教育,是中国综合实力最为领先的教育科技公司。它贯彻国家关于"互联网+"的战略,通过经营综合性互联网教育平台,向广大用户提供着覆盖种类多元化、涵盖数十个语种、具备高度互动特质的优秀互联网教育产品及服务,影响力辐射1.7亿用户。沪江教育在2017、2018年连续两年被评为"中国互联网百强企业",荣获"2017中国版权年度最具影响力企业""2016—2017年度中国互联网公益奖"等称号。沪江教育坚守"用互联网让教育更公平,打造互联网教育生态系统"的愿景,秉持"求真务实,志存高远,产品为王,用户至上"的理念,展现了中国互联网教育产业的强大实力和广阔前景,也成为全国文化产业领域的一面旗帜。

## 三、配置优质资源,优化创新生态

近年来,上海大力推动产业转型,培育科技服务、文化创意等新兴战略性产业,加强文化、金融与科技的有机结合,推动了各类资源和要素的境内外双向流通和优化配置,成为一大批创新型企业的培育基地,也成为新型文化生产力的沃土。为贯彻落实"文创50条",上海市文广影视局等政府管理机构始终坚持在产业领域上聚焦重点、在实施路径上强调操作落地、在政策支撑上务求解渴管用、在支持和培育国有和民营文化企业方面一视同仁,在2017—2018年先后研究制定了《关于促进上海影视产业发展的实施办法》《关于促进上海演艺产业发展的实施办法》《关于促进上海动漫游戏产业发展的实施办法》《关于促进上海网络视听产业发展的实施办法》和《关于促进上海艺术品产业发展的实施办法》等,使得上海文化产业发展的政策环境向着有利于创新的方向不断提升。

从全世界范围来看,文化产业创新活动具有地缘分布规律。从创新竞争的角度看,世界绝不是平的。产业创新之"鱼群"并非随处可见,而是活跃在一部分优良生态的"水域"中。这些适合融合创新的生态环境具有如下特点:1. 金融资本、科技资源、社会资本、文化资源都高度富集,满足了融合创新活动的需要;2. 具有广泛而开放的国内外联系,深度融入全球科技与文化创新的供应链;3. 具有包容而且积极进步的社会共识,包含了市场意识、科学精神、人文素养、创业精神、社会责任等正能量,社会公众普遍对于创新活动具有积极和正面的评价;4. 在基础设施和社会服务等方面都有利于科技型、创新型人才的工作与生活,对多样化人才都有强烈的吸引力。这就是所谓城市竞争中要打造的文化创新生态优势,即复合型的 5T 优势(科技 Technology、文化包容力 Tolerance、国际贸易及合作 Trade、税收政策 Tax、人才 Talent)。比如名列全球创新城市前列的硅谷—洛杉矶湾区,建立了吸引风险投资的宽松金融环境,形成了以斯坦福大学为核心的优秀人才基地,汇聚了全美 40%的风险投资基金和 2 000 多家金融服务机构,成为 Facebook、苹果、皮克斯、英特尔等一大批领军企业的发祥之地。大量事实证明:一个城市要培育文化产业的新业态,不但要有活跃的市场环境、充分的资本供给等,而且也要有良好的人文环境,鼓励科学精神和探索未知领域的强烈好奇心,鼓励关心人类命运的高远情怀;不但要有严密的逻辑和证伪,而且要有丰富多彩的想象。著名科学家阿尔伯特·爱因斯坦(Albert Einstein)说得好:"逻辑会带你从 A 点到达 B 点,而想象力将把你带到任何地方。"(Logic will get you from A to B. Imagination will take you everywhere. )有鉴于此,一个城市和地区的创新生态越是优良,集聚的各类文化要素越丰富,越是能够催生出大量的优秀文化艺术产品,它对人类文明的贡献力也就越大。由于美的创造具有人类的共享性,所以,一个城市的文化创新力越是旺盛,等于它向世界各国提供的文化公共产品越多,为人类积累的文化财富越多,对各国的影响力就越大。

2018 年 8 月,上海市委副书记、市长应勇主持召开市政府常务会议,研究设立"上海文化产业发展投资基金"，对影视、演艺、动漫游戏、网络文化、创意设计、出版、艺术品、文化装备、旅游等重点领域进行投资。在市委和市政府的指导下，该基金将坚持市场化、专业化运作，选聘优秀管理团队，发挥专业运作能力，遴选优质投资项目，吸引更多社会资本参与，更好地发挥财政资金的杠杆作用和放大效应，引导社会资本投向实体经济，全力打响"上海文化"品牌，这对引导促进本市文化创意产业创新发展具有重要意义。

2018年8月，上海市文创金融合作座谈会举行。在这次会议上，对接文创企业与金融服务机构的信息平台"上海文创金融服务平台"正式上线。该平台把互联网金融与文化产业相结合，依托微信公众号开展服务，分设金融服务、申报指南、政策导航三个栏目，旨在提供全方位文创金融政策与服务信息，满足不同阶段、不同类型文创企业金融需求。中共上海市委常委、宣传部部长周慧琳指出，要抓住有利时机，加快推进上海文创金融深度合作。坚持创新驱动，创新产品和服务，创新机制和渠道，创新资金扶持方式，加快推出文创金融合作的新机制新服务新产品，为全力打响上海"文化品牌"、加快建设上海国际金融中心做出新的更大贡献。

2018年11月，"长三角文化金融服务平台"正式签约，成为长三角地区跨省市、跨区域的一个文化金融服务平台。该平台由上海徐汇区牵头，联合南京、杭州、宁波、绍兴、蚌埠等城市的有关党委宣传部和金融机构，发挥各自在文化金融领域的经验、优势、服务模式及创新成果，共同为文化企业和文化产业项目的高质量发展，提供专业、系统、精准和有效的服务。其中，徐汇区作为上海文化金融合作试验区，发挥了带头的作用，积极探索文化与科技、金融跨界融合的新模式、新路径，构建文化科技金融一体两翼新格局，促进三大产业产生更大的共振叠加效应。第一是打造文化产业新地标，建设"艺术西岸""魅力衡复""徐家汇源"三大文化产业集聚区，推进西岸传媒港等重点项目建设，争取更多艺术品保税展示交易新政在徐汇先行先试，形成以艺术品交易和数字传媒为特色的文化产业集群。第二是构建金融服务新高地，疏通文化与金融的对接渠道，构建涵盖产业引导基金、政策性融资平台、投资机构、银行机构、证券、债券、租赁、担保等在内的多层次文化金融服务体系。第三是搭建长三角合作新平台,与兄弟城市携手,搭建起政府与市场、项目与资本之间的桥梁,打造长三角文化金融协同网络,提升长三角区域文化产业与金融产业的竞争力、影响力和贡献度。该平台委托上海联合产权交易所具体实施,提供信息共通、资源共享、平台共建和业务共拓等服务内容。平台在筹备期间,针对三省一市的文化企业进行了融资项目征集,得到了6个市区相关文投集团、产业园、文化企业和文化金融服务中心的积极响应,共收集60余个优质融资项目,成为平台首批服务对象。平台将这些项目与50余家资本机构的详细信息,汇编成《长三角文化金融合作论坛·项目手册》,推动企业、项目与资本的高效对接。

这些重要举措表明了上海正在积极促进文化与金融的合作,优化文化产业的资本结构和融资环境。随着上海文化产业与金融业深化合作的进程,文化金融作为一种新的产业形态正在逐渐成形。它并非简单意义上的文化产业与金融业的合作,而是指在推动文化资源资本化、文化产权资本化的发展过程中,形成以文化金融理论作为引导,以金融推动多种资源流通和配置,以金融驱动文化价值链重组的产业新形态。而它本身是城市高端、专业服务业的重要组成部分,是培育强大文化生产力主体的引擎。国内外的大量实践证明:一个全球城市必须形成具有国际影响力的文化产业,而文化领军企业的壮大需要各项要素的良好配置,其中,资本就是核心的资源。有鉴于此,先进的金融服务对上海文化企业的壮大具有五个方面不可替代的作用:第一资金融通功能,它以知识产权作为核心的资产,让文化企业以合理的成本筹措到需要的资金,发挥对资金的筹措、动员和汇集作用;第二是资源配置功能,它让金融机构监督文化企业使用资金,并且通过共同分担和重新包装的方式改变风险,把资源分配到回报率较高的文化产业项目上,从而实现资源的有效配置,也让金融资本获得应有的回报;第三是风险管理功能,通过有效的金融市场机制,帮助各种文化机构和企业管理层,进行有效的风险管理;第四是价格信号功能,通过有效的金融手段,向实体经济提供明确的金融信号,帮助他们做出明智的战略决定;第五是国际化平台功能,通过国际化资本的流通和资源配置,来增强城市和国家文化软实力,让人类共享文化产品和文化服务。

这五大功能,就犹如安上了强劲旋转的五叶螺旋桨。通过这一个强大的螺旋桨,上海文化产业的巨轮才能驶向太平洋的惊涛骇浪,成为强大的国际蓝水舰队。近年来,上海通过证券、债券、保险、借贷、担保等多种金融工具,为文化产业企业的成长提供了动力。2018年上海拥有8家文化媒体类主板上市公司,包括东方明珠、号百控股、上海新华传媒、上海新文化传媒、上海龙韵广告、上海电影股份、上海力盛赛车、上海风语筑展示等,占全国文化媒体类主板上市公司数量达到10%①。其中多家成为中国文化产业细分领域的排头兵,如上影集团,如上海东方明珠(集团)股份有限公司1994年在上交所上市,成为中国第一支文化股票;又如上海新华传媒股份有限公司承继了新华书店70年的光荣传统,是中国出版发行行业第一家上市公司,经过多年的发展,已经成为一家综合性传媒类上市公司,形成图书发行、报刊经营、广告代理与物流配送等四大业务板块。它所属的新华书店连锁是上海地区唯一使用"新华书店"集体商标的企业,在全市拥有大型书城、中小型新华书店门市等大中小不同类型的直营网点近200家。

上海不断优化文化产业发展的政策环境,提升文化金融等服务的水平,推动各类文化资源的双向流通,加大对于文化企业的扶持力度,努力形成各个专业领域的竞争力优势,上海的文化金融资本力全国排名前列。根据新元智库所做的文化产业资本力研究,文化资本力作为全面衡量一个地区文化产业吸引、使用、运营资本的能力指标体系,是评价地区文化产业发展情况的晴雨表。它可以直接映射出各地区文化产业的发展潜力及投融资服务体系的完善情况。根据文化产业资本力指数指标体系分析,2018年1—10月,上海入选全国文化产业资本力指数排名TOP3,以8.82的成绩位列全国第三名,虽然与全国第一名和第二名的北京(31.81)和广东(14.39)尚有一定差距,但仍遥遥领先于国内其它地区,表现出强劲的文化金融发展潜力与实力。在文化金融的一系列重要指标方面,如新增上市文化企业、首发融资、上市后融资、上市公司对外投资等方面,上海均名列全国各省市的前列。根据新元文智—文化产业投

---

① 参看平安证券提供数据 https://zs.stock.pingan.com/l

融资大数据系统(文融通)提供的数据,2018 年 1—10 月,上海新增上市文化企业 2 家和首发融资规模达到 35.83 亿元,均居长三角地区之首,在全国居于前列①。

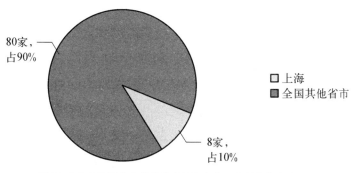

图 2　上海在全国文化媒体类主板上市公司中所占的比重(%)

## 四、提升开放优势,促进双向流通

中国是全球化的参与者、贡献值和受益者。中国从吸引跨国公司的文化投资开始,吸纳全球优秀企业和优质要素,积极扩大先进的文化技术和关键设备、零部件进口,以及国内急需的研发设计、环境服务等知识、技术密集型生产性服务进口,使得本土资源和各国要素在中国获得合理组合,激活了相对富裕的大量资源包括劳动力、土地和初级自然资源,实现对外文化产品出口,又在这个过程中实施自主创新战略,培育中国自身的高端文化产业要素,加强中国的对外文化贸易优势,特别是大力发展技术密集型、资本密集型、版权密集型的文化产品,努力进入到全球文化产业价值链的中高端,把中国优质的文化产能向外输出,扩大中国在全球文化贸易市场上的话语权。这种从"引进"到"输出"的逐步升级战略,不是此消彼长,也不是相互冲突,而是相互促进,不断转换。根据上海自贸区文化艺术蓝皮书提供的有关统计数据,从 2006 年到

① 新元文智—上海新金锦文投资管理有限公司:《长三角文化金融发展报告》,2018 年 11 月。

2015 年,中国文化产品的进出口总额从 213.6 亿美元,逐渐上升到了 1 013.1 亿美元。其中的进出口比重,从 2006 年的出口 201.7 亿美元和进口 11.9 亿美元,增长到了 2015 年的出口 871.2 亿美元,进口 141.9 亿美元。经过近 10 年的艰苦奋斗,中国已经成为全世界文化产品出口的第一大国,也是全世界文化产品出口增长最快的第一大国,在文化产品的进出口领域保持了多年的顺差。

2006—2015年中国文化产品进出口情况　单位：亿美元

图 3　2006—2015 年中国文化产品进出口情况①

在连续 10 年国家商务部颁布的全国文化出口重点企业和文化出口重点项目中,上海拥有的规模和数量都在全国前列,涌现了阅文集团、恺英网络、米哈游、上海自贸区国际文化投资发展有限公司等一批国家级对外文化出口的重点企业和重点项目,为推动"一带一路"做出了重要贡献。它们中有许多是在影视、游戏、出版、印刷、工艺品、音乐等领域对外贸易的排头兵,涉及数字内容、创意设计、动画电影、影视制作、网络游戏、图书版权、文化装备等多个文化进出口领域,如上海自贸区国际文化投资发展有限公司充分依托上海自贸区的优势,它开展"文创中国"项目,入选 2017—2018 年度国家文化出口重点项目,成为在传承中华民族优秀文化遗产基础上,推动文化创意和创新,促进中

① 本文作者根据《2017 上海自贸区文化艺术蓝皮书》提供的数据设计和绘制。

国文化产品出口的一大盛举;又比如上海的一批网络科技和数字游戏企业,推动游戏和漫画与动画、版权开发等领域齐动,打造了大批中国原创的 IP 内容。它们开发的上述相关游戏产品已登陆海外市场,并取得了优秀的销售成绩。它们多次入选为国家对外文化出口重点企业,为推动中华文化走向世界,做出了积极的贡献。

上海的对外文化开放优势,突出地表现在互联网内容、文化装备、影视制作、游戏等新型业态方面,显示了上海在科技、文化、金融相结合的过程中,有效整合国内外资源,通过双向流通提升自身竞争力的能力。如上海恺英网络科技有限公司,成立于 2008 年,是中国知名的互联网企业,也是国家文化出口重点企业,是一家拥有移动互联网流量入口、集平台运营和产品研发为一体的互联网企业,主营业务包括:游戏、平台、大数据智慧服务、互联网高科技服务等。它于 2016 年在 A 股上市,汇聚了一大批研发人员,先后自主开发运营了《蜀山传奇》《全民奇迹 MU》《战舰世界闪击战》等在内的多款游戏。恺英网络积极推动中国游戏产品走向世界,大力开拓海外市场,分别于 2013—2014 年度、2015—2016 年度被认定为"国家文化出口重点企业"。2016 年和 2018 年,恺英网络荣获两次荣获上海文化企业十强,在该专业领域和细分市场显示出较强的竞争力。又比如上海米哈游网络科技股份有限公司,成立于 2012 年,是上海市文化出口重点企业,业务集中在与国产动漫相关的移动游戏、漫画开发等领域。米哈游大力推进自主研发,注重品牌建设,成功打造了中国知名的原创国产动漫 IP——崩坏系列,先后自主研发和推出《崩坏学园》《崩坏学园 2》以及《崩坏学园 3》等国产动漫+移动游戏的优秀产品,而且推动游戏和漫画与动画、版权开发等领域齐动。它开发的上述相关游戏产品已登陆海外市场并取得了优秀的销售成绩。2018 年,上海米哈游网络科技股份有限公司荣获第二届上海文化十佳企业。

在会展产业领域,上海雄踞国际会展之都的最前列。由上海会展研究院(SMI)编制的会展蓝皮书《中外会展业动态评估研究报告》,公布了全球会展城市实力排行榜。该报告立足于世界最具影响力展会、全球最具感召力展商和国际最具竞争力场馆三方面指标,创立了会展指数(SMI)综合评价,提出了当前全球会展国力的四梯度分布格局,在此基础上开展了对全球会展国力的具体分析。该报告显示:上海已经进入到列世界会展城市实力排行榜前三强。排名根据会展服务业生产力三要素发展指数即展馆发展指数、展会发展指数、组展商发展指数,对世界会展城市进行统计分析,中国上海在展馆发展指数上拥有相对优势,法国巴黎在展会发展指数上竞争力突出,英国伦敦在组展商实力指数上则位居榜首,这世界会展城市前三强,代表了世界会展产业的先进水平。这与上海拥有的一大批会展产业骨干企业密切相关,其中如上海风语筑展示股份有限公司,是上海的文化产业主板上市公司,也是中国展览展示业的龙头企业。它利用数字化展示手段,以定制化设计为核心,开发了主题文化展示的领域。将策划创意、空间装饰、互动科技、软件开发、数字 CG、影视制作、系统集成、舞美灯光、平面设计、建筑模型等行业进行跨界整合,打造中国展览展示行业设计施工一体化全产业链模式。它开发的新一代展示装备"魔镜"在展览展示领域获得了广泛的应用。它取得了中国展览工程设计施工一级资质,获得国家高新技术企业、上海市名牌认定,先后获得金堂奖、筑巢奖、中国建筑学会室内设计分会年度大奖、中国室内装饰设计协会奖、艾特奖。2016 年、2017 年公司营业收入分别为 12.27 亿元和 14.99 亿元,同比增长22.17%;净利润分别为 1.13 亿元和 1.66 亿元,同比增长 46.90%;综合效益在行业内领先。

上海的对外文化开放优势,突出地表现在海纳百川,吸引国内外最优秀的文化产业资源汇聚。比如:上海"文创 50 条"明确上海要打造亚洲演艺之都的目标,激励创作、鼓励演出、繁荣市场,推动上海演艺创作从"高原"走向"高峰",向世界呈现中国元素、讲述中国故事,着力打造亚洲演艺之都,重点支持环人民广场演艺活力区等 8 个演艺集聚区建设,而实现这一目标,必须是通过开放和创新。上海不仅是中国共产党建党之地、近代上海开埠之地、海派文化发祥之地,也是中国近代演艺业的发祥之地。中国作为 5000 年的文明古国,其演艺和娱乐的起源可以追溯到公元之前,但是完整意义上的近代城市演艺业,即由近代剧场、专业院团、票务系统、城市观众、演艺市场、大众媒体等组成的整个演艺体系,却是从上海发端的。从 19 世纪中期以来,上海孕育和培育了中国现代演艺业的成长,成为中国现代演艺市场的中心。在全球化和信息化深入发展,文化多样性广泛交融的今天,一个堪称跨国的、洲际的,甚至是世界级的演艺之都,必须在剧院群落、演艺院团、优秀剧目、名家大师、文化金融、票务系统、市场生态、城区环境、国际影响力等方面,获得整体性地、持之以恒地提升,达到洲际的和国际的最高水平,并且获得专业界和市场效益的承认。如果我们把上海与纽约、伦敦、巴黎、东京等做一个"城市对城市"的横向对比,就会发现在正式剧场、演出场次、人均观演、年均观众人次等方面,上海已经有了巨大的增长,进入到世界城市前列,但是比先进水平仍然有一定的差距,有待于奋起直追,后来居上。

2017 年,上海的各类艺术表演团队演出场次为 26 350 多场,其中国内演出场次 26 140 多场,吸引国内观众 969 万人次,演出收入达到 5.6 亿多元,各类艺术表演场所 146 家,座席达到 125 479 个[①]。随着上海建设全球文创产业中心的步伐,一个更为合理而丰富的演艺空间体系布局正在进入"升级版",包括话剧、音乐、儿童剧、戏曲、各类演艺新业态等。其中,徐汇滨江剧场群新建"上海梦中心"6 个剧场,与纽约百老汇、伦敦西区等国际一流演艺集聚区建立合作关系,引进欧美经典演艺剧目,建设国际戏剧娱乐中心;世博园区旅游演出剧场群,建设上海大歌剧院,改造世博大舞台,围绕世博文化公园规划建设户外剧场、特色小剧院、艺术品商店、琴行、艺术培训等空间,打造功能复合、富有生命力与创造力的文化集群;现代戏剧谷剧场群形成江宁路演艺一条街,以美琪大戏院、艺海剧院为主线,向西南与上海戏剧学院、商城剧院、静安 800 秀等剧院互动,以话剧、环境戏剧、经典音乐剧演出为特色。复兴路汾阳路音乐街、四川北路剧场群、天山路商业体剧场群则发挥区域优势,形成百花齐放格局。2018 年 11 月 1 日上海市委宣传部与上海市黄浦区委、黄浦区人民政府联合发布"演艺大世界——人民广场剧场群"名称及三年行动计划纲要,并推动成立演艺大世界联盟。环人民广场地区素以剧场和演艺场馆云集而闻名全国。早在 20 世纪初,人民广场地区就被誉为中国南方最大的"戏码头",鼎盛

---

① 数据来源:上海市统计局、中共上海市委宣传部:《上海文化统计概览 2018》。

时期曾先后集聚过 80 余家剧场、戏院、书场等各类文化演艺场所,京剧、昆曲、越剧、沪剧、评弹、淮剧等传统戏曲都在此创造过近代中国戏曲的辉煌。1935年 5 月 24 日,电影《风云儿女》在这一地区的金城大戏院首映,聂耳作曲与田汉作词的片中主题歌《义勇军进行曲》由此唱响,风靡一时,并且在后来成为中华人民共和国国歌。1957 年年底,周恩来总理亲自提议剧场更名为"黄浦剧场",并亲笔题字,沿用至今。这是上海发展演艺产业必须要传承的一笔巨大的宝贵资产。近年来,随着黄浦剧场、中国大戏院、长江剧场等一批著名老剧场完成修缮改造、升级运营,现在人民广场周边区域内正常运营的剧场及展演空间达到 39 个。特别是人民广场核心地区 1.5 平方公里区域内,正常运营的剧场及展演空间有 21 个,密度高达每平方公里 14 个,是国内目前规模最大、密度最高的剧场群,也是国内剧场演出资源最集中、影响最大的区域之一。

上海发展演艺产业,既要把握当前演出市场快速变化的趋势,又要鼓励保护和文化多样性。比如:近年来全国演艺市场在稳步提升。从 2014 年到2017 年,全国演出场次从 14.8 万场增长到 19.7 万场,观众人数从 85.2 万人次增长到 118.5 万人次;票房收入从 97.9 万元增长到 137.9 万元。而其中增长最快、规模最大的三大门类是话剧、儿童剧、音乐(包括音乐剧)。它们尤其获得了青年一代和新生代儿童及家长的喜爱。在 2017 年这三大门类分别占到全部票房市场的 27.0%、15.2% 和 22.2%,合起来占全部票房的 64.4%,占有举足轻重的地位,上海打造演艺之都的优势恰恰是在话剧、儿童剧、音乐等领域。上海要扬长避短,突出优势,大力加强话剧、儿童剧、音乐剧等体现世界潮流、海派优势和黄浦特色的重点门类创作,加大对相关创作机构、团队的支持力度,也要鼓励各个剧场、剧团、专业服务机构形成合力,鼓励多样化的演出包括昆曲、越剧、沪剧、淮剧、滑稽剧、黄梅戏、评弹、杂技等各类剧种。彰显上海建设亚洲演艺之都的优势。

上海的开放品格、开放作为、开放精神同样是发展演艺产业的瑰宝。上海建设亚洲演艺之都,重点是海纳百川,面向世界,积极吸引"名家、名团、名作"汇聚,打造优质的内容,努力从演艺的"高原"迈向艺术的"高峰",取得了良好的效果。比如,结合中国大戏院的综合改造,上海聘请到国家话剧院著名导演

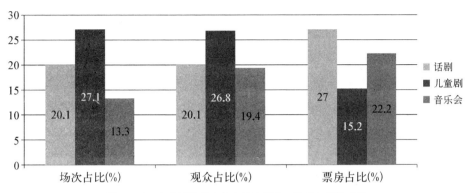

**图4　2017年全国演艺市场占比位居前三位的艺术样式①**

田沁鑫作为中国大戏院艺术总监。作为一位一直坚持讲好中国故事,对中国文化情有独钟的导演,田沁鑫对于中国大戏院未来的规划,是要以中国原创剧目为最核心向外发散。她明确指出:"要把中国大戏院打造成中国文化的传承地,中国原创戏剧的孵化地,国内外精彩剧目汇聚地,青年戏剧人的实践地。"她强调:"在今天中国面向世界的,面向新时代的大好机遇之下,中国大戏院的重新开张,预示着有原创精神的中国戏剧崛起的可能。中国大戏院曾经辉煌璀璨,名家云集,是一家有故事、有背景、有文化、有传承的剧院。见证了历史,见证了诸多艺术巅峰的中国大戏院,是一份文化资料,我们当以珍惜。"

## 五、长三角一体化发展,发挥龙头作用

2018年11月5日,中国国家主席习近平在首届中国国际进口博览会开幕式的主旨演讲中宣布:"为了更好发挥上海等地区在对外开放中的重要作用,我们决定,增设中国上海自由贸易试验区的新片区;在上海证券交易所设立科创板并试点注册制;支持长江三角洲区域一体化发展并上升为国家战略。"长三角是中国经济最为繁荣、对外开放最为活跃、科技文化最为发达的地区之一,也是中国文化产业开展对外合作与国际文化贸易最活跃,外向型文化企业

---

① 本文作者根据向勇主编:《中国文化产业年度报告2017年》,北京大学出版社2017年版;《道略演艺产业研究中心演出市场研究报告》等资料绘制。

最为集中的地区。长三角山水相连,江海交汇,传承了历史悠久的江南文化、运河文化、海洋文化,形成了为深入贯彻党的十九大精神,认真落实习近平总书记关于长三角地区一体化发展的重要指示,深化贯彻长三角地区主要领导座谈会的部署要求,上海、江苏、浙江、安徽党委宣传部,联动中央、三省一市相关机构,于2018年11月29日到12月2日,在上海联合主办首届长三角国际文化产业博览会。它的主题为:"推动长三角文化产业高质量一体化发展"。

首届长三角文博会的基本宗旨,一是聚焦服务国家文化发展方针,探索文产业发展新模式,为全国文化改革提供可复制、可推广的经验;二是聚焦服务"推动长江三角洲一体化发展"的国家战略,发挥长三角在"一带一路"、长江经济带等建设中的重要节点作用,立足长三角、辐射全中国、面向全世界;三是聚焦服务世界级城市群建设,在产业结构优化升级、城市核心功能提升方面体现文化产业的新作为,突出"国际视野、区域联动、市场运作、展陈创新"的办展特色,塑造具有时代特点、中国特色的长三角文博会品牌。

1950年代,法国地理学家简-戈特曼(JeanGottmann)在对美国东北沿海城市人口密集地区做研究时,提出了"城市带"(megalopolis,也可以翻译为特大城市或巨型城市群)的理念,认为它可以达到2 500万人口以上和每平方公里至少250人的人口密度。特大城市群是城市群发展到成熟阶段的最高空间组织形式,其规模是国家级甚至国际级的。而大量事实说明:文化是世界级大城市群保持其独特性和竞争优势的核心资源,也是长三角迈向具有全球影响力的世界级大城市群之核心资产。不同地区的文化具有不同特色,而从现代化的坐标上进行比较,它们之间又呈现出先进性、现代性、开放性的不同色谱和先后排序。江南文化作为长三角地区共有的历史文脉,在千年的传承与融合中,形成了尊重工商、诗性审美、智慧实践、通达应变、追求品质的文化体系。江南文化不但是长江三角洲物华天宝、人杰地灵的文化结晶,而且衍生成为一种富于诗性、优美典雅、剑胆琴心、活力市场、讲究品质的文化脉络和创造风格。古人曾经无数次地感叹江南艺术的魅力:"江南乐,天下治",在聆听了江南音乐的魅力后触景生情地赞叹道:"小楼一夜听春雨,深巷明朝卖杏花"。这种富有长久生命力的江南文化基因,感应着全球化和现代化的澎湃大潮,在21

世纪中国改革开放的背景下焕发出蓬勃的生机。长三角已经成为中国经济最为发达和最富饶的地区,也是最具开放活力的地区之一。长三角文博会以强大的阵容展示了长三角文化产业在全国举足轻重的作用。长三角作为六大世界级城市群之一,是我国经济最具活力、开放程度最高、创新能力最强的区域之一。长三角地区的经济总量占到全国的近 1/4,同时,长三角地区贡献的文化产业增加值也连续多年占到全国总量的 30% 以上。长三角地区成为中国文化产业最为发达,文化创新能力最为强盛,文化产业集约化和国际化程度最高,对外文化贸易最为活跃,拥有联合国全球创意城市最多的地区之一。

长三角文化产业的核心竞争力领先全国。以 2016 年为例,全国文化产业增加值为 30 785 亿元人民币,而长三角地区贡献的文化产业增加值为 9 934.86 亿元人民币,占全国总量的 32%,占长三角地区 GDP 比重为 5.69%,是全国七大地区包括长三角、环渤海、东北、西北、中部、华南、西南等地区中,唯一文化产业增加值占 GDP 比重超过 5% 而达到支柱型产业的地区;而其他六个地区的文化产业占比都在 5% 以下。长三角文博会打破了过去同类展会按照省市或者地区划分展位的陈旧套路,而根据重点领域,整体性表现长三角文化产业的主力军团和优秀成果。长三角的优秀文化企业精锐齐出,精彩亮相,方阵整齐,让人振奋! 在连续 10 年评选的全国文化企业 30 强合计 300 家(次)中,长三角拥有 108 家(次),占全国总量的 34%;在全国文化产业上市公司 10 强中,长三角拥有四家,占 40%。

首届长三角文博会上展示了长三角在影视制作、演艺娱乐、出版印刷、动漫游戏、文化装备、会展服务、网络文化、创意设计、国际文化贸易等领域的一大批优秀的文化企业。这次亮相文博会的文化企业,包括连续多年名列全国文化企业 30 强的上影集团、上海文广集团、上海世纪出版集团、江苏广电集团、宋城演艺、浙江华策影视、华谊兄弟、安徽新华发行集团等,显示了中国文化产业的领军企业和强大阵营。比如连续多次荣获全国文化企业 30 强的宋城演艺,堪称世界演艺第一。它强调:"一切源于文化,一切围绕文化",以城市文化的挖掘、提炼与宣传驱动演艺产业的发展,创造了年演出场次第一、年观众人数第一、年演出利润第一、剧院数第一、座位数第一的世界纪录,成为世界线上线下最大的演艺娱乐公司。宋城演艺每年演出达到 15 000 多场、每年吸引观众 5 000 多万人次,其中的"千古情"系列每年演出 8 000 多场,吸引观众达到 3 500 万人次;宋城演艺旗下的"六间房"拥有 29 万名签约主播,每个月的活跃用户达到 5 621 万,每天的直播时间超过 6 万小时,创造了中国和世界演艺历史的全新纪录①。

**长三角文化产业增加值占全国的比重**

长三角地区的文化产业增加值占全国总量近1/3,对国家文化软实力做出了举足轻重的贡献。

长三角文化产业增加值(亿元)　长三角文化产业增加值占地区GDP的比重(%)　长三角文化产业增加值占全国总量的比重(%)

长三角地区连续多年领跑中国区域文化产业的发展。从2014年到2016年,在全国的环渤海、东北、东南、中部、西北、西南、长三角七大区域中,长三角文化产业增加值规模为第一名,年均增长率达到12.40%,也是全国七大区域中唯一一历年文化产业增加值占GDP比重突破5%而成为支柱产业的最领先地区。

**图5　长三角文化产业增加值占全国的比重②**

开放是上海和长三角文化产业最大的优势和活力之所在。长三角是中国对外文化贸易最为活跃,拥有外向型文化企业最多的地区之一。在国家商务部颁布的历年国家对外文化出口重点企业中,长三角的数量约占全国总数的1/3,其中包括上影集团、时代出版、凤凰出版等一批国有大型文化集团,也包括华策影视一大批生机勃勃的民营文化企业。

---

① 根据宋城演艺在首届长三角国际文化产业博览会上展示的资料和数据整理。
② 根据长三角地区文化产业数据整理。

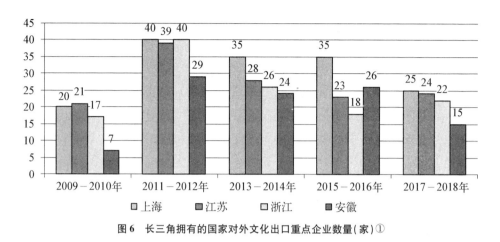

图 6　长三角拥有的国家对外文化出口重点企业数量(家)①

　　首届长三角文博会的一大特色是设立了序馆。它以"推动长三角文化产业高质量一体化发展"为主题,从宏观的视角,高屋建瓴地展现长三角地区文化产业联动发展的战略方向、发展趋势和重要成果,体现了国际化、专业化、一体化的特色。序馆作为整个博览会的灵魂,其设计有三大原则,一是从多维的视角表达长三角文化产业的丰富内涵和贡献;二是从历史和战略的高度把握长三角文化产业的发展历程;三是从整体的空间体验展示长三角文化产业的魅力和内涵。序馆导言部分采用一部360度的LED环屏原创影片,片名为《江海交汇,国之重托》。它由长三角三省一市共同打造,从总体创意到重点调研,从影片制作到工程施工,每一个环节都包含着长三角协力同心的智慧和汗水。它采用了国际上最前沿的沉浸式表达方式,用最新的视听效果展现长三角文化产业的磅礴气势和整体风貌。

　　序馆采用"聚光灯"模式围绕"推动长三角文化产业高质量一体化发展"的主题,分别从地缘战略、历史发展、产业实力、国际合作四大视角展开,以丰厚的研究成果、丰富的数据、翔实的案例,全面展现长三角文化产业的动人风采。第一部分"地缘战略",从全球视角来体现世界城市群的作用,说明长三角文化产业的高质量一体化发展,体现了中国的文化强国战略。第二部分"历史

———————————

　　①　本文作者根据商务部公布的数据整理和绘制。

发展"，把长三角文化产业发展的轨迹，中国文化产业发展的脉络，国际文化产业发展的历程，这三大脉络和时间空间的重大节点对映展开，形成立体多维度的历史把握。第三部分"产业实力"，显示了改革开放以来，在党和国家领导人的深切关怀和支持下，长三角文化产业取得了历史性的重大成就，成为我国文化产业发展的排头兵。第四部分"国际合作"，从国际合作与对外文化贸易的视角，集中展示了长三角作为中国文化产业对外开放排头兵的雄姿。

为朝着长三角文化产业更高质量一体化发展的目标努力，三省一市在文博会期间结成了多个联盟体系，为后续的全域一体化发展搭好平台、建好机制、增添活力。这些联盟包括：长三角红色文化旅游区域联盟、长三角动漫产业合作联盟、长三角文创特展产业联盟、长三角文旅产业联盟、长三角影视制作基地联盟、长三角文化装备产业协会联盟、环淀山湖战略协同区文化一体化发展合作备忘录、长三角电子竞技产教协同创新中心、长三角文化金融合作服务平台等，显示了长三角文化产业高质量一体化发展的广阔前景。

# 栏目一 开发新兴业态,推动高质量发展

2

# "互联网+"时代上海文化产业上市公司跨界发展与演化研究*

解学芳 臧志彭**

**内容提要** 网络时代的到来,催生了大批新兴文化产业上市公司崛起,并牵引文化产业走向跨界融合的轨道。以互联网为代表的新兴科技对上海文化产业上市公司数量与规模的影响与重要性不言而喻。从跨界演化机理来看,新兴文化行业的上市公司处于成长期、传统文化行业的上市公司处于成熟期,互联网成为牵引其跨界演化的重要助推器。"互联网+"时代,上海文化产业上市公司朝着跨界发展模式演进:一是互联网作为强粘合剂,推动传统文化产业上市公司与移动互联网无缝对接;二是互联网作为跨界融合器,将文化产业上市公司发展界限与价值链全

---

* [基金项目]国家自然科学基金面上项目(71473176);上海市浦江人才计划资助(17PJC100);上海软科学研究计划重点项目(18692107600)。

** 解学芳,博士,同济大学人文学院教授,博士生导师;臧志彭,华东政法大学传播学院副教授,硕士生导师。

部打通;三是互联网作为创新驱动力,推动文化产业走向数字化与智能化;四是互联网作为裂变效应源,推动融媒体增量创新与智媒体崛起。

关 键 词 "互联网+" 文化产业上市公司 生命周期 跨界 智媒体

# 一、全球化潮流:"互联网+"时代
## 文化产业跨界崛起

"互联网+",意味着互联网不再仅是一种技术工具或者营销平台,而是一种变革、重构、整合方方面面的思维方式与结构方式。进入"互联网+"时代,文化产业与互联网的深度融合成为全球经济社会发展的重要引擎,推动着文化产业结构的多元化、文化经济活动的泛数据化、社会文化生活的物联网化以及文化企业能力的网络化与衍生化[1]。从全球文化产业龙头企业发展轨迹看,迪士尼、新闻集团、Facebook、谷歌、Netflix 等都是利用"互联网+"实现跨界发展的典范。其中,2018 年 6 月,迪士尼收购福克斯,从传统影视娱乐向流媒体跨界发展,追求内容、科技与渠道的高度融合;Facebook 则从社交巨头转向硬件创新、VR,并于 2018 年开始跨界做杂志《增长》(Grow);Netflix 从 DVD 租赁业务发展成全球流媒体巨头,多元跨界成为自制剧龙头,再到 2018 年进军新闻业务……龙头企业发挥的示范效应,正引发着全球文化产业跨界发展的潮流。特别是美国引领的网络社会的崛起打破了产业、产品、行业、区域间的边界,各个行业以多元的跨界方式进入文化产业领域,跨界经营成为"互联网+"时代文化产业发展的典型特征。可见,互联网与文化产业深度跨界融合、创新发展是全球文化产业巨头不断提高整体实力和国际竞争力的法宝。

在此背景下,文化产业的发展也从原来的粗放型、过度依赖消耗资源的传统发展模式转向依赖文化、信息、技术、创意、人才要素循环发展的集约型新模

---

① 赵振:《"互联网+"跨界经营:创造性破坏视角》,《中国工业经济》2015 年第 10 期。

式。文化产业上市公司作为文化企业的佼佼者,成为"互联网+"时代文化产业跨界发展的典范。可以说,互联网给文化产业上市公司带来迥然不同的命运,即文化产业上市公司的发展演化出现严重的两极分化——传统文化产业上市公司要么走向衰退化,要么主动与互联网深度融合;新兴互联网类文化产业上市公司则进入发展快车道,成为文化产业发展的领航企业。根据高斯假说"具有相似环境要求的两个物种为争取有限的食物、空间等环境资源而无法长期共生共存,除非两个物种生态位分离或者竞争平衡状态被打破,否则生存竞争力较强的物种迟早会取代竞争能力弱的物种"[1],在文化产业的生态竞争格局里,按照竞争排斥原理,伴随"互联网+"与文化产业的深度融合,互联网类文化产业上市公司将作为"竞争力强的物种"成为未来文化产业发展的主流与主导,这似乎是互联网深度融合至文化产业的必然结果。事实也证明,文化产业上市公司走向"互联网+"主导的跨界发展时代,超过25%的文化产业上市公司聚焦在网络信息、网络游戏、网络视听等领域,超过90%的文化产业上市公司直接或间接进入互联网领域,引领着文化产业走向真正的跨界发展新时代[2]。

## 二、互联网基因:上海文化产业
## 上市公司跨界推力与动力

按照梅特卡夫法则,网络的价值等于网络节点数的平方,中国8.02亿庞大的网民规模(CNNIC,2018)[3],在虚拟领域给中国互联网经济带来无限想象和增值空间,并以指数增长方式不断塑造新经济价值。在文化产业领域,"互联网+"时代带来的转型红利正逐渐体现。从统计数据来看,互联网类文化产业公司的市值占我国文化产业总市值的七成[4];从全国文化产业上市公司规模

---

[1] 解学芳、臧志彭:《网络文化产业动态演化机理与新治理体系构建》,《东南学术》2015年第4期。
[2] 数据来自笔者整理的2014—2016在境内、境外上市的346家文化产业公司。
[3] 数据来自中国互联网络信息中心(CNNIC)公布的第42次《中国互联网络发展状况统计报告》,2018年8月21日。
[4] 2015年7月,第六届中国文化产业前沿论坛,北京大学文化产业研究院副院长、中国文化企业研究中心主任陈少峰教授经过研究提出的。

（含境外上市）来看,346 家上市企业中互联网类文化产业上市公司数量高达92 家,占总量的 26.4%,超过四分之一①,文化产业的互联网时代到来。互联网对传统文化产业与传统文化市场带来创造性破坏,文化产业发展深深刻上互联网基因的烙印——互联网基因,这意味着文化产业的发展脉络被嵌入了开放共享、互联互通的互联网精神,以平等文化、产品为王、模式创新三大法则贯穿文化产业链,助推文化产业的转型、创新与重塑。特别是以 BAT 为首的互联网公司相继进入文化产业领域颠覆了传统的文化龙头企业的市场地位。互联网已不再是"第四媒体"与"互联网技术"的角色那么简单,而是互联网思维、互联网创造、互联网经营模式、互联网营销等多元角色,不断变革着现有文化企业的竞争结构与价值创造模式。特别是在移动互联网与数字技术推动下,传统文化企业开始积极拥抱新媒体、网络视听、手游、网络直播、短视频等新兴行业,呈现出新旧融合、业务多元、混业经营与跨界融合的特点②。

## （一）互联网成为上海文化产业上市公司快速崛起的关键推力

从上海文化产业上市公司发展状况来看,互联网类文化行业成为各类资本竞相投资的热点,上市公司数量保持高速增加。可以说,近年文化产业上市公司数量的攀升很大程度上是"互联网+"嵌入文化产业领域所带来的。按照2018 年国家统计局新发布的《文化及相关产业分类》的九个大类,在文化核心领域,主要包括新闻信息服务、内容创作生产、创意设计服务、文化传播渠道、文化投资运营与文化娱乐休闲服务;在文化相关领域,主要是实现文化产品生产活动所需的文化辅助生产和中介服务、文化装备生产与文化消费终端生产。在九大分类中,上海文化产业上市公司都有所分布(见下表 1);按照《文化及

---

① 数据来自笔者整理的 2014—2016 年在境内、境外上市的 346 家文化产业公司,根据国家统计局的《文化及相关产业分类(2012)》的十大行业分类(按照产业分类第二层),对 346 家公司进行了行业归类。

② Gandia R. "The Digital Revolution and Convergence in the Videogame and Animation Industries: Effects on the Strategic Organization of the Innovation Process," International Journal of Arts Management, 2013, 15(2), 32–44.

表1 2018年上海文化产业上市公司细分行业分布

| 第一层分类 | 第二层分类/细分行业 | 数量 | 百分比 | 第一层分类 | 第二层分类/细分行业 | 数量 | 百分比 |
|---|---|---|---|---|---|---|---|
| 1. 新闻信息服务 | 新闻服务 | 0 | 0.00% | 6. 文化娱乐休闲服务 | 娱乐服务 | 0 | 0.00% |
| | 报纸信息服务 | 0 | 0.00% | | 景区游览服务 | 0 | 0.00% |
| | 广播电视信息服务 | 0 | 0.00% | | 休闲观光游览服务 | 4 | 3.10% |
| | 互联网信息服务 | 16 | 12.40% | 7. 文化辅助生产和中介服务 | 文化辅助用品制造 | 3 | 2.33% |
| 2. 内容创作生产 | 出版服务 | 3 | 2.33% | | 印刷复制服务 | 4 | 3.10% |
| | 广播影视节目制作 | 15 | 11.63% | | 版权服务 | 1 | 0.78% |
| | 创作表演服务 | 3 | 2.33% | | 会议展览服务 | 2 | 1.55% |
| | 数字内容服务 | 28 | 21.71% | | 文化经纪代理服务 | 5 | 3.88% |
| | 内容保存服务 | 0 | 0.00% | | 文化设备(用品)出租服务 | 2 | 1.55% |
| | 工艺美术品制造 | 1 | 0.78% | | 文化科研培训服务 | 5 | 3.88% |
| | 艺术陶瓷制造 | 0 | 0.00% | 8. 文化装备生产 | 印刷设备制造 | 0 | 0.00% |
| 3. 创意设计服务 | 广告服务 | 10 | 7.75% | | 广播电视电影设备制造及销售 | 0 | 0.00% |
| | 设计服务 | 7 | 5.43% | | 摄录设备制造及销售 | 0 | 0.00% |
| 4. 文化传播渠道 | 出版物发行 | 0 | 0.00% | | 演艺设备制造及销售 | 0 | 0.00% |
| | 广播电视节目传输 | 1 | 0.78% | | 游乐游艺设备制造 | 0 | 0.00% |
| | 广播影视发行放映 | 0 | 0.00% | | 乐器制造及销售 | 1 | 0.78% |
| | 艺术表演 | 0 | 0.00% | 9. 文化消费终端生产 | 文具制造及销售 | 2 | 1.55% |
| | 互联网文化娱乐平台 | 6 | 4.65% | | 笔墨制造 | 0 | 0.00% |
| | 艺术品拍卖及代理 | 1 | 0.78% | | 玩具制造 | 0 | 0.00% |
| | 工艺美术品销售 | 5 | 3.88% | | 节庆用品制造 | 0 | 0.00% |
| 5. 文化投资运营 | 投资与资产管理 | 4 | 3.10% | | 信息服务终端制造及销售 | 0 | 0.00% |
| | 运营管理 | 0 | 0.00% | | | | |

相关产业分类》(2018)的43个中类,上海文化产业上市公司129家①仅分布

① 研究收集了2017年至今在国内主板上市、新三板上市以及海外上市的上海文化企业。

在 23 个细分行业里，其中，互联网类文化产业上市公司主要聚焦在互联网信息服务、数字内容服务与互联网文化娱乐平台三大细分行业，上市公司总量位居第一位（拥有 50 家上市公司），占到上海文化产业上市公司总量的 38.76%；这与近年网络游戏业（含手机游戏）、互联网信息服务业、网络视频、网络直播、网络音频以及文化软件业企业纷纷登陆资本市场的发展态势是吻合的。

此外，上海互联网类文化产业上市公司的崛起之势还体现在总营收与净利润方面。从图 1 可知，2017 年上海文化产业上市公司所涉及的九大行业的营业收入占比差异较大，其中文化传播渠道（32%）、新闻信息服务（30%）、内容创作生产（16%）三大分类的主营收入规模占比最高，这主要得益于互联网相关的文化产业上市公司集中在这三大领域；与此同时，从图 2 的文化产业 23 个细分行业的总营收与净利润占比可以看出，互联网信息服务业的总营收占比最高（29.76%），净利润占比居于第二位（18.74%）；数字内容服务业的净利润占高达 41.99%，在 23 个细分行业中最高，其主营收入占比也较高（13.12%），表现出互联网类文化产业上市公司的绝对优势与良好发展态势，也体现出"互联网+"作为关键推力的重要性。

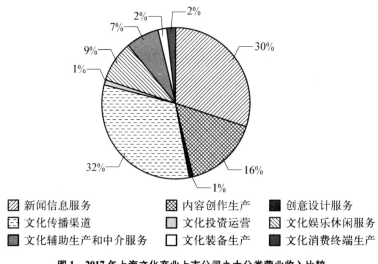

图 1 2017 年上海文化产业上市公司九大分类营业收入比较

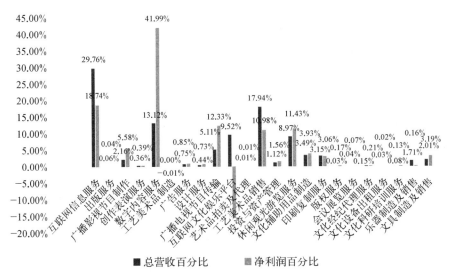

■总营收百分比　　■净利润百分比

图2　2017年上海文化产业上市公司细分行业总营收与净利润占比比较①

## （二）上海文化产业上市公司跨界发展的互联网动力

以互联网为核心的现代技术是推动上海文化产业上市公司跨界融合的核心动力。伴随大数据、云计算、移动互联网全面进入文化产业,互联网像我们生活中的水电煤一样,变得简单易得且按需索取;生活方式、工作方式、娱乐方式、文化创意与企业经营全被注入互联网思维,带来了创意与生产方式以及运营模式的革新,成为传统文化产业上市公司跨界发展的外部推动力与新兴文化产业混业经营的内源动力。首先,电影行业上市公司跨界与混业经营特点明显,表现在主营业务除了电影制作、发行与版权分销等核心业务,还有电视剧、电视栏目制作、影视经纪、动漫、手游以及广告、旅游等业务,反映出电影创意、投资、拍摄、后期、宣发等整个产业链互联网思维的全程介入与"网生代"塑造的粉丝经济生态。从表2数据可知,上海电影股份有限公司(上海电影)的主营收入除了核心电影业务,还包括广告、卖品与设备销售、会务与推广服务等;上海新文化传媒集团(新文化)的主营业务则包括影视、广告与综艺等。其

① 数据来自笔者整理的2017年的129家文化产业上市公司年报,从年报中提取的关于总营收与净利润的数据。

**表2　上海文化产业上市公司跨界发展的典型①**

| 公司名称 | 主营业务 | 主营占比（%） | 公司名称 | 主营业务 | 主营占比（%） |
|---|---|---|---|---|---|
| 上海电影 | 电影放映及发行 | 70.6% | 新华传媒 | 文教用品 | 6.9% |
| | 广告服务 | 12.0% | | 其他 | 4.3% |
| | 卖品和设备销售 | 7.3% | | 报刊及广告 | 13.2% |
| | 物业、会务服务及其他 | 3.5% | | 图书 | 63.6% |
| | 在线票务与版权收入 | 4.4% | | 音像制品 | 1.8% |
| | 推广服务费收入 | 2.1% | | 其他（补充） | 10.1% |
| 新文化 | 影视行业 | 38.9% | 阅文集团 | 在线阅读 | 83.5% |
| | 广告行业 | 50.0% | | 版权运营 | 8.9% |
| | 综艺及其他行业 | 11.1% | | 图书销售与其他 | 7.5% |
| 三七互娱 | 网页游戏 | 56.2% | 东方明珠 | 传媒娱乐服务 | 77.1% |
| | 手机游戏 | 31.2% | | 多渠道视频分发 | 15.7% |
| | 汽车零部件 | 11.9% | | 内容制作发行 | 6.2% |
| | 其他 | 0.7% | | 其他（补充） | 1.0% |
| 中视传媒 | 影视业务 | 28.4% | 二三四五 | 互联网金融服务 | 63.9% |
| | 旅游业务 | 31.2% | | PC端业务 | 26.5% |
| | 广告业务 | 40.3% | | 移动端业务 | 9.5% |
| | 其他（补充） | 0.1% | | 其他（补充） | 0.02% |
| 号百控股 | 积分兑换 | 25.6% | 巨人网络 | 移动端网络游戏 | 48.61% |
| | 视频运营 | 22.25% | | 电脑端网络游戏 | 37.70% |
| | 游戏业务 | 15.85% | | 互联网金融服务 | 10.78% |
| | 数字阅读与动漫运营 | 12.3% | | 互联网社区工具收入 | 1.83% |
| | 商旅预定与酒店运营 | 18.4% | | 其他游戏相关收入 | 0.82% |
| | 其他收入 | 5.4% | | 其他（补充） | 0.26% |

注：阅文集团因2017年11月上市，其数据为2017年下半年。

---

① 数据由笔者收集整理2017年上海文化产业上市公司年报所得。

次,新闻出版业的跨界发展,突破了新闻出版行业由于其文化属性与意识形态属性较强导致空间上与产品上受到发展的局限,跨界发展带来的多元产品模式与跨区域发展优势弥补了这两大缺陷,实现了有机融合。实际上,文化企业跨界发展与经营的能力一定程度上反映了企业对文化资源的审美价值、精神价值、人文价值与商业价值挖掘、整合、扩展的能力。在互联网背景下,传统新闻出版企业走向网络化、数字化、智媒化,"三微一端"(微博、微信、微视频、客户端)、网络音频、网络视频、网络出版、网络直播崛起。此外,网络游戏和网络文学领域的跨行业发展特点更加明显。例如,三七互娱(上海)科技有限公司的主营业务除了网页游戏和手游,还包括汽车零部件等,并基于 IP 实施"平台化、全球化、泛娱乐化"发展战略;号百控股除了提供传统的积分兑换服务,还主要聚焦视频、游戏、动漫与数字阅读等新兴服务,以及传统的商旅预定与酒店运营等。可见,在互联网的助推下,文化产品与文化服务的载体走向多元化、网络化、数字化,文化企业逐步构建起跨平台传播、跨行业运营的能力。

"互联网+"时代,文化产业上市公司是文化产业走向跨界融合的载体与典范。一是文化产业跨界融合的 1.0 时代,是传统文化上市公司的互联网化,呈现开放、互动的特点,但这个阶段互联网与文化产业的跨界融合还停留在表层,未触及实质。例如新华传媒的主营产品除了传统的图书、报刊与广告业务,还有电子出版物与音像制品的网上发行业务,属于浅表层次的跨界融合。二是文化产业跨界融合的 2.0 时代,行业边界与地域边界日益被打破,新旧文化产业上市公司与互联网呈现深度跨界融合、混业经营的特点,文化企业纷纷在互联网空间重塑话语权和打造"跨界融合竞争力"。东方明珠新媒体就是新旧结合的典型,除了传统媒体、文旅优势,还聚焦影视、互联网电视、网络视频、手机电视、网络游戏与手游等多元业务的发展。三是文化产业跨界融合的 3.0 时代,传统文化产业的运作模式完全被抛弃,文化创作与文化生产思维、文化生产运作流程等全部被成功再造与重塑,呈现颠覆性(文化产品快速更新换代)、智能化(AI)与全球化的特点。可见,互联网类文化产业上市公司在跨界融合的 1.0 时代、2.0 时代与 3.0 时代都有所布局,如何在跨界融合时代"变创意为产品、变技术为能力、变渠道为平台、变业态为生态"尤为重要。

## 三、周期性演化:"互联网+"时代上海文化 产业上市公司发展规律

网络社会的崛起与互联网经济的繁荣相得益彰。"互联网+"时代的"互联网+文化产业"成为推动上海文化产业夯实战略支柱产业地位的重要支撑,不仅创造了全新的经济形态、变革着商业模式,还加速着互联网技术、文化创意与其他相关产业的跨界融合,推动着文化产业上市公司生命周期演化的进程。"互联网+"时代带来了新信息基础设施、新组织体系、新文化分工体系与新制度体系,对文化产业上市公司生命周期的演化产生重要影响。而文化产业上市公司的空间集聚也对城市、社区、创造力聚集具有助推作用[1]。Durmaz(2015)指出,创意企业集聚与空间物理特性、社会文化创意集聚有关[2],文化产业上市公司集聚上海有助于文化产业诸要素的优化组合,有助于提高文化生产效率与文化供给能力。

根据美国学者伊查克·爱迪思提出的企业生命周期理论"十阶段说",即包括孕育期、婴儿期、学步期、青春期、盛年期、稳定期、贵族期、内耗期(官僚化早期)、官僚期、衰亡期等。[3] 文化企业同样具有类似于生命体的周期演化的特征,目前学界达成的共识是上市公司生命周期主要包含成长期、成熟期和衰退期三个阶段。按照这三个阶段的划分依据,可以把文化产业上市公司生命周期细分为七大阶段,具体见下表3。

---

① Tsang KKM, Siu KWM. "The 3Cs model of sustainable cultural and creative cluster: The case of Hong Kong," City, Culture and Society, 2016, 7(4), 209−219.

② S. BaharDurmaz. "Analyzing the Quality of Place: Creative Clusters in Soho and Beyoglu"Journal of Urban Design, 2015, 20(1), 93−124.

③ Adizes, I. How and why Corporation Grow and Die and what to Do about it: Corporate Life Cycle. Englewood Cliffs, NJ: Prentice Hall Direct, 1989.

表3　文化产业上市公司生命周期阶段及其对应的爱迪思生命周期阶段①

| 生命周期 | 评分范围 | 本文定义<br>生命周期阶段 | 对应爱迪思定义<br>生命周期阶段 |
|---|---|---|---|
| 成长期 | 3分 | 典型成长期 | 青春期 |
| | 2.5—3分 | 成长后期 | 盛年期 |
| 成熟期 | 2—2.5分 | 成熟前期 | 稳定期 |
| | 2分 | 典型成熟期 | 贵族期 |
| | 1.5—2分 | 成熟后期 | 官僚化前期 |
| 衰退期 | 1—1.5分 | 衰退前期 | 官僚期 |
| | 1分 | 典型衰退期 | 衰亡期 |

## （一）新兴互联网行业与传统文化行业上市公司生命周期具有差异性

不同行业的文化产业上市公司的生命周期处于不同阶段。首先,互联网信息服务、数字内容服务与互联网文化娱乐平台等行业的文化产业上市公司正处于成长期,在营业收入、总资产以及技术与知识产权类无形资产等方面都处于旺盛的增长阶段,企业也相对较年轻;文化企业的总体实力与公司治理能力呈现大幅度提升,开始谋求企业运营自控力与灵活性的平衡。其次,传统的影视、文化娱乐休闲服务等行业的文化产业上市公司处于成熟期。成长期的高增长回归到正常增速,文化产业上市公司步入规范化轨道——业务模式、盈利能力、治理机制等趋于稳定,但企业内部管理和组织效率开始降低、创新动力被大大削弱,组织老化征兆开始出现;同时,稳定而成熟的业务为文化企业带来较为充裕的资金回报,有兼并收购的欲望以获取新的市场和业务板块,成熟的业务模式和营销渠道由于惯性作用仍然能够为文化企业带来盈利,但文化企业内部耗损对文化市场的新变化、新需求被层层的官僚体系和复杂的响

---

① 赵蒲、孙爱英:《资本结构与产业生命周期:基于中国上市公司的实证研究》,《管理工程学报》2005年第3期。

应流程搁置。

此外，传统的新闻出版发行行业、传统文化制造行业的文化上市公司处于衰退期。企业传统的主营业务明显下滑——主营业务收入下滑，行业外的竞争对手和网络时代的新替代者正在加速吞噬原本属于自己的市场份额，企业认识到了问题的严重性和互联网时代的严峻挑战，开始大力采取措施谋求变革，但大量的精力耗散于庞大部门间的推诿与内耗中；发展到后期甚至开始大规模裁员、大幅收缩传统业务线或者开始粉饰包装谋求被收购，或者大刀阔斧的改革。例如，上海报业集团推出的"澎湃新闻"，集网页、Wap、APP 客户端等新媒体为一体，成为上海传统媒体在互联网时代主动拥抱互联网、跨界与改革成功的典型代表。

### （二）不同发展阶段的文化产业上市公司是正向老化与逆向重生的结合体

文化产业上市公司生命周期总体来看实际上包含了正向老化和逆向重生两条循环路径。正向循环是一个逐步走向衰亡的老化过程。然而在实践中，当文化产业上市公司发现自身处于不断老化的生命周期循环中时会主动采用防御和改善措施，做出"拯救行动"，从而在一定程度上促使正向循环速度减慢，甚至重新进入逆向循环。而一旦文化产业上市公司沿着生命周期曲线逆向循环，那么意味着其开启了逐步走向"青春"的重生过程。实际上，很多传统媒体上市企业的重生过程中，平台/生态型互联网企业与 O2O 的商业模式起着关键的助推作用。例如，东方明珠集团的母公司上海文化广播影视集团（SMG）从传统媒体向新媒体转型，不仅立足 BesTV 平台大力发展交互式网络电视 IPTV、OTT，还建立了融媒体中心，积极发展"一财客户端"、"看看新闻Knews"、网络音频"阿基米德"等新媒体，诉求互联网时代的转型发展、融合与重生。

上海文化产业上市公司生命周期演化趋势围绕正向老化与逆向重生展开。文化相关产品生产企业与传统的文化行业处于正向老化的居多，例如上海的紫江企业、顺灏股份为代表的传统文化制造企业，其老化趋势明显。此

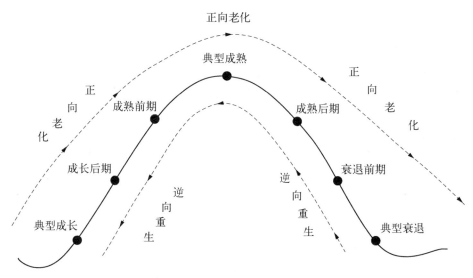

**图3　文化上市公司的正向老化与逆向重生模型①**

外,三七互娱、巨人网络、恺英网络、游族网络、东方财富、爱奇艺等网络文化企业主要以正逆均衡为主,而这个阶段的号百控股、姚记扑克等传统文化企业则通过新媒体、新技术积极进行跨行业、跨产品融合诉求实现重生。例如,号百控股开始从传统业务发力视频运营、游戏业务、数字阅读、动漫运营等新兴领域;姚记扑克则从扑克牌、包装、印刷等传统业务跨界做姚记线上游戏平台,发力网络游戏行业,向互联网内容服务与文化创意领域转型。

## (三)互联网技术成为牵引文化产业上市公司周期演化的助推器

"互联网+"时代的到来,意味着以互联网技术为代表的一系列现代技术创新全方位融合与嵌入各个行业的创新发展过程中。② 就文化产业而言,"互联网+"实际上是助推互联网与传统文化企业深度融合、互相进入与促成转型的发展战略,不单是传统文化企业寻求互联网的优势互补、优化资源配置与提

---

① 此图由作者设计和绘制。
② 解学芳、臧志彭:《"互联网+"背景下的网络文化产业生态治理》,《科研管理》2016 年第 2 期。

升创新力,新兴互联网企业也需要进入传统行业挖掘机遇,提升文化生产力。

以互联网为代表的一系列现代技术创新牵引着文化产业上市公司的发展演化,文化创意与创新过程被网络化、数字化重塑。从文化产业上市公司的生命周期来看,凭借互联网技术崛起并持续被高新技术牵引的新兴上市公司正处于典型成长期(青春期)。例如三七互娱、爱奇艺、B 站(Bilibili)等上市公司聚焦移动互联网、网络文化等新兴领域,并主要服务于互联网时代具有在线娱乐消费需求与网络付费意识的"网生代"用户;其营业收入、总资产及技术与知识产权类无形资产等方面都表现出明显的优势,具有创业时间短、增长迅速的特点。其中,B 站(上海幻电信息科技有限公司)作为服务"Z 世代"(Generation Z)的典型代表于 2018 年 3 月在美国纳斯达克成功上市,成为涵盖网络视频、游戏、直播、社区等数字文化的综合性内容平台。在崇尚互联网技术创新活跃的时代,传统的从事技术创新活动少的文化产业上市公司大都处于成熟期后期或衰退期,面临着传统主营业务增长发展缓慢甚至出现明显下滑、内部管理问题频出的困境,难以适应文化市场新需求与新变革,在文化市场竞争中的地位不断下降,虽然企业开始致力于变革,但受到官僚体制的耗散效应影响大,执行效果甚微,诉诸于企业技术创新、内容创新与管理模式创新的持续变革是唯一出路。因此,如何拥抱"互联网+"时代、利用互联网/移动互联网技术向高端文化领域转型成为传统文化产业上市公司延长生命周期的重要抓手。

### (四)文化产业上市公司生命周期处于成长期与成熟前期的复合阶段

目前上海文化产业上市公司整体而言处于生命周期的成长期与成熟前期的复合阶段——是一个管理规范、发展模式较为成熟与运作稳定、并充满发展机遇与挑战的阶段,需要特别注意防止企业内部官僚化倾向的扩大化与企业组织效率的下降,要确保文化企业创新力的维持与提升,防止其进入老化过程。鉴于此,文化产业上市公司应抓住"互联网+"战略带来的发展契机,利用现有文化产业政策红利,构建科学、规范的现代管理模式,完善公司治理机制,提升文化企业组织运作效率与创新能力;将文化产品的创作、生产与营销作为主营业务,积极融入创客/网民的大众创新要素[1],并秉承技术创新与内容创新贯穿文化生产与运作环节,构建起文化产业上市公司独特的盈利模式与经营能力,防止企业过早出现老化征兆。对于管理部门而言,要深谙目前文化产业上市公司生命周期所处阶段的发展规律与发展趋势,针对不同行业处于不同生命周期阶段的特点出台具体的财政、税收、金融、人才等相关文化产业配套政策。特别是要认识到在新兴技术层出不穷的大变革时代,传统文化产业上市公司正处于不断老化的生命周期循环中,应主动进行变革,以开放的国际化思维,着力优化内部管理机制、加快引入创新流程与创新思维——在管理层面要采取有效措施,加快实现金字塔式官僚体系的扁平化、提高企业组织应对复杂多变的文化市场的响应效率,创造一个开放和谐、推崇团队协作、鼓励创新的文化生态环境;留住文化科技人才、用好文化创意人才、激励文化运营人才,释放文化人才致力于创新的积极性与主动性,推动文化企业沿着生命周期曲线逆向循环,重新走向充满活力、充满创新力、快速成长的"青春"成长期。

实际上,在"互联网+"背景下,传统文化产业上市公司的生命周期是走向衰退还是实现重生,很大程度上取决于如何拥抱互联网以及与互联网融合的深度。对于新兴文化产业上市公司来说,需要学会利用互联网整合现有的新旧优秀文化资源,致力于累积性创新与颠覆性创新并行,推动文化生产率跃升,并以稳健的增长速度在典型成长期阶段行进。虽然"互联网+"时代不同行业的文化产业上市公司所处生命周期不同,但却有着共同与共通的演化轨迹,即纷纷开始迈向跨行业、跨区域、跨所有制的"跨界融合发展"道路。鉴于此,在"互联网+"、"文化+"融合的新阶段,政府需积极探索更加合理的预见性制度安排与治理体系为文化产业上市公司跨界跃迁提供良好的制度生态;而文化产业上市公司则应加快赋能性技术创新、内容创新、产品创新、模式创新与组织创新,以更加积极、主动、开放的姿态拥抱新时代。

---

[1] Parmentier G, Mangematin V. Orchestrating innovation with user communities in the creative industries[J]. Technological Forecasting and Social Change, 2014, 83(3): 40-53.

# 四、跨界融合："互联网+"推动上海文化产业上市公司的演化路径

技术的跨界性是其天性使然。互联网从技术的跨界性延伸至思维的跨界性，并演变成一场全方位生态式的互联网革命，直接助推着文化企业的变革与生命周期的演化，加速着文化产业上市公司跨行业并购、跨界发展。被赋予了互联网基因的文化企业开始对传统的文化产业价值链进行差异化需求的一一解构，与契合互联网精神与互联网发展模式的价值链进行重新组合，从而呈现出文化产业上市公司跨领域、跨行业、跨产品协作整合，聚焦价值链各环节再造的全新生产跨界模式、盈利跨界模式与营销跨界模式。

## （一）互联网作为强粘合剂，推动传统文化产业上市公司与移动互联网无缝对接

在"互联网+"时代，互联网如同基因注入文化产业上市公司发展生态中，成为传统文化企业与新兴文化企业链接的粘合剂，建构起传统与新兴行业跨界交互、资源共生、合作共赢的内在关联。文化产业与移动互联网的无缝对接迎来"数与网"的时代，在崇尚产品创新与用户体验的原则主导下，文化产业上市公司朝着"微市场"化发展。[①] 特别是传统文化产业上市公司纷纷围绕移动互联网布局创业创新生态，通过入股、并购与收购等最简单快捷的方式进入手机游戏领域、短视频领域，争夺移动互联网入口。影视类上市公司慈文集团是进军手游行业的典范之一，早在 2014 年就和顺网科技开展战略合作进行 IP授权游戏开发，业务涉及影视剧、游戏产品、信息技术服务等，打造出一个跨界发展、混业经营的新格局；姚记扑克则通过收购乐天派进入手游行业，积极开拓 VR 游戏业务，并收购成蹊科技 53.45% 股权打造大娱乐生态。此外，2018

---

① Goyal, M., Hancock M. Q., Hatami, H., Selling into Micromarkets [ J ]. Harvard Business Revies, 2012, (7/8)：78 – 86.

年3月在纳斯达克上市的爱奇艺,充分利用移动互联网抢占网民的碎片化时间,一方面,推出一系列的 APP 战略,开发了爱奇艺泡泡、爱奇艺纳逗、爱奇艺阅读、爱奇艺动漫、爱奇艺奇巴布等7个 APP,将长短视频优势资源与移动社交完美结合;另一方面,重视研发投入,仅2017年的技术研发投入就高达12.69亿,为内容的最优呈现提供了技术载体——采用4K杜比视界 HDR 与全景声技术满足不同需求的用户[①]。

移动互联网时代的到来,移动智能终端与阅读、视听的结合使传统媒体的生存危机频频呈现。例如,2014年,解放日报报业集团旗下的《新闻晚报》、上海文广集团主管主办的《天天新报》停刊;2015年,上海世纪出版股份有限公司的《上海商报》、上海文艺出版总社主办的《上海壹周》停刊;2016年,具有国际知名度的和国际色彩的《外滩画报》、《伊周》相继停刊;2017年,上海报业集团的《东方早报》休刊……传统纸媒美好时代的消失宣告了一个时代的终结,也意味着传统媒体向新媒体转型的迫切性——传统媒体与移动互联网的融合与变革刻不容缓。例如,《东方早报》休刊后将原有的新闻报道、舆论引导的主要资源和功能全部转移到澎湃新闻网,澎湃成为互联网原创新闻的新媒体品牌,成为首个直接切入移动端的新媒体转型产品;又如博瑞传播,早在2009年就收购成都梦工厂进入游戏领域,与久游、百度等合作,并于2014年重点向移动游戏转型,成为传统媒体向手游新媒体成功转型的典范;上海新文化传媒集团则参股移动互联网端的新兴媒体公司"哇棒传媒";上海新华传媒也通过搭建数字发行平台进入移动互联网领域,基于手持移动阅读终端整合阅读资源,构建起数字出版内容运营平台体系,力求实现数字内容资源优势整合的协同发展效应……伴随5G时代即将到来,移动互联网给文化产业带来的创新和延展空间将再次得到重塑,5G速度将是4G时代的百倍,对视听内容的传播和通过 VR、AR、MR 给用户的观感体验将达到极致。

---

① 高庆秀:《爱奇艺的"技术进击":抢夺5.65亿网民的碎片化时间》,http://www.sohu.com/a/234097488_313170,2018-06-05.

### （二）互联网作为跨界融合器，将文化产业上市公司发展界限与价值链全部打通

跨界融合是当下文化产业上市公司发展的典型特色。互联网实现了模式革新、流程再造与主体转换，将文化创意内容基于大数据进行排列组合与再生产和精准定位，通过跨界、跨屏、跨网与跨业发展实现文化产业价值增值。对于文化产业上市公司而言，"互联网+"带来的无所不在的创新催生着文化产业价值链的数字化、虚拟化、体验化，它不仅将传统的文化产业链全部打通，还对"源头创意、互联网金融、内容制作、互联网宣介、精准营销、衍生品周边"等环节进行重新组合排序，建立起由互联网无缝介入的全新、无界、高效联通的文化产业价值链，并通过对线上线下资源的整合，形成"互联网—文化—创意—产业—园区—生态"互联互通的良性循环①。互联网文化产业上市公司成为真正的"大文化、泛娱乐"的集成者。例如，爱奇艺不但在网络视频、超级网剧、超级网综等方面优势突出，还积极利用新技术跨向短视频、人工智能、VR与AR等领域。此外，传统的电影、新闻出版、休闲娱乐、动漫，与新兴网络游戏、网络动漫、手游、网络文学、网络视频、网络音乐、网络直播开始在龙头互联网上市公司的主导下成功融合，并意味着更多互联网巨头通过资本运作方式成功跨界至文化产业领域。互联网时代这种既协作又竞争的博弈关系向文化产业上市公司释放了新信号——互联网时代没有哪一个文化企业可以唱独角戏、独霸天下，只有追求互惠互利的竞合与塑造共生文化生态才是共赢之本。

在"互联网+"大背景下，文化产业业态裂变与融合进一步加剧，也诱发新的游戏规则②，特别当内容入口与场景入口被成功打通以后，IP（Intellectual property）显得尤为重要。网络版权保护理念与保护制度的建构亟需提速，它决定了文化产业价值链各环节间协同效应的达成与拓展。文化产业持续发展

---

① 马士远：""互联网+"时代文化产业发展新向度，《管理世界》2018年第2期，第180—181页。
② 李凤亮、宗祖盼：《科技背景下文化产业业态裂变与跨界融合》，《学术研究》2015年第1期。

和价值链的核心是围绕内容展开的,而内容的创新与创意来自源源不断的创作者,但创作者权益的维护与利益的获得需要完善的版权保护制度,以及文化行业重视版权的生态。因此,文化产业上市公司应将版权保护作为企业的社会责任,发挥尊重版权、保护版权的示范作用,而主流媒体要发挥正向的积极引导作用,呼吁数字版权与版权保护的重要性,并及时出场。① 此外,"互联网+"时代,网民建构起正确的版权消费意识尤为重要。网民对网络侵权与盗版的漠视,将直接影响文化原创者的权益与持续创新的主动性,影响致力于原创的文化产业上市公司的积极性,从而破坏文化产业价值链的上游环节,长期来看将最终导致整个链条无法顺利循环与健康运转。

### (三)互联网作为创新驱动力,推动文化产业走向数字化与智能化

在"互联网+"开始全方位介入文化生产领域的大背景下,传统文化制造企业发展速度放缓,特别是面对技术含量低、缺乏自主品牌、聚焦低利润的文化相关产品生产与制造环节的瓶颈,传统文化制造企业呈现明显衰退曲线。而互联网成为破解传统文化制造行业发展困局的关键。互联网技术与可便携/移动终端设备的结合,为用户带来了全新的网络文化体验方式与数字化展示的载体。② 在此背景下,对于从事文化制造业的上市公司而言,在微观层面,需加快科技创新步伐,致力于移动互联网技术、物联网技术应用,加大企业对文化产品的研发投入与科技人员投入力度,特别是应根据所处发展阶段与经营特点合理安排研发投入结构、高效利用研发资金,重视创新性强的研发项目③,多开发拥有自主知识产权的相关文化产品,例如关于大型舞台剧目的数

---

① Edwards L, Klein B, Lee D, Moss G & Philip F. Discourse, justification and critique: towards a legitimate digital copyright regime?[J]. International Journal of Cultural Policy, 2015, 21(1): 60-77.

② William Thomas. How to Glean Culture from an Evolving Internet Richard Rogers, Digital Methods. Technology and Culture[J]. 2016, 57(1): 238-241.

③ 梁莱歆、金杨、赵娜:《基于企业生命周期的 R&D 投入与企业绩效关系研究——来自上市公司经验数据》,《科学学与科学技术管理》2010 年第 12 期。

字化与虚拟可视化终端、关于传统美术作品的数字化设备终端、关于博物馆文物遗产的数字化转化产品等,实现传统文化制造业的重生。在宏观层面,要积极利用互联网实现文化制造业产业链上下游之间的合作,推动价值链的开发与共享,鼓励充分利用新技术、移动互联网、新媒体平台开发新产品、创新传统文化制造品的内容与形式,赋予传统文化制造品智能化与数字化的内涵。

云计算、大数据应用、算法创新、生成式对抗网络(GAN)与智能制造的革新推动人工智能(AI)时代的开启。智能化生产、大规模个性化定制、智能语音与视频融合、视频图像识别与视频理解、跨媒体融合等技术创新推动智能化成为发展新方向。在文化制造行业,互联网与人工智能的注入,推动着具有高技术含量、高智能化、高附加值的高端文化智造业的崛起。首先,从行业布局来看,文化生产设备企业要充分利用云计算、大数据基础设施、物联网设备、智能硬件设备,提高智能化水平;文化用品设备企业则应围绕着移动互联网设备、移动智能终端、用户远程操控设备、可穿戴设备、VR与CR设备提高附加值。例如,赛智联股份有限公司就是以云计算、大数据、智能化产品为核心业务的文创企业。其次,从发展重心来看,从事高端文化制造业的上市企业要把主营业务重心放在研发与设计、营销和服务两个层面,既要利用高新技术加快产业升级转型,又需利用"互联网+"带来的全新价值创造、个性化定制与网络协同模式,积极开发支持互联网、移动互联网终端的产品,逐渐在国际产业分工体系中占据产业链的有利生态位。对于传统的印刷企业、印刷设备耗材企业而言,应全力打造数字印刷与云印刷、精准按需出版,提高设计、生产、营销/交易、物流、服务、终端产业链的增加值与价值变现的能力。例如,顺灏股份(原上海绿新)发力互联网云印刷。此外,要把脉国际文化市场最新走势,及时掌握国际新情况与新动向,利用"大众创业、万众创新"时代机遇带来的创新政策红利,积极开发拥有自主知识产权的自有文化制造品牌,利用国内与国外两个市场,抓住一切契机实现高端文化制造企业的崛起。

以人工智能为代表的一系列科技创新是一种集聚创新,是产业科技创新的重要因素,AI利用大数据技术能对隐藏的未被发现的具有潜在价值的信息进行价值聚合与利用,其应用呈现由表及里、由浅及深的演进过程。在创意设计行业,人工智能正在取代部分低端的作图、海报设计,成为高端文创设计的辅助,例如阿里巴巴的"鲁班",Adobe 的 Sensei 人工智能平台在图像视频设计与编辑方面的应用。在上海,文化产业上市公司的智能化进程也在加速。2017 年 6 月,喜马拉雅 FM 推出小雅 AI 音箱,提供全内容智能语音服务;爱奇艺则建立了"爱奇艺大脑"数据库,聚焦频编解码、多屏融合与节目智能推荐等算法,并在智能剪辑、智能创作、智能选角、智能分发方面展开应用;而视频企业优酷土豆利用 AI 的图像与视频智能分析与人脸识别技术实现大规模边看边买的电商闭环,并且自动智能识别大大提高了视频平台运营效率……这些企业成为牵引上海文化产业加速智能化进程的领头羊。

### (四)互联网作为裂变效应源,推动融媒体增量创新与智媒体崛起

对于传统媒体而言,以互联网为先锋的新媒体在给传统媒体以毁灭性打击的同时,也给传统媒体带来裂变性改革。互联网带来的裂变效应或称链式反应,是媒体行业基于以互联网为核心的现代科技的动态发展,把创新与变革演化成一个自动持续的反应过程,不断迎合着个性化定制时代、阅读碎片化、数字化与在线化、体验化与智能化的时代诉求,动态重建媒体生产方式与传播流程。一方面,传统媒体进入互联网主导的不断进行增量微创新的连锁反应中——基于互联网逻辑的传统媒体发展理念更加开放、传播模式与传播终端更加多元,其发展更着眼于扩大受众规模、增加用户体验与"去中心化";同时,传统媒体与互联网巨头的重组、重构与关系重建形成了文化产业上市公司混业经营的繁荣现状。另一方面,不管是传统媒体,还是新媒体,都将充分利用大数据的精准魅力与多元化的新媒体传播平台掌控文化传媒市场的最新动态需求,挖掘传统纸媒与新兴网媒受技术牵引的内容差异性①,进行市场细分或是利用长尾理论挖掘小众市场。换言之,真正将交互式媒介内容与全业务内

---

① Cacciatore M A. Coverage of emerging technologies: A comparison between print and online media [J]. New Media & Society, 2012, 14(6): 1039 - 1059.

容嵌入互联网、云计算与大数据基因，加快进入传统媒体与互联网、移动互联网主导的视听新媒体完美结合的融媒时代。①

融媒体时代，新旧媒体共生融合表现为去中心化、跨媒体、全渠道、多向互动、移动化与全媒体化等特点。一方面，广播、电视、图书报刊等传统媒体进入到门户网站、视听网站、社交网络、微博、微信、在线音频等新媒体领域，是诉求移动端、新媒体端与电视端的共荣共生的融媒发展阶段。2015 年 6 月，东方明珠与百视通跨界合并成立上海东方明珠新媒体股份有限公司（原百视通新媒体股份有限公司），成为中国 A 股市场首家千亿市值的文化传媒航母，并通过与华谊兄弟的版权战略合作，实现新兴的 IPTV、数字电视与传统的媒体、影视企业之间多渠道的资源整合，打造了一个互联网全媒体与全内容生态系统；并于 2016 年 6 月成立了融媒体中心，融媒体新闻产品"看看新闻 Knews"、广播融媒体"阿基米德"、新媒体矩阵"第一财经"与"BesTV"平台等集聚发展。另一方面，传统媒体的生死大权直接递交给互联网，将传统媒体与新媒体的界限变得模糊，传统媒体与新媒体变成了一个相对性的概念——就第四媒体"互联网"而言，图书报刊、广播、电视、电影是传统的媒介；但在"互联网+"时代，博客、门户网站相对微博、微信、短视频、网络音频、直播等新兴传播媒介也成为了"传统媒体"。新技术的层出不穷不断革新着信息传播的载体，丰富着新媒体的内涵与外延。可以说，融媒体更迎合了技术更新的现实诉求，积极利用互联网开展跨界发展与混业经营，基于现实文化需求不断革新文化产品与文化服务，打造多向传播和优质内容成为融媒体的生存之本与发展常态。

"互联网+"时代无处不在的"连接"与积淀的"大数据"为人工智能时代的开启准备了基础要素，并在神经网络、深度学习等算法不断成熟的助推下，形成基于人工智能的媒体业——"智媒体"。实际上，在全球垂直领域的信息报道中，人工智能写稿已高频率呈现。"智媒体"时代已悄然来临——美联社 Wordsmith 平台、《洛杉矶时报》Quakebot 生成系统、《华盛顿邮报》的 Truth

---

① 蒋晓丽、朱亚希：《裂变跨界，创新：互联网+传媒业的三重图景》，《新闻爱好者》2015 年第12 期。

teller、《纽约时报》的 Blossom、路透社的 Open Calais、《卫报》的 Open001,国内的 Dreamwriter(腾讯)、度秘 Duer(百度)、Xiaomingbot(今日头条)与媒体大脑(新华社)……AI 正进入媒体行业发挥着越来越重要的作用。从技术原理来看,人工智能中的数据处理、语音与图像识别、机器学习/深度学习、智能算法等在新媒体传播中具备普遍适用性,智媒体崛起为大势所趋。2016 年 5 月,上海第一财经发布写稿机器人 DT 稿王,它擅长快讯、长报道和电视新闻,每天生产成百上千的稿件;而且从信息采集到图文写作、从推送到推特自动完成,极大提升了文章丰富度与发稿频率,降低了成本、也贡献了流量。由此,在智媒体时代,一方面,要利用"互联网+"带来的裂变效应积极推动媒体增量创新,基于互联网与人工智能技术进行内容采集、生产、存储与分发等整个流程再造——利用人工智能进行大数据分析最快锁定信息热点,快速审查和对内容把关,保证信息生产及时有效的完成;不断创新新闻内容推送方式,由大众化覆盖转向个体化定制,表征现实机制由记者中介转向算法中介。① 另一方面,推动智媒体的快速崛起,在 AI 与大数据驱动下实现媒体生产自动化、传播智能化与传播效果监测和智能反馈自动化,让媒体生产者更好地洞察受众心理与偏好,提高信息创作、生产、传播的精准性②;同时利用智媒体打造泛内容生态平台,既要植入主流价值观,又要实现版权追踪追溯,优化媒体生态③,开创智媒体时代的广阔发展前景。

---

① 张超、钟新:《从比特到人工智能:数字新闻生产的算法转向》,《编辑之友》2017 年第 11 期。
② 喻国明、兰美娜、李玮:《智能化:未来传播模式创新的核心逻辑——兼论"人工智能+媒体"的基本运作范式》,《新闻与写作》2017 年第 3 期。
③ 李鹏:《打造智媒体提升传播力》,《新闻战线》2018 年第 13 期。

# 3

# 上海文化装备产业发展优势及突破路径
## ——基于市场、技术与政策视角

王 婧[*]

**内容提要** 文化装备产业是面向文化供给者、文化消费者与文化装备技术提供商，围绕文化装备制造、集文化装备流通与文化装备服务于一体、服务于文化领域的装备产业集合。它是实现"制造强国"战略、创新驱动战略、"互联网+"战略和上海品牌战略的重要载体，各级政策是提升文化装备产业竞争力的必要干预举措。本文分别从市场、技术与政策视角分析上海文化装备产业发展优势与待培育优势，从而提出与之相应的上海文化装备产业突破路径；结合官方统计与市场调研，形成文化装备产业智能化数据整合系统；建立保障文化装备高端品质的标准化体系和检测服务体系；形成多层面和多渠道的人才培养体系和成长渠道；强化文化装备产业的独立专业属性，重视高端平台功能建设；持续发挥国内外交流网络作用，密切跟踪新兴市场与先进技术。

**关 键 词** 文化装备产业　发展优势　突破路径　上海

文化装备产业是先进制造业和现代服务业的重要组成部分，也是一个国家文化软实力的重要基础[①]。随着各类技术不断创新，文化装备产业呈现不断

---

\* 王婧，博士，上海交通大学媒体与传播学院文化产业管理系，副教授，主要研究方向：国际文化贸易与政策；城市、文化与空间；中国文化（产业）发展指数评价。

① 花建：《加快发展我国文化装备产业》，《上海财经大学学报》2017 年第 19 期，第 83—93 页。

网络化、智能化、体验优先等发展趋势。为满足新时代下文化装备市场需求，文化装备产业急需升级产品结构，以更智能、更快速、更可靠的高端装备来提升整个产业核心竞争力。文化装备产业作为技术和知识密集型产业，其自身需要大量专业化的高级要素密集投入，而且与大数据、虚拟现实、云计算、人工智能等先进技术融合紧密。文化装备产业的竞争优势提升，直接决定一国实体经济、先进制造业和文化产业的创新能力和国际竞争力。

2017 年 12 月，上海印发《关于加快本市文化创意产业创新发展的若干意见》（文创"50 条"），提出"加快实施文化装备产业链布局，将实施文化装备产业链布局作为发展先进制造业和新兴战略性产业的组成部分，促进科技在文化创意领域的应用和推广，有效提升文化创意领域技术装备国际化水平"。2018 年 4 月，《关于全力打响上海"四大品牌"率先推动高质量发展的若干意见》印发。提升上海文化装备产业核心竞争力，不仅可以大幅度推进国内高端装备的技术进步，对落实《中国制造 2025》起到示范带动作用，而且有助于打造上海制造、上海文化等四大品牌。

上海文化装备产业发展早、起步高、应用广，它的总体发展水平成为体现我国文化装备产业综合实力的风向标。那么，上海文化装备产业发展优势在哪里？待培育优势又是什么？未来上海文化装备制造产业的突破路径又是什么？对此，本文从市场、技术和政策视角分别予以分析和回答。

# 一、上海文化装备产业的市场优势

## （一）充分的市场需求

充分的市场需求优势主要来源于上海相对完备的文化产业业态，市民自觉的文化消费习惯、丰富的文化娱乐活动和时尚的文化潮流，无论是从文化供给、还是从文化消费角度看，上海均具有较大的文化装备需求潜力。例如，从文化供给看，上海文化产业的发展始终居于全国前列，动漫游戏、网络视听、网络文学产业总值位于全国第一、占全国总量一半。从文化消费看，电影票房居于全国首位。上海会展业和广告业也是居于全国首位。例如，参加 China Joy

互动游戏娱乐展的展览面积和展商数全球第一,观众人数全球第二,仅次于科隆的游戏展①。

### (二)广泛的新市场新技术应用

新市场新技术应用优势有三个体现:一是,先进的文化装备在上海一直深受欢迎。以影视行业为例,上海影城 1 号厅在 2016 年底上映《比利·林恩的中场战事》期间,每天观众都络绎不绝。上海影城 1 号厅采用 120 帧/4K/3D 的规格进行放映,当时全球只有 5 家影院支持这一规格的技术条件,而上海影城 1 号厅又是全球唯一实现用杜比全景声放映此格式影片的影厅,所以吸引了大批前来体验的观众。1 号厅凭借《比利·林恩的中场战事》,仅一个月就创造了超过 2 000 万元人民币的票房佳绩,也刷新了上海影城的历史纪录②。

二是,上海作为国际化大都市,在政策优势指引下,已有一大批国外企业落户上海与国内企业密切合作,在各个行业领域陆续落地,推动文化装备的技术和市场交流。目前,许多国外知名文化装备企业在上海均有合作分公司或贸易代理公司。

三是,上海是文化装备高端市场的集聚地。文化和旅游部印发《2018 年度国家文化创新工程项目储备库出库名单》公布的 15 个项目中,包含由上海市文化广播电影管理局和上海音乐学院推荐的两个项目,均是服务文化发展需求,面向科技创新,在文化装备系统提升领域研究"下一代剧场研究——多媒体技术与现实剧场的结合与应用"和"沉浸式虚拟现实跨媒体展演工程系统开发项目"③。

---

① 刘锟:《用好博物馆等文化产业"思想发动机"上海将七方面构建现代文化市场体系、三方面提升文创产业发展优势》,《解放日报》2017 年 12 月 16 日,第 2 版。

② 荣跃明、花建:《上海文化产业发展报告(2018):促进新消费,激发新动能》,上海人民出版社和上海书店出版社 2018 年版。

③ 注:"下一代剧场研究——多媒体技术与现实剧场的结合与应用"(申报单位:上海大剧院管理有限公司)和"沉浸式虚拟现实跨媒体展演工程系统开发项目"(申报单位:上海音乐学院)。

### （三）多样的高端平台

2018 年原文化部"一带一路"文化贸易与投资重点 40 个,集中在文化投资和基础设施建设、数字文化产业营销推广、文化创意和设计产业营销推广、演艺工艺美术文化旅游等产业营销推广、文化装备营销推广、文化贸易人才培训、对外文化贸易服务平台建设等七大领域。虽然上海并无文化装备项目入围,但是"'一带一路'对外文化贸易促进平台"和"海外文化贸易促进系列项目"均被入选①。它们都借助了上海作为我国经济中心和贸易中心的地位,以及力图建设国际文化大都市的城市发展目标。上海在我国的战略优势地位和城市实力,使它具备打造文化装备高端平台的优势。

上海于 2014 年便成立了国内首家高科技文化装备产业基地——上海高科技文化装备产业基地。作为上海自贸区内专项发展文化装备贸易的要素市场和服务平台,它主要为国内外文化装备企业提供进出口代理、产品展示、设备租赁、商贸咨询、融资服务、企业入驻等全方位的服务与支持。2015 年,国家对外文化贸易基地(上海)自贸区文化装备应用示范中心在上海临港落成开馆,是我国第一个展示国内外高科技文化装备产业协同发展的示范平台,也是国家对外文化贸易基地(上海)服务功能的延伸。它以集成创新聚焦产业链发展,在舞台剧场、电影院线、广播电视、展览展示、智慧城市、主题乐园、娱乐设施、智能终端、网络多媒体、数字印刷等核心技术领域布展,诸多国内外知名企业将旗下最好、最新出炉的高新技术产品投入其中参与建设②。此外,基于该基地的首届装博会,集聚了业内来自全球的文旅演艺、主题游乐、数字博物馆等五大类技术、产品、赞助商和多个行业协会组织,以及一百余家产业链上下游服务商参加。

---

① 注:入选项目:"'一带一路'对外文化贸易促进平台"(申报单位:上海东方网电子商务有限公司)和"海外文化贸易促进系列项目"(申报单位:上海东方汇文国际文化服务贸易有限公司)。
② 康晓芳:《首个自贸区文化装备示范中心在临港落成》,《东方城乡报》2015 年 8 月 8 日,第 A07 版。

除文化装备专业平台外，上海也在文化领域拥有多种高端平台。如上海国际电影节，其综合排名在全世界 15 个 A 类电影节中大概可排在第三、四位。上海国际艺术节每年有一个演出交易会，已经初具规模。可喜的是，在上海国际艺术节演出交易会中，不仅仅有上海跟世界各地的交易，还有中国跟世界各地的交易；还可以欣喜地看到有第三方交易，既有上海兄弟省市跟海外的交易，又有中国以外其他国家之间的交易。

# 二、上海文化装备产业的技术优势

文化装备产业不是一个单独的行业门类，而是涵盖了多个工业门类的产业集群。它既包括重大的先进基础装备，即制造装备的工作"母机"，如工业机器人、电子制造设备等；又包括重要的机械、电子基础件等和文化生产所需要的成套技术装备。技术推动文化装备优化升级不只是政策导向，也是产业实践的要求。

力推上海文化装备产业技术优势，主要基于以下几点：

## （一）良好的先进制造基础

上海具备科技研发高地的优势，上海有仪电、机械等先进制造业的良好基础。上海所发展的世界先进制造业群在核心技术、关键工艺环节上均是高新性质的，属知识密集、技术密集。上海后续需要充分发挥现有大型装备机械企业在制造基础上的优势，解决我国现有高端大型舞台设备的制造设备需求，尤其在舞台机械、动感平台、智能管理系统等方面，完成国家高端文化设备的升级，形成上海市文化装备高端制造的先发优势，并在国际上逐渐确立中国文化技术装备的地位。

## （二）发达的文化技术交流网络

上海具有中外文化交流'桥头堡'的地位，往往成为先进技术的先行起步者。工业机器人是计算机、控制论、信息和传感技术、人工智能、仿生学等先进技术相结合的产物,已成为衡量一个国家制造水平的重要标志之一。上海是我国最早开展机器人研究的地方,也是我国最主要的机器人产业集群区之一。2017 年 11 月 14 日,上海发布《关于本市推动新一代人工智能发展的实施意见》,提出"智能上海(AI@SH)"行动,加快互联网、大数据、人工智能和实体经济深度融合,到 2020 年基本建成国家人工智能发展高地。2018 年的政府工作报告显示,上海战略性新兴产业的制造业部分产值占工业总产值的比重提高 6.8 个百分点,以现代服务业为主体、战略性新兴产业为引领、先进制造业为支撑的现代产业体系初步形成。这种独特的产业引领性,能够带动文化装备产业的整体技术进步、产业升级和产品创新。

## 三、上海文化装备产业政策优势

针对文化装备产业,从中央到上海均有战略性安排。上海是最早积极落实中央 2011 年提出的"加快文化装备产业发展"要求的地方政府。一方面,将其作为上海文化创意产业发展的重要战略性支撑产业之一予以详细的产业规划;另一方面,由具体的管理部门上海新闻广播电视总局通知制定配套文件《促进上海文化装备产业发展实施办法》(沪委宣[2018]198 号)。

### (一)明确产业发展布局

上海市委、市政府印发《关于加快本市文化创意产业创新发展的若干意见》(简称"上海文创 50 条"),明确将文化装备产业作为八个重点发展领域之一。该文件提出加快实施文化装备产业链布局,将其作为本市先进制造业和新兴战略性产业的组成部分,促进科技在文创领域的应用与推广,有效提升文创领域技术装备国际化水平。鼓励研发推进转化,推动上海文化装备产业从"中国使用"向"中国制造"进而向"中国创造"实现跨越式发展,是上海未来的目标。

为实现这一目标,上海"文创 50 条"不仅鼓励研发具有自主知识产权、引领新型文化消费的可穿戴设备、智能硬件、沉浸式体验平台、应用软件及辅助工具,还积极推进智能制造、智能语音、增材制造、机器人、先进舞台设备、新型影院系统等技术和装备的成果转化和市场推广。为此,未来上海将通过引进一批具有国际先进水平的文化装备类企业共建研发设计中心,集中力量开发20—30项具有前沿性、引领性、基础性的高科技文化装备重要成果,推动制定试行3—4个行业标准和行业行为规范,集中遴选一批重点企业和重点项目,给予全方位扶持。同时,上海将继续依托原先文化装备产业发展基础,在电影、出版、游戏、教育等各方面进行关键技术突破。完善产业功能布局企业,是文化装备产业的基础。据悉,未来上海对相关企业将通过引进、培育、提升、发展相促进,挖潜量、盘存量、育增量相结合的办法,完善整个产业功能布局。

### (二)具体切实的配套政策

为贯彻落实"文创50条",《关于促进上海文化装备产业发展的实施办法》提出七条具体的上海文化装备产业发展实施办法(表1)。它已经从科技创新、重点研发、优化布局、集聚企业、搭建平台、优化环境和人才队伍七个方面形成支持上海文化装备产业发展的办法体系,回应了上海文化装备产业发展中存在的金融支持、土地支持、人才支持等多种诉求。但同时,上海文化装备产业仍存在市场、技术与政策方面的待培育优势领域。

表1 促进上海文化装备产业发展的实施办法及具体内容①

| 实 施 办 法 | 具 体 内 容 |
|---|---|
| 加强产业科技创新 | 加快推进产业技术创新 |
| | 加快科技创新成果转化 |
| | 加大产业区域联动力度 |
| 推动重点领域设备研发 | 推进广播影视设备研发 |
| | 推进移动互联网技术研发 |
| | 推进数字印刷设备研发 |

① 注:由《关于促进上海文化装备产业发展的实施办法》(沪委宣[2018]198号)整理而成。

| 实 施 办 法 | 具 体 内 容 |
|---|---|
| 推动重点领域设备研发 | 推进游戏(艺)娱乐设备研发 |
| | 推进舞台演艺设备研发 |
| | 推进影院设备技术研发 |
| | 推进文化教育设备研发 |
| | 推进基于区块链的数字创意产品版权保护系统研发 |
| 优化产业空间布局 | 全市形成"1+1+X"空间布局 |
| | 推动上海国际高科技文化装备产业基地建设 |
| | 提升文化装备应用示范平台服务能级 |
| | 多元拓展文化装备产业发展空间 |
| 集聚培育市场主体 | 吸引国内外龙头企业 |
| | 做强本市创新企业 |
| | 发展集成服务企业 |
| | 培育外向型贸易企业 |
| 建立公共服务平台 | 搭建文化装备领域高端会展平台 |
| | 搭建国际化合作贸易渠道平台 |
| | 搭建文化装备领域标准研究平台 |
| | 搭建文物检测保护平台 |
| | 构建古陶瓷文化科技创新平台 |
| 优化产业支撑环境 | 发挥财政资金杠杆作用 |
| | 落实各项税收扶持政策 |
| | 加快金融服务体系创新 |
| | 优化土地资源供给保障 |
| 强化人才队伍支撑 | 集聚海内外优秀人才 |
| | 强化专业人才队伍 |
| | 优化人才培育机制 |

# 四、上海文化装备产业的待培育优势

## (一)培养技术与艺术复合人才

随着数字化技术、互联网等跨界技术的融合应用,文化装备行业对从业人员的业务素质提出了更高的要求。但是,目前具有丰富实践经验、懂艺术又懂技术的复合型人才匮乏,远不能满足行业发展的需求。现有文化装备领域技术从业人员文化水平偏低,知识结构不尽合理,主要依靠实践摸索成长,缺乏既懂艺术,又懂文化装备工程技术的高端人才,这与现代文化与科技不断融合的发展趋势相差较远。此外,文化装备产业受到行业规模和盈利能力的总体限制,难以吸引到兼懂文化艺术和先进技术的复合型高端人才。

## (二)培育高端文化装备企业

中宣部、财政部等评定的"2017—2018 年度国家文化出口重点企业和重点项目"中入选多个文化装备项目及多家文化装备企业[1]。2017 年发布的《制造业单项冠军企业和单项冠军产品名单》(第二批)中,广州市浩洋电子股份有限公司成为主营影视舞台灯具产品的唯一入选企业,也是前两批的唯一入选文化装备企业。2018 年原文化部"一带一路"文化贸易与投资重点 40 个项目中,浙江大丰事业股份有限公司申报的"舞台装备海外推广"、湖南明和光电设备有限公司申报的"数字化演艺设备与新媒体技术融合应用的全产业链推广",大连波涛文化科技股份有限公司申报的"360 度沉浸式动感飞行影院"均有入选。2018 年颁布了 16 家 PALM 展参展商获取知识产权优胜奖的获奖单位。在上述荣誉和奖项中,均无上海文化装备企业入选。这表明上海在打造

---

[1] 注:入选重点文化装备企业:浙江大丰实业股份有限公司、深圳市润田智数字设备股份有限公司(股票代码:832246)、广州市珠江灯光科技有限公司、北京四达时代软件技术股份有限公司、太原特玛茹电子科技有限公司;入选重点文化装备项目:智能化技术升级改造提升文化出口项目,"梦非远,行已至"VISICO 专业影视器材全球推广项目,面向南亚、东南亚 DTMB 覆盖一期项目。

四大品牌中,亟待培育拥有高端技术和国际领先的文化装备企业。

### (三)研发核心技术、关键技术

2006 年 8 月 23 日,中共中央政治局常委李长春参观了正在北京举行的 2006 年中国国际广播影视博览会设备展览并发表讲话,指出"我们要坚持对外开放不动摇,充分利用对外开放的条件,广泛运用高新技术发展的最新成果,加强广播影视设备改造。加快新兴广播影视产业发展,不断增强我国广播影视产品的国际竞争力和影响力。要把提高自主创新能力摆在突出位置,大力开发具有自主知识产权的核心技术,积极推进广播影视领域重大技术装备制造的国产化,大幅提升我国广播影视业的整体实力和技术水平,不断扩大我国广播影视产品在国际市场的份额,推动中华优秀文化走向世界"①。

在各项技术中,经过十余年努力国内企业文化装备在灯光、演艺、游乐游艺等设备方面已取得长足进展,部分领域机械设备的国产化率已达到 80%—90%以上。但上海文化装备产业仍需要持续研发核心技术和关键技术,其与国外顶级厂商的技术水平相比还存在一定的差距,主要表现在:设备的安全功能还不尽完善;制造工艺水平和产品精度有待提高,运行振动噪声比较大;在速度、承载力、安全裕量、安全功能等方面达不到要求等。这是因为受设计水平、制造工艺、市场价格等条件的综合影响,后续技术发展还有待于整体机械工业水平的提升,对精密机械技术、振动噪声技术、安全防护技术等技术领域进行有侧重点的优化和培育,提升设备产品质量,满足高端需求。此外,国产电子电气控制系统在高端应用的相对弱势,源于前期技术积累和投入上的滞后,导致系统难以达到期望的性能要求和安全等级,而这些在国外先进的控制系统都已得到较好的解决。后续的技术发展,还需持续的技术研发积累并在应用中得到反馈,包括高端运动控制技术、人机工程学技术、图像传感技术、精密同步技术、远程控制技术等方面,结合市场的具体需求进行进一步提升和

---

① 李长春:《积极推进广播影视领域重大技术装备制造的国产化》,《中国信息界》2006 年第 16 期。

优化。这造成主要文化装备仍然由国外厂商主导,关键技术由国外厂商所掌握的现状,参见表2所示的当前全球摄录设备厂商及关键技术情况。

表 2　全球影视摄录设备及技术

| 设备系列 | 设备厂家 | 主要设备产品 | 关 键 技 术 |
|---|---|---|---|
| 摄影机 | 日本 Sony | 4K 高清摄像机系统、数字电影摄像机、摄录一体机 | 图像传感技术、色彩校正技术、设备小型化、人机工程接口技术 |
| | JVC 杰伟世 | 高清闪存肩抗摄像机、高速摄照一体机 | |
| | 松下 Panasonic | 4K 高清摄像机 | |
| | 佳能 Cannon | CINEMA EOS 摄影/摄像机、XF 系列专业数码摄像机、ME20F 专业摄像机 | 图像传感技术、流媒体技术 |
| 其他特定摄像系统 | 英国 MRMC | Bolt /Cinebot 高速摄像机器人 | 高速高精度运动控制技术、精密同步技术 |
| | 美国 Gopro | HERO 系列摄像机、无人航拍机 | 飞行控制技术、消抖技术、图像传感技术 |
| | 德国 Cam One | CAM ONE 小型极限相机 | |
| | 美国 RCT | CS－1 远程摄影系统,遥控摄像终端 | |
| | Jaunt 公司 | 新光场技术摄像机 | VR 技术、海量数据传输技术、图像传感技术 |
| | 美国 MO－SYS 远程摄影/跟踪系统等 | 轨道机器人摄像系统、2 轴远程摄像终端、运动跟踪系统 | 传感技术、远程控制技术 |

# 五、上海文化装备产业突破路径

## (一)结合官方统计与市场调研,形成文化装备产业智能化数据整合系统

推动中国文化装备产业转型升级,不仅需要权威统计、还需要市场调查和

大数据建设,从而形成文化装备产业数据智能化整合系统。

随着"加快文化装备产业发展"进入国家战略性政策文件,"文化装备生产"统计相比以往也有了明显改善。这体现在《文化及相关产业分类(2018)》中,"文化装备生产"已经作为九大类别中的第八大类予以单独统计,相比此前的"2012"和"2004"版本均有明显改善。但仅凭官方统计仍有不足,还存在有待加强之处:

首先,体现文化装备产业互联化、智能化和集成化特征的一些重要大型文化装备并未归入该统计分类中。比如,移动互联装备、独立影院装备、文化教育装备,这些装备广泛应用于满足文化高端需求的生产之中。其次,"文化装备生产"的细分类别有待边界清晰。如专业音响设备制造是属于广电设备制造,还是演艺装备制造? 这需要建立市场调研机制,企业研究人员深入到市场调研,分析客户的多样化需求,了解它们的市场应用。再次,上海文化装备产业具有其他地区无法比拟的市场优势,在很大程度上依赖于当地引领性和高品质的市场需求,这必然要求文化装备产业提供相对完备的市场需求精细化、实时化数据,从而有利于进行面向国际水平的精品开发和生产,满足用户选择优质文化装备的需求。

而个性化、精细化、实时化数据的提供,需要充分利用互联网、云计算、大数据、智能控制、通信等信息技术和手段,实现文化装备技术数据的聚合,为行业内各个环节提供数据服务。开发数据库,可提供收集、存储、交换、共享、应用数据的兼具公益性与开放性的公共数据平台。因此,建设面向全球市场、立足本地的智能化文化装备产业数据整合系统十分必要。

## (二)建立保障文化装备高端品质的标准化体系和检测服务体系

标准化建设是行业技术进步的重要标志,完备的检测服务也是产业成熟的有效标志,它们共同成为保障文化装备应用安全和高端品质的有效措施。这要求:

第一,参照国际、国内已有同类标准,制定上海文化装备行业所需的其他标准体系。2014年1月1日起我国已施行《中华人民共和国特种装备安全法》和《特种设备安全监察条例》，国家质量监督检验检疫总局公布的《特种设备目录》中纳入大型游乐设施，并发布同日施行的《大型游乐设施安全监察规定》①。上海是文化装备应用最为先进的地区，有责任参照国内外相关标准，为保障演艺装备应用安全提出《舞台机械安全技术规范》和《演出过程组织管理安全技术规范》等地方标准。

第二，要及时跟进研究制定对表演机器人、虚拟成像技术等新兴文化装备的相关安全标准。相比国外顶级厂商的安全性保障技术，国产舞台机械、游艺游乐等文化装备的安全性保障还有很大提升空间。安全性是文化装备的生命线，严格参照国际上相关标准对文化装备的安全提出要求，提高风险评估基础上的安全完整性等级。建立行业标准定期复审与验收制度，组织主管机构应按规定定期复审，以确认现行标准的有效执行或者及时调整。同时，加大面向文化装备生产企业、应用企业和普通消费者的宣讲与推广力度。

此外，组织建立与安全标准相配套的文化装备检验检测体系与认证认可体系，加大第三方检测力度，逐步推行必要的系统强制性认证认可制度，以提高文化装备特别是舞台机械和游艺游乐设备、文化教育设备的安全性；同时，建立专业的演出灯光技术检测中心、音响技术检测中心，对灯光音响产品进行公平、公正的技术检测，形成定期权威发布、公示的良性有序市场，为优质文化装备提供合理的评定和选择依据。

### （三）形成多层面和多渠道的人才培养体系和成长渠道

近年来，虚拟现实技术、互联网技术、无线传输技术、电子显示技术、信息技术以及新材料等不断渗透到文化装备制造中。文化装备产业亟需来自声学、光学、电子学、美学、机械、计算机、通信等多领域、既懂艺术又懂技术、具有理论又能实践的高端复合型人才。然而，目前我国高等教育学科目录中并无面向"文化装备"的具体专业。中国演艺协会定期举办各类演艺装备相关的人

---

① http://tzsbaqjcj.aqsiq.gov.cn/zxzx/201507/t20150722_445405.htm。

才培训,这足以表明社会文化装备人才的渴求。为此建议如下尝试:

第一,在上海市内,以非学位学历的形式为在职从业者提供进修学习的机会。依托上海市的国际交流枢纽地位,由上海文化装备产业内的行业协会等社会组织和相关政府部门联合牵头,加强与海内外教育机构合作,采取中外合作办学、举办长短期培训班等多层次、多形式培训教育,借鉴先进经验,为行业培养既懂艺术又懂技术的专业人才,缓解艺术与技术人才紧缺局面,为行业的人才需求提供有效服务。

第二,应开放面向非国有企业技术人员的职称评定通道,授权行业组织开展技术人员职称评定,以激发从业人员不断学习和自我提升的积极性。完善职业技能鉴定与工程企业技术能力评定,规范市场秩序。行业协会要加强行业技术鉴定,积极开展提高从业人员职业技术能力水平的测评,开展职业能力鉴定培训工作。同时,对于非国有企业技术人员给予同等的人才公寓、公租房保障等保障力度。

第三,鼓励并支持上海当地的民营和国有文化装备企业建立内部人才培养体系。如跨国公司迪士尼,不仅有自己的设计院,而且进入设计院的都是来自美国 Cornell、UC Berkeley、South Dakota State University 等世界顶尖院校的毕业生①。鉴于上海文化装备产业的国内从业工程师数量、经验都与国际同行有所差距的现实,在当前上海文化装备企业利润难以吸引到名牌高校人才的情况下,支持当地文化装备企业建立员工成长培养制度十分必要。

## (四)强化文化装备产业的独立专业属性,重视高端平台建设

目前,从全国范围看,演艺装备和广播电视装备均具有独立行业组织进行管理。如我国科学技术部批准设立"中国广播电视设备工业协会科技创新奖"(设奖证书号为国科奖社证号第 0158 号),即是由中国广播电视设备工业协会承办②。中国演艺设备技术协会承担起演艺装备领域的标准化、行业评定、综

---

① 中国演艺设备技术协会:《中国演艺装备科技蓝皮书(2016—2017)》,文化艺术出版社 2018年版。

② http://www.cctime.com/html/2018-3-8/1365041.htm。

合技术能力等级评定、从业人员资格培训与评定等工作。上海的广播电视装备企业和演艺装备企业均与它们有稳定和深入的业内联系。

然而，目前国内与上海并无文化装备行业协会。但是，上海国际高科技文化装备产业基地已在国内率先成立，这是国内首家高科技文化装备产业基地。作为国家对外文化贸易基地（上海）的延伸专业平台，为国内外文化装备企业提供进出口代理、为产品展示提供全方位的服务与支持，上海在国家文化装备基地建设、引进国际 NAB 博览会等方面发挥了国际化平台的作用，由其主办的首届上海国际文化装备博览会取得预期效果。

目前，与上海市政府相似，广西①、广州、北京、浙江②等省（区、市）也相继发布了推动文化装备业从财政到人才的各种政策。针对前述分析的上海文化装备产业已有与待培育优势，上海市政府已采取的促进文化装备产业发展的实施办法，以及上述建议采取的突破路径，上海国际高科技文化装备产业基地可与高等院校进行具体合作，形成产学研一体的教学实验基地，具体内容可包括：（1）全球文化装备案例中心数据库；（2）全球文化装备新技术/新产品更新数据库；（3）全球文化装备服务方数据库（企业）；（4）全球文化装备金融方数据库（金融主体/投资人）；（5）全球文化装备需求方数据库（图书馆/特色小镇等）；（6）全球文化装备大师数据库（策划数据库）。

**（五）持续发挥国内外交流网络作用，密切跟踪新兴市场与先进技术**

与其他文创行业相比，文化装备产业更偏重制造业，在科技、产权、创新方面的要求也更高。尤其近年来，随着互联网、人工智能、虚拟现实等一系列新兴技术的发展，上海不断涌现出一些专注于新兴科技领域的本土文化装备企业，推动着这些新兴技术在传统制造行业的应用和发展，如上海乐相科技有限公司、东漫电子科技有限公司、上海幻维数码创意科技有限公司等。

---

① 源自《广西文化产业跨越发展行动计划（2017—2020）》。
② 源自《浙江省文化产业人才发展规划（2017—2022 年）》。

新兴技术主要涉及：互联网、虚拟现实、人工智能、机器人等新兴领域，国内该领域企业几乎和国外同时起步，技术水平也毫不逊色，可以做到和国际齐头并进，甚至在某些特定领域达到世界领先水平。从产业生命周期来看，目前很多新兴技术领域正处于市场导入期，在云计算、大数据日趋成熟的背景下，深度学习等人工智能关键技术已取得一定实质性的进展，语音和图片系统的识别率得到大大的提高。随着新兴技术的不断突破、商业模式的创新探索，以及市场培育起来之后，上海文化装备企业有望在新兴技术和传统行业应用之间寻找到充分的结合点，在行业领域内形成自主产权的核心关键技术，如语音识别、动作跟踪、图像识别、大数据分析、增强现实和服务机器人等。

# 4

# 从"展览空间"到"智慧场馆"：
# 文化场馆人工智能化的应用与展望

宗利永*

**内容提要**　在各行各业被人工智能技术赋能的时代背景下，文化场馆正在经历从单纯的"展览空间"向"智慧场馆"的悄然转型。随着文化场馆基础设施的持续完善，信息化辅助技术手段的日益丰富，大量音视频传感器、探测设备及智能分析系统被部署在场馆的各个空间，利用人脸识别及行为轨迹追踪等人工智能分析手段，现有的技术已经可以将传统参观人流的观展浏览行为进行精准的数据化、显性化，由此而产生的各种应用场景蓝图可以清晰地浮现。对人流量进行追踪可以了解观众在场馆中的行动偏好，从而为更新标识系统及广告位的设置提供决策参考。通过人流量考察会议主题或者演讲嘉宾的吸引力，可以作为现场活动效果评估的依据。通过追踪及记录客户行为，为展商及主办方提供决策依据，以便进一步提升客户体验。本文着重探讨人工智能下的智慧场馆的现状、典型应用、存在的问题以及改进对策等。

**关 键 词**　文化场馆　人工智能　智慧场馆　人流轨迹跟踪

　　近年来，人工智能技术成功跨越理论研究与应用之间的"技术鸿沟"，进入

---

\*　宗利永，上海出版印刷高等专科学校副教授、文化管理系副主任，上海理工大学硕士生导师。研究方向：文创产业新技术及新业态研究。

了爆发式增长的红利期。作为引领新一轮科技革命和产业变革的战略性技术，人工智能具有显著的溢出带动效应。目前，人工智能相关的关键技术应用已经在语音、计算机视觉等领域广泛涌现。随着国内外资本市场对人工智能的追捧持续升温，这项技术在教育、医疗、电商、制造业等领域加速应用落地。数据显示，全球人工智能领域的投融资交易比以往任何时候都更活跃。2017年全球人工智能创业公司共获得投资 152 亿美元，同比增长 141%，其中 48% 资金流向中国。

党的十九大报告指出："完善公共文化服务体系，深入实施文化惠民工程，丰富群众性文化活动""健全现代文化产业体系和市场体系，创新生产经营机制，完善文化经济政策，培育新型文化业态"①。随着物质生活水平的提高，人民的精神文化生活日益丰富，各种文化艺术场所、购物休闲场所越来越多，人们在文化场馆的活动也越来越频繁。在各行各业被人工智能技术赋能的时代背景下，依托于人工智能技术，文化场馆开始从单纯的"展览空间"向"智慧场馆"悄然转化，转型背后新技术带来的政策管理模式转变、商业逻辑演化及法律规制问题都值得我们深入探讨。

# 一、文化场馆人工智慧化的发展背景

## （一）政策环境

人工智能（Artificial Intelligence，简称 AI）是研究人类智能活动的规律，构造具有一定智能的人工系统，研究如何让计算机去完成以往需要人的智力才能胜任的工作，通过应用计算机的软硬件来模拟人类某些智能行为的基本理论、方法和技术。人工智能是计算机学科的一个分支，被认为是 21 世纪三大尖端技术之一（基因工程、纳米科学、人工智能）。

近年来，人工智能的发展受到政府高度重视。国家发改委、科技部、工信部、中央网信办 4 部委 2016 年联合制定的《"互联网+"人工智能三年行动实施

① 《习近平在中国共产党第十九次全国代表大会上的报告》，《人民日报》2017 年 10 月 28 日。

方案》,就明确提出要建立人工智能标准体系,具体的行动包括:建设人工智能领域融合标准体系,建立并完善基础共性、互联互通、行业应用、网络安全、隐私保护等技术标准,开展人工智能系统智能化水平评估。推动我国人工智能领域标准走出去,不断增强国际话语权。另外,我国还专门成立了国家智能制造标准化工作组,负责相关的标准研制,这一切都充分说明了制定人工智能标准化的重要性和急迫性。十九大报告提出,需要依托高科技,激发文化创意和文化产业发展的内生动力。文化创意产业与人工智能的融合创新是我们这一代人面对的重大机遇与挑战。

2017年7月,国务院印发了《新一代人工智能发展规划》,要求到2020年人工智能总体技术和应用与世界先进水平同步,人工智能核心产业规模超过1 500亿元。2017年12月,《促进新一代人工智能产业发展三年行动计划(2018—2020年)》发布,计划指出将以信息技术与制造技术深度融合为主线,以新一代人工智能技术的产业化和集成应用为重点,推进人工智能和制造业深度融合,加快制造强国和网络强国建设。2017年11月上海市政府在《关于本市推动新一代人工智能发展的实施意见》提出,上海将大力推进人工智能促进实体经济降本增效,在智能制造、现代金融、商贸服务、现代物流等领域深度应用,提升全员劳动生产率,实现经济能级优势提升。

2018年7月发布的《中国人工智能发展报告2018》显示,2017年中国人工智能市场规模达到237亿元,同比增长67%。截至2018年6月,中国人工智能企业数量已达到1 011家,位列世界第二。中国的人工智能企业高度集中在北京、上海和广东。从融资状况来看,从2013年到2018年第一季,中国人工智能领域的投融资占到全球的60%,中国已成为全球人工智能投融资规模最大的国家。

（二）技术发展背景

文化创意产业与人工智能的结合,也是大势所趋。在人工智能产业飞速发展的这些年,智慧场馆也在逐渐崛起。何谓"智慧场馆"?对于这个概念的理解基于两个层面:第一层面是智能楼宇框架下的硬件设施的建设与投入。

即通过楼宇自动化系统对整个建筑的建筑自控、安防安保、出入控制、供配电系统、照明系统、电梯系统等各种设备实施自动化监控与管理,保证系统运行的经济性和管理的现代化、信息化和智能化;随着技术的不断迭代升级,硬件设施已经不能完全体现核心竞争力,于是就有了第二个层面,即围绕智能终端及软件升级而衍生的各种创新服务模式及创新应用场景。

目前,文化场馆领域提及较多的主要集中在基于人工智能的关键技术,如通过人像识别、轨迹追踪将传统参展、展会现场管理智能化,进而将观众、展商及产品信息数据化。由此而产生的各种应用蓝图勾勒在我们眼前:对人流量进行追踪分析,了解观众在场馆中的行动偏好,从而更新标识系统及广告位的设置,以提升客户体验及场馆的综合收益;通过人流量考察会议主题或者演讲嘉宾的吸引力,作为会议评估的依据;追踪及记录客户行为,为展商及主办方提供决策依据。

## 二、智慧场馆应用场景与热点技术应用现状

### (一)多家行业高影响力企业驻扎上海

在上海发展人工智能具有良好的基础和条件,无论是人才资源质量规模还是应用场景的创新方面,上海都处于全国领先地位。自 2017 年 11 月,上海推动新一代人工智能发展实施意见正式出台后,浦东、长宁、杨浦、徐汇等区纷纷出台人工智能相关实施举措。利好的产业促进政策和丰富的市场机会土壤都吸引了许多致力于图像识别和轨迹追踪的企业驻扎上海。

商汤科技(SenseTime)是全球领先的人工智能平台公司。商汤科技建立了全球顶级、自主研发的深度学习超算中心和一系列 AI 技术,包括:人脸识别、图像识别、文本识别、医疗影像识别、视频分析、无人驾驶和遥感等,商汤成为中国最大的 AI 算法提供商。商汤科技的市场占有率位居多个垂直领域首位,涵盖智慧城市、智能手机、互动娱乐及广告、汽车、金融、零售、教育、地产等多个行业。

图麟科技是一家专注于人工智能、计算机视觉的高科技公司。结合计算

机视觉、深度学习技术的研究和应用,其核心技术涵盖海量图像/视频搜索、图像/视频识别、人脸识别、运动跟踪、机器视觉等专项领域。其中海量图像/视频搜索技术在全球权威专项视频搜索竞赛中连续多年获得全球算法第一名,在精度、速度、扩展性等方面优势显著,其核心技术广泛应用于安防监控、广告媒体、互联网安全、互联网应用、电视媒体、工业机器视觉等领域。

径卫视觉以人工智能、基于图像的生物特征识别技术为基础,融合物联网、云计算、视觉分析、大数据、深度学习、高精位置服务等先进技术,致力于推动中国道路智能交通安全事业发展,为成千上万个家庭提供安全保障,打造未来人、车、路智慧驾驶生态圈。

上海高重信息科技有限公司(GLOTECH)是人工智能创新企业的后起之秀,致力于将计算机视觉技术和大数据技术应用于社会安全和信息安全领域。其中的智能视频分析系统 UltraVision——是业界赞誉的"天眼"视角下实现跨监控设备轨迹追踪功能的产品,结合公司强大的数据分析能力,将结构化的视频数据进行大数据挖掘,在大安防领域提供事前预警、事中监控、事后追溯的应用服务。目前,UltraVision 广泛应用在交通枢纽、商业楼宇、智能社区、文化场馆等众多领域,极大地提升视频处理的效率,深度挖掘视频数据价值。

## （二）智慧文化场馆的应用实例

智慧文化场馆的发展正在实践中不断探索前行。比如坐落于上海余姚路的某艺术空间,部署了智慧场馆应用系统。该项基础应用实现了场馆空间内人流量监测,人员停留时长的统计;拓展应用包括绘制停留时间热力图,观展人流的轨迹折返路线可视化分析等。人工智能可以还原人员参观轨迹,结合停留时间数据,分析潜在竞拍人的交易意向,帮助展馆快速定位潜在竞品人及其偏好,实施有针对性地营销策略。例如可分析得出某位观众对哪件展品最感兴趣,工作人员便可专程为其介绍此件展品,以便满足观众的消费心理,同时也加深观众对展品的认识,形成一个良性循环的正向反馈机制。

当艺术场馆用于竞拍时,还可以为展品划分虚拟区域,根据虚拟区域内参观人数、停留时间、人员密度等数据,分析各展品被追捧的热度、展位的关注

**图1 观展者标注示意图①**

度。基于数据分析预判展品竞拍热度，得出最有商业价值的位置，进而可以调整展品的展出位置。竞品的摆放位置在很大程度上给予竞拍者心理暗示，最受关注的位置摆放的拍品自然也会得到相应的关注。此时应用于艺术空间的人工智能，使得参展拍品的空间展示能够以一种量化方式评估其商业价值。

此外，如何在大型室内建筑中监控人群活动以保证人群的安全性，如何提前预防由人流量过大导致的突发事故已成为文化场馆迫切需要解决的重要问题。传统的视频安防监控仅作为留存视频记录的工具，其价值仅体现在事后调取资料的记录与回溯，对于实时监控信息的处理、运动目标监测以及限定范围内出入口人数统计方法已不能满足大型场馆安防应用场景的需求，此时统计系统的自动化和智能化便显得十分重要。通过智慧场馆的图像识别，信息系统不仅可以通过面部识别过滤不法分子，而且如果行动轨迹异常，安保人员

---

① 该图由作者结合相关案例素材绘制。

**图2 智能系统实时监测图①**

也能即时采取行动。热力图的监测可以帮助文化场馆优化场馆的布局及人流动线设计，在发生突发事件时及时疏散人员，有效避免踩踏事故。

# 三、人工智能技术在智慧场馆
建设中的应用及展望

通过人工智能来识别文化场馆中参观者个体特征及行为轨迹的优点不言而喻，主要有四个方面：一、非接触性，相比较其他生物识别技术而言，人脸识别和人的行为轨迹识别都是非接触的，用户不需要和设备直接接触。二、自然性，即通过观察比较人脸来区分和确认身份；具有自然性的识别还有语音识别和体形识别。三、非强制性，被识别的人脸图像信息可以主动获取而不被被测个体察觉，人脸识别是利用可见光获取人脸图像信息，而不同于指纹识别或者虹膜识别需要利用电子压力传感器采集纹路。四、并发性，在实际应用

①　该图由上海高重信息科技有限公司提供。

场景中,人脸识别技术可以进行多个人脸的分拣、判断及识别。具体的人工智能应用包括人脸识别及人流行为轨迹识别技术。

## （一）人脸识别技术

人脸识别技术的发展历程大致可以分为四个阶段:20 世纪 60 年代末至 70 年代初,这一阶段的人脸识别研究还处于萌芽期,尚未能达到自动化人脸识别,所提出的方法多为计算人脸器官之间距离,轮廓特征等;到了 90 年代初,人脸识别技术蓬勃发展,涌现了很多识别方法,如特征脸技术 Eigenface,通过主要成分分析（Principal Component Analysis,PCA）将串联灰度图像得到的高维向量进行降维;1998 年提出的 Fisher Face 时至今日依然被很多研究者采用,其主要思想是对降维后的数据采用线性判别分析方法（Linear Discriminant Analysis,LDA）,使得离散度在类内尽可能小,而类间尽可能大;从 90 年代末到 21 世纪初,研究人员开始意识到算法的鲁棒性,如光照、表情、遮挡等因素的影响,提出了更具鲁棒性的算法,如 Gabor 与 LBP 等局部特征描述算子,同时还有一些其他学科理论在人脸识别方面的应用,如支持向量机（Support Vector Machine,SVM）,还有神经网络等;2006 年,深度学习（Deep Learning,DL）在学术圈、工业界得到广泛关注。2014 年 Facebook AI Lab 采用卷积神经网络（CNN）的 Deep Face 在大规模人脸图片集上进行训练,并在 LFW 上取得了与人工识别不相上下的好成绩,达到了 97.35% 的准确率。

1. 人脸识别在智慧场馆的应用

虽然相比国外对人脸识别技术的研究,国内兴起得比较晚,但从 20 世纪 90 年代末起,国内各科研机构相继开展了研究工作并取得了丰富的创新成果,企业方面有 Face++、商汤科技、百度、科大讯飞等等,均在自己的 AI 平台上提供人脸识别 SDK 以及相关领域解决方案。人脸识别技术正在呈现商业化的井喷趋势。

人脸识别最主要的应用场合在安防方面。某南方省会城市公安局使用商汤视图情报研判系统,用以图搜图的检索功能进行案发现场人脸截图与标准库照片比对,进行人员的身份查询,打击已发生的犯罪行为。2017 年以来,视频侦查部门成功比中嫌疑人 2 000 多人,抓获 800 多人,成功破案近百宗,有效地将警员从人工检索工作中解放出来,节约了大量的警力。

人脸识别包括又不仅仅限于对人脸的智能识别,还包括对衣物、饰品的识别等。在艺术场馆中或某些金融场所中,人脸识别可以识别出数据库里已有的 VIP 用户。对于人流量庞大、人员流动性较大和无固定客户群的场馆,智能识别可以运用特征提取技术判断用户的行为举止和穿戴,并推测出观者的浏览偏好及潜在购买倾向,以便服务人员做出针对化服务。

2. 人脸识别在智慧场馆中的应用拓展——线下空间的客户精准判别及信息推送

结合人脸识别进行精准信息推送是未来艺术场馆的重要应用之一。在行为特征提取后,通过上传至后台大数据平台,实现精准营销。目前精准推送主要用于各种交互型 app,如头条新闻、手机淘宝、腾讯新闻、抖音等可以抓取用户平时喜好特点的客户端。信息量的爆炸式增长在给用户不断带来新信息的同时,也增加了用户筛选信息的难度,个性化推荐技术就是在这一背景下诞生的,用于解决爆炸性增长的信息与模糊的用户需求之间的关系。为了给用户推荐感兴趣的信息,我们首先要分析出该用户的兴趣,然后再从海量的信息中选择出与用户兴趣相似的信息,并将这些信息推荐给用户。

推荐系统(Recommendation System,RS)正是在这样的背景下被提出的,推荐算法根据用户的人口统计量及在文化场馆相关浏览到访的历史行为,挖掘出用户的喜好并进行关联分析,从而为用户推荐与其喜好相符的商品或者信息。推荐系统的任务就是连接信息与用户,帮助用户找到感兴趣的信息,通过相关的展览活动信息、商业广告、视频推送等,推送同类型消息及广告,同时让一些有价值的信息能够触达到潜在的用户,从而减少用户在繁杂的信息中查询的时间和精力,对用户而言有很实用的意义。

（二）人流轨迹识别及轨迹挖掘

人流轨迹跟踪的发展历史同样经历了较为漫长的时间。最开始,是 GPS 技术支持下的基础定位。随着 GPS 嵌入式技术、卫星技术和无线通信技术的飞速发展与移动设备的普及,大量的基于位置的应用服务开始出现在人们的日常生活中。近几年来,基于位置的应用服务发展迅猛,用户可以通过各式各样的平台与应用随时上传与分享自己的轨迹数据,积累了海量的显示用户历史位置信息的 GPS 轨迹数据。

轨迹挖掘是数据挖掘的一个新兴分支,其研究方向的重点主要是轨迹聚类、轨迹分类、离群点检测、兴趣区域、位置推荐等方面。这些与轨迹数据有关的新技术和移动应用服务给观展者带来了各种各样的便利,与此同时也对用户的轨迹数据的跨场景应用提出了新的挑战。

1. 人流轨迹分析国内应用场景

初期的人流轨迹统计主要是以运动轨迹和旅游轨迹为主。旅游时大家喜欢发朋友圈打卡地标,不仅是记录自己生活的方式,也为景区提供了热度,但是在一些开放性的区域,例如在公园,广场,文化场馆等区域,上述方法便不能方便的统计客流人数,在每个观众身上设置实时定位信息的采集显然是不现实的,这就需要借助人工智能的手段对已有解决方案进行优化。如智能视频

图 3　UltraVision 的三层系统结构及内容①

---

① 该图由上海高重信息科技有限公司提供。

系统 UltraVision 系统,借助场馆已有的视频监控系统,将结构化的视频数据进行数据挖掘,通过目标检测、目标识别等技术环节,智能化地对移动目标进行行为轨迹数据分析,在大安防领域提供事前预警、事中监控、事后追溯的应用服务;在商业应用领域,帮助文化场馆深度挖掘视频数据的商业价值,进一步提炼智能化应用的商业场景。

2. 人流轨迹跟踪——对线下用户行为的再解读

从用户的历史轨迹数据中挖掘的知识可以是用户的偏好、行为以及日常的生活模式;也可以是综合多人的轨迹数据统计发现的热点区域和热点路线;甚至可以是根据轨迹的相似度计算人与人之间的相关性。如果了解用户的行为活动模式,有充足的用户上下文信息,基于位置的服务就可以在适当的时间给予用户一个合适的推荐(推荐路线或者位置)。这些与轨迹数据有关的新技术和移动应用服务给用户带来了各种各样的便利,与此同时也对用户的轨迹数据的管理与利用提出了非常大的挑战。如何高效的处理轨迹数据,如何高效的处理轨迹数据的稀疏性,如何智能的提取轨迹数据中的有用信息,挖掘出与用户相关、与应用相关的上下文信息,已经成为用户轨迹数据管理和数据挖掘领域的系列热点研究方向。

用户行为分析是移动用户个性化推荐的关键,它展现了用户生活规律及个人喜好等基本信息,对提高推荐效率十分重要。例如,如果可以汇集大量用户的轨迹数据,我们便可自动发现某个时间段里一个城市里的热点地区,以及地区之间的关联。这些结果不仅能随着时间的推移而变化,也能发现倾向于同一路线的人员的共同点。这些数据都可为用户的旅行线路规划提供有利的帮助,反过来也可使旅游地推出各种针对性活动和趋于不同目标人群的改进方案。不同的用户有不同的喜好,旅游如此文化场馆更是如此。不同的展览类型其受众人群必不相同。A 类人群通常情况下多聚集于 M 类场所的 X 区域,这意味 A 类人群对 X 区域有着特殊的偏好,这种偏好可能是基于对浏览动线的偏好,也可能是基于对摆放在 X 区域的展品本身的偏好。因此,针对用户的观展行为需要结合个性化的需求进行理解。未来人工智能可以将人的运动轨迹分析与生物特征识别相结合,提供更为高效的技术解决方案。

# 四、推进建设智慧文化场馆的举措建议

## （一）人工智能设计者亟待解决现有的技术缺陷

采集工具通过人脸识别技术将用户的面部信息进行收集、记录与存储，而相关系统则可依据采集到的人脸表情等进行对比和分析，随后便可辨认用户。但实际应用中，由于人脸也会产生变化，因而产生了较大的瓶颈。如人脸结构、轮廓等都会随着现场人员位移发生改变，进而影响最终的视觉识别效果。其次，人的面部表情丰富多变，加之同样的表情难以做到准确复制，因而使得其在应用过程中存在较多的不确定性因素。最后，识别时还会受到外在环境的影响如光线的强弱等，进而影响该技术的识别效果。

## （二）个性化精准推送的适用性问题

用户偏好提取同样是个性化推荐系统中的一个重要技术。对于用户偏好的获取有以下两种方式：显式获取以及隐式获取。显式获取的方式需要用户的主动参与。例如注册豆瓣后需要用户主动地对喜欢的内容（话题、电影、电视剧、书籍等）做选择；在用今日头条浏览新闻时也可以对新闻进行是否感兴趣的标注。这种方式可以直接且准确的获得用户的喜好。但是这种获取方式有个缺陷是：往往在用户做了第一次选择之后，很少有人会在其兴趣偏好发生改变的时候再去手动修改其偏好内容。隐式获取的方式主要是通过分析用户的浏览行为、查询操作、日志信息等内容发现用户的偏好。这种方式避免了用户的手动操作，但是通过人工智能获取到的偏好信息可能会与用户真正的喜好有所偏差。

## （三）行业亟待建立统一规范的应用标准

无论人工智能有时候被描述得多么玄乎，其最重要的"落地"还是要依靠产业化，而产业化的发展离不开规范化，其中最为重要的一个"规矩"就是标准。目前，随着人工智能技术在语音、语意、计算机视觉等领域的不断突破，人工智能在金融、安防、医疗健康等生活领域已经得到了一定的应用，并且带来了实实在在的效果和看得见的变化，也加深了许多产业对人工智能加入的期待，更加速了整个人工智能的发展和产业化的步伐。只要是涉及人工智能的技术，其实都缺乏一个统一的行业标准。甚至包括人工智能公司参与的世界级竞赛，不同技术有不同技术下的参数结果，并无一个统一的标准，以至于导致了人人都可以称冠的尴尬局面。在这样的背景下，有鉴于人工智能的巨大前景和受重视程度，对于产业制高点之一的标准，自然也成为不少致力于人工智能产业的企业和国家的重要"战场"。比如去年，全球最大的5家科技公司——谷歌、亚马逊、Facebook、IBM和微软，就在尝试制定关于人工智能的一系列标准。我国十分重视人工智能的发展，无论是互联网三巨头BAT的战略布局，还是国家的相关政策的引导，都将人工智能放在了十分突出的位置，同样也突出了人工智能标准建设的重要价值。

### （四）涉及用户隐私需要加强保护

Facebook、谷歌PICasa和苹果iPhoto等照片软件和在线服务使用人脸识别技术，使用人脸识别技术势必会引发更为棘手的隐私问题。而人工智能技术一旦应用于文化场馆中的人员识别，等于所有人无论是否主动许可，都在被分门别类，记录隐私。人员身份、购买力等的智能鉴定，本属于私人方面的一些特征被不知不觉中上传至大数据平台，用户的私密性没有得到保护。因此文化场馆在传输或使用用户行为数据时应强化隐私信息的保护意识，对于涉及个人隐私的信息在存储及分析时进行必要的泛化脱敏处理，如手机号只显示尾号、身份证号模糊化等。

### （五）智慧场馆需约束自身尽量克服"大数据杀熟"与信息茧房

智能化场馆的运营要以严格遵守法律法规作为前提。为了实现个性化精准推荐的功能，商业主体或平台势必会利用大数据对消费者进行个人画像，有目的的提供搜索结果，进行精准营销。然而一些应用会出现"大数据杀熟"的情况，引发公众不满。为此，《电子商务法》明确规定，在针对消费者个人特征提供商品、服务搜索结果的同时，要一并提供非针对性选项，通过提供可选信息，保护消费者的知情权、选择权。智慧场馆是运用大数据、高科技服务大众的公共空间，必须以恪守法律法规作为底线，维护用户利益、提高社会效益，约束自身、服务社会。

智慧场馆作为新型业态，必须树立符合社会主流文化的企业价值观念和行为规范。精准推送的另一个结果是会导致传播学中的信息茧房。信息茧房是指人们的信息领域会习惯性地被自己的兴趣所引导，从而将自己的生活桎梏于像蚕茧一般的"茧房"中的现象。2017年人民日报连发三篇评论批评今日头条等app通过算法导致的信息茧房，就是希望现代的网民可以拓宽视野，不要被人为地限制了信息获取的范围。因此，破除"茧房"，弘扬主流价值观是智慧场馆义不容辞的责任。

### （六）人工智能应用的推广需脱离叫好不叫座的困境

虽然智慧场馆和人工智能都是当下大热的趋势，但仔细观察便知，鲜有真正落地投入使用的项目，大多仍处于研发与测试阶段。多数场馆负责人并未意识到科技赋能的"智慧场馆"与普通场馆的本质差异，认知度不足的问题也是人工智能产业技术落地的关键问题。大多数场馆的使用需求尚未达到智能监控、精准识别的程度。传统人力可以持续以较低的价格满足场馆的常规需求，这就导致"锦上添花"的人工智能服务得不到推广，场馆负责人认为没有必要大量投入升级自己的监控系统及图像处理服务器，获得并非必需品的高端功能。政府扶持公共艺术场馆的智能化改造与示范项目的建设，有利于推动文化场馆的技术化转型升级。政府可以考虑率先试点一批历史文化场馆，推进智能识别技术和人流轨迹跟踪技术落地。

## 五、结 束 语

目前人工智能发展已进入关键窗口期，上海文化创意产业发展应抓住人工智能发展带来的新机遇，拓展新业态。上海在推进文化场馆的智能化应用过程中已有了长足的发展,也探索了很多有益的经验,在如今新的形势下紧密对接上海"文创50条",通过人工智能的技术手段提升文化场馆观者的用户体验,真正发挥文化场馆以文化人、便民利民的服务本质。在人工智能和文化创意都得到大力支持的共同背景下,融合二者产业特质的智慧场馆,必会迎来新的发展契机。

# 栏目二　集聚优质资源，打响上海文化品牌

**5**

# 把握艺术品金融创新发展趋势，
# 建设世界重要艺术品交易中心
## ——国内外经验与上海的对策

马　健*

内容提要　发挥上海国际金融中心优势，防范艺术品金融风险，完善艺术品金
融服务，是把上海建设成为世界重要艺术品交易中心的重要战略
举措。根据国内外艺术品金融创新发展趋势，以实现债务性资金
融通为目的的艺术品质押与债券融资服务，以实现艺术资产资本
化为目的的艺术银行与艺术品租赁服务，以实现艺术资产证券化
为目的的艺术品基金与资产证券服务，都扮演着非常重要的角色。
为了实现上海市艺术品金融行业的持续、稳定和健康发展，相关主
管部门应该首先从防范艺术金融风险的角度出发，划出艺术品金

*　马健，博士，国家文化产业创新与发展研究基地西南研究中心执行主任，西南民族大学旅游与
历史文化学院副教授，主要从事文化政策与文化经济研究。著有《收藏投资学》、《艺术品市场
的经济学》、《艺术品金融——实践与探索》等书。

融化创新的底线;其次从完善行业自律机制的角度出发,构建机构自律与他律的隔离带;最后从加强投资者的教育的角度出发,强化信息披露与培养风险意识。

关 键 词 艺术品金融 艺术品交易中心 金融政策

# 一、债务性资金融通:艺术品质押与债券融资

## (一)艺术品质押融资的发展经验

### 1. 艺术品质押融资的发展脉络

第一个时期是萌芽期。作为一种重要的艺术金融产品,艺术品质押融资的历史实际上非常悠久。根据《北京典当业之概况》《当行杂记》《当商教科书》等著作的记载,包括古董、字画、碑帖、红木等物在内的"杂项"一直以来就是非常重要的当物种类。从融资实践的角度来看,在艺术品质押融资产品的市场需求度较强的情况下,却出现了市场供给显著不足的状况,以及产品供给的结构性失衡问题。

第二个时期是讨论期。当人们意识到问题所在,便很快开展相关的探索。总的来看,人们关于艺术品质押融资难点的认识是相当一致的:一是鉴定难,二是估值难,三是变现难。一些机构,例如北京华夏典当行在 2001 年就首度尝试开展艺术品典当融资业务,但由于市场和专业人才方面的原因,该业务在运营两年多时间后被暂停[①]。由此可见,上述问题的解决并非易事。

第三个时期是探索期。尽管存在诸如此类的难题,但一些具有创新意识的金融机构依然在探寻既定约束条件下的创新制度。例如,潍坊银行就在艺术品价值评估认定机制尚未建立,艺术品的托管机制、交易变现机制和风险补偿机制也都缺乏的大背景下,在产品创新机制、鉴定评估认定机制、托管机制

---

① 傅洋:《京城典当行恢复艺术品质押》,《北京晚报》2009 年 8 月 25 日。

和抵押艺术品的交易变现机制四个方面进行了有益的尝试和突破,通过银行与第三方机构合作的方式共同控制风险①。

2. 艺术品质押融资面临的挑战

概而言之,构建新时期中国艺术品质押融资模式所面临的主要问题有三:

一是鉴定难。众所周知,目前中国艺术品市场上的赝品可谓泛滥成灾,造假技术层出不穷,欺骗手段不断翻新。这既是缺乏优秀艺术品鉴定人才的问题,同时也是艺术品鉴定制度和艺术品鉴定规范的问题。

二是估值难。艺术品质押融资,还不仅仅是真伪的鉴定学问题,更是估值的经济学问题。但艺术品市场的价格瞬息万变,不确定性太大,如何才能对质押艺术品进行合理估值从而控制风险,就成为一个非常现实的问题。

三是变现难。艺术品质押融资之所以分外强调"质押",为的是借款人一旦偿还不上贷款,放款人还可以通过质押物的变现来控制风险,弥补损失。但放款人的问题是:他们往往缺乏成熟的艺术品变现渠道。

在"三难"问题难以逐一突破的大背景下,如何进行"难题"的转化就成为解决问题的重要思路。总的来看,新时期中国艺术品质押融资发展的框架机制主要由七个方面组成:质押融资前的是艺术品质押融资的准入机制,质押融资中的是艺术品质押融资的鉴定机制和艺术品质押融资的评估机制,质押融资后的是艺术品质押融资的集保机制和艺术品质押融资的处置机制,贯穿始终的是艺术品质押融资的风险控制机制和艺术品质押融资的监管机制。具体来说,新时期中国艺术品质押融资发展面临的关键问题包括宏观、中观和微观三个层面:

从宏观层面来看,从中国艺术品质押融资的角度来看,政府主管部门在艺术品质押融资方面的职能缺失和艺术品质押融资的相关立法及扶持政策的缺失,导致了明显的政策不完善现状。从中观层面来看,中国艺术品质押融资市场是在中国艺术品金融市场体系还未健全的基础上艰难摸索和发展起来的。因此,中国艺术品金融市场体系的先天不足可以说是从根本上制约中国艺术品质押融资市场持续、稳定和健康发展的软肋。从微观层面来看,有必要从标

---

① 史跃峰、赵黎明:《金融资本与艺术品市场的融合》,《中国金融》2011 年第 22 期。

的物的标准化、融资流程的标准化、质押机制的标准化、质押标的处置的标准化和风险控制标准化等方面推进艺术品质押融资标准化建设。

3. 艺术品质押融资的突破

既然中国艺术品质押融资的瓶颈问题已经找到，那么，接下来的问题就是，金融界是坐等上述三大难题一一得以解决之后再染指艺术品质押融资市场，还是寻求可替代的途径，通过瓶颈问题的"破题"从而绕过一时间难以解决的问题。相对而言，"绕过"比"坐等"更务实。潍坊银行选择的就是"绕过"。问题是，除了潍坊银行的这一种"绕法"，还有没有别的"绕法"？如果有的话，应该怎么"绕"，才能在有效控制风险的情况下实现利润最大化？总的来看，中国艺术品质押融资发展的可能性突破主要包括四个方面：

一是艺术品质押融资难题的问题转化。由于鉴定、估值和变现难题皆非一时间就可以顺利解决的复杂性系统难题。因此，问题的关键并非去解决上述问题，而是进一步明确其中的瓶颈——变现问题。在此基础上，顺藤摸瓜地寻找关键问题的转换之道。通过瓶颈"破题"和问题"转化"来解决问题。

二是艺术品质押融资的专业人才问题。阻碍金融机构开展艺术品质押融资业务的人才因素实际上并非简单的专业人才匮乏。因为鉴定和评估人才不仅存在水平能力的问题，而且存在职业道德的问题。二者相加，问题复杂。因此，与其自己网罗人才，不如对外寻求合作，通过合作化解风险。

三是艺术品质押融资合作的风险—收益。假如问题是可以转换的，那就自然而然涉及到银行与合作机构在开展艺术品质押融资时应该如何共担风险和共享收益的问题。因此，科学地设计出具有"激励—约束"相容功能的"风险—收益"合作机制，就成为有效解决问题的重要环节。

## （二）非营利艺术机构的债券融资

2015 年初，美国大都会艺术博物馆（The Metropolitan Museum of Art）宣布发行总额为 2.5 亿美元的应税债券（taxable bonds），用于在未来十年间为该馆的基础设施扩建翻修工程提供资金。大都会艺术博物馆馆长托马斯·坎贝尔（Thomas Campbell）在接受《名利场》（Vanity Fair）杂志采访时表示，"这一项目将成为纽约市在未来十年间最令人瞩目的文化建设项目。"世界权威评级机构穆迪投资者服务公司（Moody's Investors Service）对大都会艺术博物馆此次发行的债券给出了"信用质量最高，投资风险最低"的 Aaa 最高评级，并且明确表示该债券的"前景非常乐观"。虽然非营利艺术机构的债券融资并不常见，但这不仅是西方发达国家艺术事业发展过程中十分重要的融资手段，而且是目前国内备受关注的艺术金融的重要内容。

1. 赤字难题

美国的非营利艺术机构很少主要依靠政府财政拨款来维持运营。因此，对于非营利艺术机构而言，始终面临的财务难题就是：如何消化日益高涨的运营费用，尽量减少乃至消灭财务赤字，从而保证机构的正常运转。

作为美国最大博物馆和世界四大博物馆之一的大都会艺术博物馆是在1870 年由一群美国社会的精英人物发起筹建的。从筹建之初就确立了该馆的"民间立场"。1880 年，纽约市政府在纽约中心公园第五大道的一侧为大都会艺术博物馆修建了永久性馆址。虽然到目前为止，纽约市政府仍然在为该馆提供电力、灯光、暖气等资源，以及部分安保费用和维护费用，但该馆的大部分运营资金还是要靠自己想办法解决。《大都会艺术博物馆 2013—2014 年度报告》显示，大都会艺术博物馆在 2013—2014 财务年度的赤字仅为 350 万美元。在诸多非营利艺术机构中，大都会艺术博物馆的财务状况可以说相当不错。但假如需要大兴土木，那经费就捉襟见肘了。

2. 资金来源

经过 100 多年的运营，大都会艺术博物馆已经形成了十分成熟的融资机制。以 2014 年为例，在大都会艺术博物馆的 2.625 亿美元的年度总收入中，非限定性捐赠收入约占 33%，限定性捐赠收入约占 29%，门票收入约占 14%，会费收入约占 11%，纽约市的公用事业补贴约占 6%，纽约市的安保和维护费补贴约占 4%，其他收入和非常规收入约占 3%（见图 1）。除了份额最大的捐赠类收入，最值得一提的是门票收入和会费收入。

大都会艺术博物馆的门票制度比较特别，实施的是"建议票价"制度。这种"建议但非强制的票价"特别注明是"为了补贴特别展览费用，建议您支付

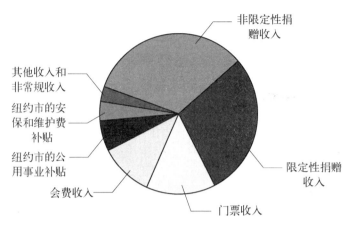

**图 1　美国大都会艺术博物馆 2014 年度的资金来源状况**

建议的全额票价"。换句话说,参观者既可以选择免费参观,也可以选择根据建议票价或者自愿支付的票价购票参观。目前的建议票价标准如下:成人票价为 25 美元,老年人(65 岁及以上)票价为 17 美元,学生票价为 12 美元,会员免费,12 岁以下儿童(由成人陪同)免费。大都会艺术博物馆 2014 年的门票总收入为 3 790 万美元,这些门票收入来自 620 万参观者。每位参观者支付的平均票价约为 6.11 美元。由于建议票价的上涨和参观者人数的增加,大都会艺术博物馆的门票收入在近十年间一直呈稳定增长态势。这种建议票价制度的优点是:既避免了因完全免费而导致的财务窘境,又避免了单一票价制度带来的潜在门票收入损失,很值得国内的非营利艺术机构借鉴。

　　会费收入同样是大都会艺术博物馆运营收入的重要来源。大都会艺术博物馆的会员分为 12 类普通会员和 4 类法人会员,其会员细分工作可谓相当用心。每类会员都享有诸如全年免费参观、购物折扣优惠、提供活动场馆等对应的会员"特权"。例如,"阿波罗会"(The Apollo Circle)专门吸收 21—39 岁的中青年会员,该馆也会针对年轻人的特点为其量身组织相应的文化艺术活动。大都会家庭会(Met Family Circle)则主要为家庭提供艺术游学、艺术教育等以家庭为单位的文化艺术活动。总裁会(The President Circle)更是被允许每年在大都会艺术博物馆内可容纳 250 人的欧洲雕塑及装饰艺术馆,可容纳 800 人的丹铎神庙,或者可容纳千人的展馆大厅等多个可选场馆举办 2 场晚宴。

具体效果也是立竿见影：总裁会成立后一年便使会费收入增长了2倍多。在大都会艺术博物馆的悉心经营下，2014年的会费总收入达到了2 870万美元，在非捐赠类收入中仅次于门票收入。

3. 债券融资

总的来看，美国非营利艺术机构通过发行债券融资的情况主要有两种：一是应对财务危机，例如大都会歌剧院（Metropolitan Opera）之所以在2012年末发行了总额为1亿美元的应税债券，其中的主要用途就是偿还美国银行（Bank of America）高达6 300万美元的贷款及利息；二是为了开支较大的项目，例如大都会艺术博物馆此次为了基础设施建设而发行的债券。

对于非营利艺术机构来说，通过债券融资的最重要作用就是在保持机构独立性的前提下解决资金方面的问题。在债券融资的过程中，社会公众和艺术赞助者也可以通过认购债券的方式来积极支持艺术事业的发展。非营利艺术机构在发行债券后，一方面可能会由于"负债"的增加而刺激赞助者增加捐赠额，另一方面也可能由于还款付息压力而缩减平常难以控制的非必要性开支。美国大都会艺术博物馆的经验表明，在遭遇资金困境时，债券融资其实完全可以成为非营利艺术机构解决燃眉之急的选项之一。

## 二、艺术资产资本化：艺术银行与艺术品租赁

按照法国兴业银行香港私人银行部原副总裁朱莉娅（Julia Wang）的理解，所谓的"艺术银行"实际上包括两个方面的含义：艺术银行（Art Bank）和艺术银行业务（Art Banking）。艺术银行是指"以艺术品为存取租赁物的委托机构，在国际上通常是指非政府文化艺术机构购买艺术家作品，再将作品转租或销售给政府机关、公共空间、企业、私人用于陈列、装饰、收藏等。"艺术银行业务则是指"在私人银行业务中占据越来越重要地位的艺术银行"，"加上'ing'，就是指艺术投资的银行服务，为收藏家服务，扶持年轻艺术家。"[1]

---

① Julia Wang：《艺术银行——艺术品全球化的第一步》，《中国证券报》2007年12月8日。

## （一）国外艺术银行的运作模式

### 1. 国外的艺术银行

1972 年,加拿大国家艺术委员会(The Canada Council for the Arts)成立的加拿大艺术银行(The Canada Council Art Bank)当属艺术银行的先驱。加拿大艺术银行的主要业务活动包括:购买、租赁和延伸服务。就购买环节而言,有意出售作品的艺术家需要向加拿大艺术银行提出申请,如果申请被接受的话,加拿大艺术银行会委派专家对艺术家进行考察。这些专家在对艺术家的作品价值进行评估之后,会向加拿大艺术银行提供评估报告和购买建议。每一件艺术品的租赁价格每年 120—3 600 美元,最低租赁合同为每年 1 000 美元,2 年起租。2 年后,可以续租,也可以选择全新的作品组合。咨询、筹备和安置起价为 250 美元。

成立于 1980 年的澳大利亚艺术银行(Art Bank)则是澳大利亚联邦政府引以为豪的支持文化艺术事业的成功范例之一。在出租作品时,艺术银行同样坚持自己的建行理念,即以最经济的方式让客户获得澳大利亚最新的当代艺术作品的展览权,使更广泛的民众欣赏到本国艺术家的作品。艺术银行作为澳大利亚最大的本国当代艺术作品购买机构之一,以其合理的租金,向广大客户出租内容广泛的当代艺术品。此外,英国、挪威、日本、韩国、新加坡、印度等许多国家也都先后成立了艺术银行。

### 2. 国外商业银行的艺术银行业务

事实上,世界上历史最久和规模最大的几家银行,例如,瑞士联合银行集团(Union Bank of Switzerland)、德意志银行(Deutsche Bank)、巴黎银行(BNP Paribas)、荷兰银行(ABN AMRO Bank)、摩根大通银行(JP Morgan Chase & Co.)等,都有相当完整的艺术银行部和一整套艺术银行服务系统,从鉴定、收藏到保存、信托等等,"管了这辈子,还管下辈子",这就是所谓的"画能保三朝,富可过三代"。

以曾经被欧洲货币杂志社(Euromoney)评为"世界最佳艺术银行"的瑞银艺术银行为例。根据瑞士联合银行集团官方网站公布的信息,瑞银艺术银行的艺术银行业务主要由 5 个部分组成:艺术研究业务(Art research)、艺术交易业务(Art Transactions)、艺术管理业务(Art Management)、结构解决业务

（Structured Solutions）、艺术平台业务（Art Platforms）。艺术研究业务为客户提供艺术品市场的相关信息；艺术交易业务为客户提供艺术交易和收藏体系建立等方面的建议；艺术管理业务为客户提供艺术品估价服务，以及艺术品运输、保险、仓储和修复等方面的服务；结构解决业务为客户提供艺术资产保护方面的服务，例如协助遗产继承人或基金会保护艺术资产；艺术平台业务以巴塞尔艺术博览会（Art Basel）和巴塞尔迈阿密艺术博览会（Art Basel Miami Beach）等艺术展会为平台，为客户提供现场的艺术银行服务。

与瑞士联合银行集团的艺术银行业务相比，德意志银行（Deutsche Bank）的艺术银行业务显得低调得多。事实上，德意志银行本身的收藏规模就蔚为壮观，甚至比许多专业美术馆的艺术品数量还要多。德意志银行花了30多年的时间收藏了以当代艺术为主的56 000余件艺术品，并将这些艺术品陈列在德意志银行遍布65个国家的850家分行。德意志银行的艺术银行业务被划归在私人财富管理部门（Private Wealth Management）。在德意志银行私人财富管理部门的"量身定做的专家服务"（Specialist Services to Meet Your Needs）中，设立了艺术咨询业务（Art Advisory Service）。

作为世界上最早涉足当代艺术收藏的商业银行，同时也是世界上规模最大的机构收藏者之一，摩根大通银行已经拥有30 000余件艺术品。摩根大通银行的艺术银行业务正是建立在其丰富的当代艺术收藏基础之上。与瑞士联合银行集团和德意志银行的艺术银行业务相比，摩根大通银行并没有单独开展艺术银行业务，而是将其置于私人银行业务中的私人资产管理。艺术品与珠宝、航空器、船只、古董汽车等一起归入在私人资产之中。摩根大通银行对这些个人资产提供财产管理和增值、财产转移、信托、财产保护等服务，同时还设有专门的"基金会和捐赠"业务。

## （二）国内艺术银行的发展前景

2014年底，由中国财富艺术馆和艺术金融骷髅会联合推出的第三代"艺术银行"概念——广州"艺术银行"在广州珠江新城挂牌。广州"艺术银行"主推"低价租画"理念，旨在打造艺术品租赁平台。据介绍，这是国内第一家真正意义的"艺术银行"。有趣的是,2012年底,在广州南浦文化产业园成立的"南粤艺术银行"虽然声称是当时中国商业化运作规模最大和标准最高的"艺术银行",但成立之后就几乎杳无音讯了。那么,广州"艺术银行"真的具有如此重要的地位和作用吗?

1. "艺术银行"的名与实

如前所述,所谓"艺术银行"（Art Bank）,在国际上通常是指以艺术品租赁为主要业务的艺术机构。因为其艺术品租赁业务很像商业银行的借款还款业务（有借有还）,所以,这类艺术机构被形象地称为"艺术银行"。问题是,尽管国外的这类艺术机构名为"艺术银行",然而,"艺术银行"与我们日常理解的银行概念没有丝毫关系。例如,加拿大艺术银行是由加拿大国家艺术委员会成立的;澳大利亚艺术银行是由澳大利亚联邦政府通讯、信息技术和艺术部成立的;台湾艺术银行则是由台湾地区的"文化部"成立的。按照国内通行的归类方式,所谓的"艺术银行"其实属于由政府支持的文化事业,而不是容易经营和产生效益的文化产业。从这个意义上讲,将"艺术银行"视为具有广阔市场前景的艺术经营项目,甚至同并不沾边的"艺术金融"联系起来,显然属于误判。事实上,国内所有号称"艺术银行"的机构都没有在政府主管部门以"艺术银行"为名注册登记或备案登记。国内的艺术品租赁机构根本不应玩弄"艺术银行"这种"擦边球"概念,以免混淆视听。

2. "买"与"租"的选择

据介绍,广州"艺术银行"主要面向国内庞大的艺术品消费市场,为评估价格在几千元到几万元之间的艺术品进行批量租赁。消费者不但能租到国画、书法和油画,还能租到漆画、版画、雕塑等多种艺术品。艺术品年租金为其货币价值的3%—7%。在"艺术银行"的运营者看来,艺术品租赁只需很便宜的价格就可以租到出自名家的手笔。这个市场相当可观,几年内可能达到每年几百亿元的规模。但上述判断,"想当然"的成分居多,忽视了很多现实约束条件。从国内艺术品消费市场结构来看,以艺术品交易为主,艺术品租赁的份额非常有限。艺术品租赁业务的蓬勃发展,离不开社会美育的大环境。就国内的情况来看,虽然最近几年国内一直有美术馆和画廊试图推广"艺术银行"的概念，拓展艺术品租赁业务，但没有一家可持续经营的成功者。这与商业模式无关，而由市场需求决定。从个体消费者心理来看，艺术品消费行为既包括"审美"效用，更包括"占有"效用。艺术品消费者的"占有欲"既是"天性"，也是影响艺术品消费行为的主要变量。尽管广州"艺术银行"的重要目标顾客是具有批量租赁需求的酒店、饭店、医院等机构，但他们忽略的是，这些机构的商业决策比个人还要理性：与其每年花一笔钱租艺术品，为什么不买下它们？这样的话，一方面可以计入现期成本费用，减少本期应纳所得税；另一方面则可以将艺术品作为机构资产配置的一部分。就目前的情况来看，无论个人还是机构，对艺术品租赁的需求都相当有限。

3. "三不认"与"科学化"

据介绍，为了杜绝炒作的可能，广州"艺术银行"制定了"三不认"原则：不认可拍卖价格、不认可画廊销售价格、不认可艺术家自己报价。在操作上，则采用"低向化"原则，即只采信所有拍卖纪录中价格最低的20%进行评估。如果还有人怀疑，则进一步在这20%中选出20%进行评估。因为他们认为，"价格越低，可信度就越高。"至于那些从未在市场流通的作品，"则可以按照作品的劳动力价值，评估出租金相应的价格区间。"从某种意义上讲，在艺术品价格评估中，"三不认"原则有一定的道理，"低向化"原则也看似很合理。但他们忽略的是，成交价最低的五分之一拍卖纪录很可能并非泡沫问题，而是真伪问题。例如，时至今日，我们仍可以查到不少估计仅几千元，成交价也就三五万甚至几千元的齐白石书画拍卖纪录。但这样的成交纪录，行内人士谁会当真？此外，他们给出的解决方法——"用科学的方式和数学模型来解决看似复杂而又混沌的艺术真实价值问题"——显然也是不切实际和难以操作的。因为艺术不是科学，"艺术真实价值"这个本身就不明确的问题也不可能用数学模型加以刻画和量化。

# 三、艺术资产证券化：艺术品基金与资产证券

## （一）艺术品投资基金运作模式

所谓艺术品投资基金，是指根据风险共担和收益共享的基本原则，将投资

者分散的资金集中起来,由基金托管人托管,由基金管理人运作,以艺术品投资组合的方式进行投资和独立核算,以获得投资收益的艺术品理财服务。艺术品投资基金的主要特点是独立托管、专业管理、组合投资、独立核算、风险共担和收益共享。根据发行方式的不同,艺术品投资基金可以分为私募基金(Privately Offered fund)和公募基金(Public Offering of Fund)。所谓私募基金,是指以非公开方式向社会特定公众发行受益凭证,以便募集资金的投资基金。具体来说,既可以通过签订委托投资合同的方式组建契约型投资基金,也可以通过共同出资入股成立股份公司的方式组建公司型投资基金。所谓公募基金,则是指以公开方式向社会不特定公众发行受益凭证,以便募集资金的投资基金。与私募基金不同,公募基金需要在政府主管部门的监管下,定期向投资者披露相关信息,运作比较规范,信息相对透明。根据运作方式的不同,艺术品投资基金还可以分为封闭式基金(Closed-end Fund)和开放式基金(Opened-end Fund)。所谓封闭式基金,是指经核准的基金份额总额在基金合同期限内固定不变,基金份额可以在依法设立的交易场所交易,但基金份额持有人不得申请赎回的基金。所谓开放式基金,则是指基金份额总额不固定,基金份额可以在基金合同约定的时间和场所申购或者赎回的基金。

2007 年 12 月,在理财周报社组织的首届中国最佳银行理财产品评选活动中,中国民生银行的"非凡理财·艺术品投资计划" 1 号产品荣获"中国信托投资型银行理财产品最具潜力奖"。2007 年 6 月 18 日开始发售,2009 年 7 月 20 日到期的这款艺术品理财产品果然不辱此名,最终获得了 12.75% 的年化收益率,位居同期到期的 86 款银行理财产品之首。在全球金融资产价值大幅缩水的背景下,艺术品投资基金却显示出了特殊的投资价值,成为独树一帜的"高收益理财产品"。中国信托业协会则不仅将艺术品投资基金誉为"最具增长潜力的信托基金",而且大胆预言:"除了针对艺术品市场的直接投资之外,信托公司开发的艺术品投资类信托产品,越来越成为理性投资者的第一选择。"事实上,随着艺术品市场的迅猛发展,艺术品投资基金的出现其实是顺理成章、水到渠成的事情。

就艺术品投资基金而言,"管好基金管理者"是保护投资者利益的关键所在。艺术品投资基金的运作必须透明,才能给投资者足够的信心,但这恰恰又是最难做到的。为此,艺术品投资基金在成立之前就应该设计出尽量透明的监督管理机制和信息披露制度,通过建立透明化的运作模式和规范化的组织架构,借助第三方的力量来对整个运作过程进行全方位监管,甚至在某些时候主动缚住自己的双手,这既是对投资者的利益负责任之举,也是保护管理者自己的最有效途径。虽然管理制度的完善不可避免地会增加运营成本,但这却是从制度上规范基金运作,保护投资者合法权益的重要保障(见图2)。

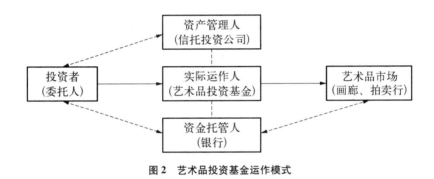

图2　艺术品投资基金运作模式

虽然艺术品投资基金的具体管理流程不尽相同,但对于有志于不断做大的公募基金和阳光私募基金而言,必须满足相关监管机构的管理流程规范和信息披露要求。换句话说,理清艺术品投资基金管理流程,不仅是减少暗箱操作,加强规范化管理之事;而且是维护基金品牌,保护投资者利益之举。对于刚刚起步的中国艺术品投资基金而言,规范化的投资流程管理显得尤为重要(见图3)。

对于艺术品投资基金来说,理清艺术品投资的管理流程显然具有非常重要的现实意义。

第一,有利于揭开艺术品投资基金的神秘面纱。近年来,虽然国内的艺术品投资基金在很短的时间内就从理论探讨走向了实际运作,但同国外的艺术品投资基金相比,国内的艺术品投资基金,无论是公募基金,还是私募基金,都存在理论准备不足和实践经验欠缺的双重问题。在这样的背景下,因信息披

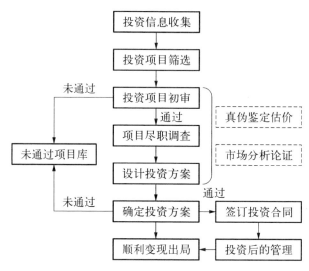

**图3 艺术品投资基金的投资决策流程**

露有限,啧啧称赞者有之,翘首企足者有之,数黑论黄者有之,面誉背毁者有之。真可谓毁誉不一。西谚有云:"魔鬼总是藏在细节里。"(Devils are in Details)。如果艺术品投资基金的管理者和鼓吹者,只是一味大谈诸如独立托管、专业管理、组合投资、独立核算、风险共担和收益共享之类的优点长处,而对艺术品投资基金管理流程细节避而不谈的话,不仅无助于取得投资者和社会公众的信任,而且可能被基金管理者暗中把好经"念"坏掉。

第二,有利于控制艺术品投资基金的道德风险。对于艺术品投资基金来说,道德风险当属首当其冲的投资风险。在投资界,假公济私和中饱私囊之类的事情可谓不绝于耳。如何通过制度设计,最大程度地控制道德风险,既防止基金管理者因为一时的贪恋而铸成大错,更保障基金投资者的本金安全和投资收益安全,就成为投资基金管理流程设计中的关键环节。规范化的投资决策流程设计和尽职调查流程管理,不仅可以在投资基金大获丰收时合理地论功行赏,而且能够在投资基金折戟沉沙时冷静地寻找原因。将投资的成败明确地归因于个人头上,有利于基金管理者恪尽职守、如履薄冰。同时,也给投资者一个合理的交代。既有助于总结艺术品投资基金的成功经验,也有利于吸取艺术品投资基金的失败教训。

### （二）艺术品质押贷款支持证券

2015年1月,中国银监会下发了《关于中信银行等27家银行开办信贷资产证券化业务资格的批复》(银监复[2015]2号),27家股份制商业银行和城市商业银行获得开办信贷资产证券化业务的主体资格。该文件的下发,标志着信贷资产证券化备案制的实质性启动。这意味着,获得开办资格的商业银行只需在信贷资产证券化产品发行前备案登记即可,而无需再走信贷资产证券化产品原有的逐一审批流程。事实上,该政策也为商业银行通过发行艺术品质押贷款支持证券来解决艺术品质押贷款过程中遇到的传统难题提供了重要的金融制度环境。

艺术品质押贷款支持证券,是指由商业银行作为发起机构,将艺术品质押贷款资产信托给受托机构,由受托机构发行的以该资产所产生的本息支付其收益的证券。信托机构以信托财产为限向投资者承担支付艺术品质押贷款支持证券收益的义务。与一般的股票和债券不同,艺术品质押贷款支持证券不是对某一经营实体的利益要求权,而是对艺术品质押贷款资产所产生的本息和剩余权益(优先收购权)的要求权,是一种以资产信用为支持的具有债券性质的艺术金融工具。

概而言之,商业银行开展艺术品质押贷款业务主要面临三大困难:一是鉴定难。众所周知,目前中国艺术品市场上的赝品可谓泛滥成灾,造假技术层出不穷,欺骗手段不断翻新。这既是缺乏优秀艺术品鉴定人才的问题,同时也是艺术品鉴定制度和艺术品市场环境的问题。二是估价难。艺术品质押贷款,不仅仅是真伪的鉴定学问题,更是估价的经济学问题。但艺术品市场的价格瞬息万变,不确定性太大,如何才能对质押艺术品进行合理估价从而控制风险就成为一个非常现实的重要问题。三是变现难。艺术品质押贷款之所以分外强调"质押",为的是借款者一旦偿还不上贷款,商业银行可以通过质押物的变现来控制风险,弥补损失。但商业银行面临的问题恰恰是缺乏顺畅而高效的艺术品变现渠道。

在这样的大背景下,很多人将艺术品质押贷款难的"破题"之路寄希望于权威性艺术品鉴定和评估机构的出现。但问题是,即使是鉴定权威和市场行家,依然存在出错或不准的可能性。况且,艺术品价格无时无刻不在波动。假如鉴定和评估专家只需要给意见,而不需要承担评判失误的经济后果,那么,相关风险依旧要由对鉴定和评估并不专业的金融机构来承担。从风险管理的角度来看,这种风险管理模式显然是不成功的。艺术品质押贷款资产的证券化则可以实现艺术品市场行家的负责任参与。具体思路如下:

商业银行在发放某笔艺术品质押贷款时,通过(由商业银行或文化产权交易所设立的)"艺术品质押贷款支持证券交易平台"发布拟质押艺术品的相关信息并进行询价招标,投资者(投标者)在自行鉴定真伪和评估价格后给出自己愿意收购的有效报价(预收购价)。商业银行在综合比较和评价诸多投标者的信用状况及其预收购报价后确定中标者。投资者(中标者)在支付预收购报价的全部或部分款项后,即获得该笔艺术品质押贷款支持证券。商业银行则按照该预收购价(通常为该艺术品当期市场价格的4—5折)向借款者发放贷款。当该笔贷款到期时,假如借款者顺利还款,投资者可获得商业银行从借款者处得到的几乎全部或部分本息,商业银行则由于为借款者和投资者提供了服务而收取相关服务费。假如借款者不能按期还款,投资者则以预收购价购得借款者用于质押贷款的艺术品。

从理论上讲,艺术品质押贷款支持证券一般可分为两类:第一类是过手式艺术品质押贷款支持证券,这种证券所产生的全部本息在扣除商业银行收取的少量服务费后都将支付给投资者。当然,投资者也要在中标时支付预收购报价的全部款项。过手式艺术品质押贷款支持证券的投资者不仅可以获得本息收益权,而且可以获得艺术品的优先收购权。第二类是剥离式艺术品质押贷款支持证券,这种证券可剥离为本息和预收购权两部分(或更多部分),对应的本息和预收购权可分离开来并分别出售给具有相应需求的投资者。其中,只获得预收购权的投资者仅需在中标时支付预收购报价的部分款项即可拥有该艺术品的优先收购权。

艺术品质押贷款资产证券化的意义主要有四:

第一,对于商业银行来说,通过市场化途径有效解决了长期以来困扰商业银行开展艺术品质押贷款业务的鉴定难、估价难和变现难问题。对于投资者来说,不仅可以获得艺术品质押贷款支持证券的本息收入,而且可以获得无佣金购买折价艺术品的优先收购权。

第二,对于商业银行来说,在艺术品质押贷款资产证券化过程中,商业银行除了作为发起人外,一般还充当了贷款管理机构和资金保管机构等角色,并因此可以收取保管费和管理费等相关费用,从而增加了商业银行的中间业务收入。

第三,对于投资者来说,商业银行最担心的贷款风险却是难得的无佣金购买折价艺术品的大好良机。此外,由于参与艺术品质押贷款支持证券业务要求高度的专业和丰富的经验,这就将金融风险严格限定于传统的艺术品市场参与者,不会引发系统性和区域性金融风险。

第四,对于借款者来说,艺术品质押贷款资产证券化可以通过制度创新有效解决商业银行面临的艺术品质押贷款难题,进而解决从事艺术品收藏投资或者艺术品企业经营的机构和个人的资金需求问题。

当然,关于艺术品质押贷款资产证券化的操作模式和具体细节还有很多值得探讨的地方。例如,投资者(中标者)持有的艺术品质押贷款支持证券可否在"艺术品质押贷款支持证券交易平台"流通以及如何流通?对诸如此类问题的深入研究,将进一步深化我们对艺术品质押贷款资产证券化问题的认识,从而推动艺术品质押贷款支持证券业务的开展。

## 四、艺术品金融政策:主要问题与上海的对策

### (一)艺术品金融发展的新挑战

改革开放以来的中国艺术品市场先后经历了三个重要时期:从20世纪80年代至90年代的个人收藏时代(以个人资金主导),从90年代末至21世纪初的机构收藏时代(以产业资本主导),以及正在走向的艺术品金融化时代(以金融资本主导)。

事实上,中国艺术品市场整体规模出现持续而快速的增长趋势,不仅契合

了艺术品产业化和金融化的发展趋势,昭示着艺术品金融化时代的来临,而且催生了包括艺术银行服务、艺术品质押融资、艺术品投资基金和艺术品份额化交易在内的多元化艺术金融模式。一种新的艺术商业形态、新的艺术资本运作方式和新的艺术市场格局正在悄然形成。从这个意义上讲,艺术品金融化无疑是当今中国艺术品市场的热点话题。

遗憾的是,虽然近年来中国艺术金融创新的步伐不断加快并且日渐引人瞩目,但以"天津文交所事件"为代表的艺术金融乱象也层出不穷,以至于中国艺术品金融市场已经成为一个名副其实的"金融险区"。

1. 乱象一:缺乏约束的金融创新

按照创新理论奠基人约瑟夫·熊彼特(Joseph Alois Schumpeter)的思路,我们可以将艺术金融创新理解为艺术金融行业创建新的生产函数的过程。广义的艺术金融创新包括诸如艺术金融制度创新、艺术金融机构创新、艺术金融管理创新、艺术金融产品创新和艺术金融服务创新在内的艺术金融领域中所有形式的创新活动。狭义的艺术金融创新主要是指艺术金融产品创新和艺术金融服务创新。毫无疑问,创新是中国艺术金融发展的核心和灵魂。中国艺术金融产品和服务的创新能力,更是直接决定着中国艺术金融行业发展的前景。

但是,艺术金融产品和服务创新有一个最重要的前提:风险可控。在艺术金融创新实践中,不少艺术金融机构却几乎完全置这个重要前提于不顾,眼里只盯着产品、客户和利润,心中全无服务意识、售后意识和风险意识。这就使得,艺术金融创新的结果往往是投资者的"艰难维权"。事实上,假如这些艺术金融机构不是那么浮躁和匆忙地急于推出这些极不完善的艺术金融缺陷产品和服务,而是多跟业内人士和专家学者交流沟通,多下点功夫认真推敲交易规则,多做几次模拟金融实验的话,中国艺术金融市场恐怕不会在短时间内就出现如此多的严重问题。

2. 乱象二:你创我仿的低级模式

从本质上讲,艺术金融创新包括艺术金融机构在制度安排、组织结构、金融服务等几乎所有方面开展的一切创造性活动。例如,新的艺术金融工具、新的艺术品融资方式、新的艺术品交易结算手段,以及新的艺术金融组织形式,等等。就艺术金融创新的重要性而言,重中之重当然是艺术金融产品和服务的创新。可是,就目前中国艺术金融产品和服务的创新状况而言,主要存在两大问题:

一是本末倒置问题。很多艺术金融机构实际上是在并未搞清楚艺术品和艺术商品的本质,以及艺术金融产品同普通金融产品差异的情况下就开始大胆创新的。打个比方,艺术品同艺术金融产品和艺术金融服务的关系,就像树根同树干和树枝的关系,艺术品是"树根",艺术金融产品和服务都是这个"树根"生发出来的。所谓"衍生",皆是从树根生发而来。但问题是,一些艺术金融机构却几乎完全置艺术品的本质特点于不顾,创出一些不伦不类的艺术金融新产品。

二是你创我仿困境。创新二字,说起来容易,做起来艰难。相对来说,艺术金融产品和服务创新的"技术含量"比较低,高的是"人力含量"。问题是,对于绝大多数艺术金融机构来说,都不具备既懂金融也懂艺术的艺术金融复合型人才团队。在创新本就不易的大前提下,还必须有效解决人才瓶颈问题。因此,创新的方向只能是离人较远的可复制的艺术金融产品和服务。但随之而来的问题是,由于知识产权保护的困难,艺术金融创新的垄断收益很低,而模仿的难度也比较低。"双低"的结果就是:艺术金融机构很容易就能"搭便车",这种你创我仿的低水平发展状况又进一步降低了艺术金融机构的创新意愿,同时导致了中国艺术金融产品和服务的低水平雷同化趋势,从而陷入了一个恶性循环。

3. 乱象三: 面对监管的侥幸心理

回顾改革开放以来中国金融市场的发展历程,我们可以清楚地看到,几乎所有的金融产品——最典型的就是股票,敢于最早"吃螃蟹者"通常都曾经挣过"大钱"。因为任何一种新的金融产品,都会经历一个从初始混乱到逐渐规范的发展历程。在这个过程中,当然有很多漏洞可钻,有不少"局"可做。因此,对中国艺术金融市场最感兴趣的往往并不是艺术工作者、收藏爱好者和收藏投资者,而是来自金融业的跨界者。他们最看重的恰恰是因为不规范所带来的乱中发财的机会。因此,即使在国务院发布《关于清理整顿各类交易场所切实防范金融风险的决定》(国发〔2011〕38 号)之后,很多艺术金融机构的管理层都根本无心认真领会这个文件的精神,也就是"防范金融风险,规范市场秩序,维护社会稳定"这个核心精神,而只是纠结于五个"不得"上面,观望为主,毫无动作,能拖就拖,希望继续打"擦边球",或者干脆"捞一把就走"。这种面对监管的侥幸心理显然不利于并且在很大程度上有害于中国艺术金融行业的持续、稳定和健康发展。

### (二)上海艺术品金融发展对策

中共上海市委宣传部等单位印发的《关于促进上海艺术品产业发展的实施办法》(沪文广影视〔2018〕145 号)明确提出"把上海建设成为世界重要艺术品交易中心之一"的战略目标,以及"发挥上海国际金融中心优势,完善艺术品金融服务"等战略举措。那么,基于建设世界重要艺术品交易中心的高度,上海的艺术品金融应该如何实现持续、稳定和健康发展呢?

1. 防范艺术金融风险:艺术品金融化创新的底线

上海应该率先在文化部门和证券、保险、银行等监管部门之间建立常态化协调机制,在此基础上,进一步建立和完善由文化部门牵头,有关部门参加的上海市文化金融监管联席会议制度,加强艺术金融政策与文化产业政策的相互协调配合。通过建立健全艺术金融监管协调机制,切实防范金融风险。为从事艺术金融创新的机构划清艺术品金融创新的底线。

2. 完善行业自律机制:构建自律与他律的隔离带

上海艺术品金融市场的持续、稳定和健康发展,不能只寄托于加强监管。因为监管并非万能的。艺术金融机构必须具有前瞻意识,通过完善行业自律机制来构建自律与他律的隔离带,用主动的自我约束让监管者和投资者放心。为了更好地稳步推进艺术品质押融资、艺术品消费分期付款等金融服务,上海应该在国内率先成立上海市艺术品金融行业协会。通过艺术金融机构间的相互调研交流、开放基础数据、行业自律沟通等活动,实现推进上海艺术品金融行业规范发展的目的。

### 3. 加强投资者的教育:强化信息披露与风险意识

上海艺术品金融行业的金融风险防范,不仅是监管者的问题,而且是参与者的问题。因此,有必要加强艺术金融行业的投资者教育与保护,遵循"把规则讲透,把风险讲够"的原则,以多种形式持续和深入地开展投资者教育与保护工作,建立健全投资者的合法权益保护机制,改变投资者在发生艺术金融风险时总将政府有关部门视为理所当然的"最终善后主体"的不当观念。为此,上海应该加快上海市艺术品行业协会、上海市文物经营行业协会、上海市艺术品金融行业协会等相关行业协会的筹建速度,并将"加强艺术品投资者的教育"作为行业协会的重要工作内容。

# 6

# 办好首届"进博会",提升
# 国际会展之都的实力<sup>*</sup>

秦迎林<sup>**</sup>

**内容提要**　上海市《关于加快本市文化创意产业创新发展的若干意见》明确提出上海要建设国际会展之都,对上海提高会展业专业程度、打造展会品牌提出了新要求。本文基于上海推进国际会展之都建设的现状,以上海办好首届中国国际进口博览会为重要契机,分析了上海会展产业的主要特点和重大机遇。首届进博会于 2018 年 11 月 5—10 日在上海国家会展中心举办,体现了上海对国家开放战略的有力担当;它有利于上海进一步强化国际贸易中心功能,打造新型会展业态,全面提升国际会展之都的实力。本文通过分析大量材料,研究了上海近年来卓有成效的系列品牌会展,分析了上海会展产业对核心 IP 开发的经验,对于今后上海会展产业的发展,提出了对策和建议。

**关 键 词**　进博会　上海会展业　会展之都

## 一、推进国际会展之都建设,
## 助力打造世界文创中心

### (一)深入贯彻上海"文创50条"

会展业作为文化创意产业的一部分,不仅凝聚和承载了一个城市的价值

---

　*　[基金项目]上海市哲学社会科学规划一般课题(2018BGL029)。
　**　秦迎林,上海工程技术大学副教授,东北财经大学博士研究生。

底蕴,而且蕴含着巨大的经济发展潜力,是地区发展的文化软实力之一。[1] 会展经济具有高效性、带动性、综合性、聚集性、科技性、互动性等多重效应,被视为"经济发展的加速器和助推器",正越来越被世界各国所重视。如德国的汉诺威、英国的伦敦,都是著名的会展城市。[2]《上海文创50条》明确上海要建设国际会展之都,从顶层设计方面为上海会展之都建设提出了方向。2017年上海会展行业总体发展平稳:共举办展会及活动842场,总面积1 764.4万平方米,其中经贸展览会项目767个,总展出面积1 689万平方米。随着近年来会展行业市场进一步细分,场馆承接项目趋于多元化,国家会展中心、新国际博览中心等9个主要场馆共举办展览会项目561个,另有合计206个项目在科技馆、中华艺术宫、博物馆等科技、艺术类场馆举办。截至2017年底,上海会展行业协会拥有有效会员506家,其中67家会展企业为新会员。其中,场馆、主办、展示工程三大主体分别为20家、96家、325家,占比87.2%;另有会展院校、研究管理机构以及涉及会展的酒店、物流、咨询、服务、设备供应商等相关配套企业合计65家,占比12.8%。506家会员单位中,主营业务为会展的企业有482家,从业人员约2.18万人。其中,员工人数在50人以下的中小企业合计361家,占74.9%。[3]

### (二)上海会展行业发展平稳

2017年上海展会情况呈现出国家会展中心、新国际博览中心和世博展览馆三大场馆逐步占据市场主导地位的典型特征,小型场馆进一步转型,经贸展场馆更趋集中。国家会展中心、新国际博览中心和世博展览馆三大场馆承接展览会项目展出规模共1 326万平方米,市场占有率达85%以上。

2017年浦东新国际博览中心和世博展览馆的出租率分别达到63.1%和54.4%,表明上海会展产业的主要展览场馆使用率达到一个较高的水平。近

---

① 高淑桂:《打造文创产业高地,建设国际会展之都》,《社会科学报》2018年8月30日。

② 杨勇:《抓住机遇,推进"国际会展之都"建设》,《文汇报》2018年5月8日。

③ 上海市会展行业协会秘书处:《2017年上海会展行业概况》,《上海会展业发展报告(2018)》,上海科学技术文献出版社,2018年4月。

年来,上海主要场馆承接的展览会总数趋于稳定,主要场馆的总展出面积仍保持稳步增长,总展出面积年增长率持续稳定在7%以上,随着小型场馆的继续转型,未来展会数量将呈现稳步增长趋势。

近年来上海举办的重点会议、相关活动等,逐渐成为会展产业的新增长点。其中较有代表性的场馆有：国家会展中心、世博展览馆、跨国采购会展中心和汽车会展中心等。除与展览相关的会议、活动、论坛以外,企业年会、招聘会、新品发布会、赛事等独立的会议、活动增长也较为明显。2017年相关统计显示此类会议、活动总计75场、总面积75.4万平方米。

## 二、办好首届"进博会",服务国家开放战略

2017年5月15日,习近平总书记在"一带一路"国际合作高峰论坛上宣布"中国将从2018年起举办中国国际进口博览会",此举引起国际社会热烈反响,获得许多国家政府及企业的高度赞誉。[①] 举办国际进口博览会,是党中央和国务院着眼推进新一轮高水平对外开放做出的一项重大决策,是中国主动向世界开放市场的重大举措,是践行习近平总书记提出的构建人类命运共同体的重大举措。

2018年11月5日国家主席习近平出席"进博会"开幕式并发表题为《共建创新包容的开放型世界经济》的主旨演讲,强调中国将坚定不移奉行互利共赢的开放战略,将始终是全球共同开放的重要推动者、世界经济增长的稳定动力源、各国拓展商机的活力大市场、全球治理改革的积极贡献者。中国将在激发进口潜力、持续放宽市场准入、营造国际一流营商环境、打造对外开放新高地、推动多边和双边合作深入发展方面加大力度,进一步扩大开放。[②]

国际进口博览会在上海举办,有利于进一步强化上海国际贸易中心功能;有利于提升上海的贸易条件,带动上海国际贸易规模的扩大,促进上海进口在

---

① 《习近平在"一带一路"国际合作高峰论坛开幕式上的演讲》,新华社,2017年5月14日。
② 《习近平出席首届中国国际进口博览会开幕式并发表主旨演讲》,新华网,2018年11月5日。

数量、质量、品种等方面质的飞跃;进博会新趋势、新变化的论坛探讨有利于推动上海开放型贸易模式的创新发展。国际进口博览会作为高层次的创新型开放平台,既是上海服务全国企业"走出去"、服务"一带一路"国家(地区)"走进来"的重要功能载体,又是上海服务长三角、服务长江流域、服务全国的新枢纽。①

## (一)办好进博会,深入贯彻国家开放战略

2017 年 6 月 26 日,中央全面深化改革领导小组第三十六次会议审议通过《中国国际进口博览会总体方案》,决定从 2018 年起,每年在上海举办中国国际进口博览会(以下简称"进口博览会")。国家把进口博览会举办地放在上海,是对上海以往举办大型活动丰富经验的高度肯定,是对上海作为国际会展之都建设的有力支持。② 这也是上海服务国家战略、主动承担全国开放战略的重要使命。

举办进博会有利于扩大进口、促进对外贸易平衡发展,有利于改善供给结构、引导国内企业走创新驱动发展之路,有利于帮助发展中国家参与经济全球化、推动开放型世界经济发展。举办进博会有力地推动了上海打造卓越的全球城市,提升城市能级和核心竞争力。上海可以依托进博会,吸引全球主要消费品牌商集聚,增强高端品牌进口商的国际议价能力,也有利于国有品牌通过国际经验交流提高综合能力,促进国内进口企业形成行业联盟,通过大规模国际采购,增强市场采购影响力及国际议价能力。

## (二)办好进博会,提升国际会展之都的能级

### 1. 有利于国际会展之都建设

首届进博会于 2018 年 11 月 5—10 日在上海国家会展中心举办,展区总面积超过 24 万平方米。进博会包括国家贸易投资综合展和企业商业展两个部

---

① 《国新办举行首届中国国际进口博览会筹备情况发布会》,国家会展中心(上海)官网。
② 周波:《首届进口博览会放在上海举办,使命光荣责任重大》,《经济日报》2017 年 11 月 2 日。

分。展会吸引了 172 个国家、地区和国际组织，3 600 多家企业参展，40 多万名
境内外采购商到会洽谈采购，成交额达到 578 亿美元。4 500 多名各界知名人
士出席虹桥国际经贸论坛。[1] 进博会是世界上第一个以进口为主题的国家级
展会，是国际贸易发展史上一大创举。这体现了中国支持多边贸易体制、推动
发展自由贸易，造福世界各国人民的一贯立场，是中国推动建设开放型世界经
济的实际行动。[2]

2. 推动消费升级和活跃市场

上海作为中国最大的商业中心城市，已将"建设国际消费城市"明确写入
"十三五"规划纲要，进博会的举办为推动上海国际消费城市建设提供了新机
遇。国际上会展经济能拉动 GDP 的常规比例为 1∶9，广交会为 1∶11.5，首届
进博会的经济拉动效应将有望超过广交会。举办进博会有助于提高上海国际
品牌集聚度，丰富消费市场选择，带动消费结构优化、推动消费内容升级。同
时，进口博览会带来的优质商品将成为国内零售企业经营的新亮点，有利于推
动上海零售创新，引导新消费、培育流通新动能，有利上海国际会展之都形成
更强的消费基础，构建更大的贸易动能。

3. 有利于提升国际合作平台

首届进博会是中国搭建会展平台，促进国际贸易发展的一大创举。进博
会将吸引全球各地的参展主体，吸引全球众多关注，对于扩大上海会展产业规
模，进一步提高上海会展产业的影响力和辐射力具有重要作用。进口博览会
的举办有利于促进上海住宿、餐饮、零售、通讯、交通等会展消费相关行业和广
告、物流、保险、金融、进口代理等会展相关服务产业的发展，对上海建设国际
会展之都，提高行业运行标准和服务质量，促进产业优化升级具有重要作用。

4. 有利于提升上海服务水平

举办进博会是我国推进新一轮高水平对外开放，主动向世界开放市场的
一项重大决策和举措。有利于统筹国际国内两个市场两种资源，推动现代化

---

[1] 《习近平主席在亚太经合组织工商领导人峰会上发表主旨演讲》，新华社，2018 年 11 月 17 日。
[2] 《习近平出席首届中国国际进口博览会开幕式并发表主旨演讲》，新华网，2018 年 11 月 5 日。

经济体系建设,通过主动开放带动全球开放,推进"一带一路"建设走深走实,是我国新时代高水平对外开放的标志性工程。[①] 举办进口博览会有助于推动上海会展商务环境的优化和上海桥头堡服务功能的提升。进博会在上海举办,为上海的招商引资工作提供了宣传、交流、沟通和合作的新通道,有效推动了上海办展标准国际化,推动上海基础设施建设的完善、城市配套和服务功能的优化,提高上海会展业发展软环境和上海城市治理能力和运行保障能力的提升。

### (三)提升上海国际会展之都能级

#### 1. 提高会展公共服务水平

2017 年 11 月 15 日《中国国际进口博览会城市保障工作总体方案》审议通过。上海市商务委会同市公安局、市交通委、市政府外办等 36 个部门参与博览会相关各项城市保障工作。上海以进口博览会城市保障工作为引领,提高全市会展宏观环境服务水平:通过产业立法,规范和引导会展业健康发展;进一步完善市级联席会议机制,提升各部门协作水平等;建立会展企业信用评估体系,维护市场秩序,通过公共信息服务实现市场信息共享;完善标准体系,鼓励本市企事业单位主导、参与展览业国家标准、行业标准的制修订。

#### 2. 培育一批展会自主品牌

为提高国际会展之都在品牌展会和组展企业的核心竞争力,在商务部支持下,中国国际进口博览局积极开展招展招商,东浩兰生集团、上海贸促会所属展览公司、东方国际等会展企业积极参与其中。该项工作以进博会招展招商工作为契机,打造"1+X"国际会展平台集群,提升上海会展国际化水平;积极培育境外展览项目,提升境外组展办展能力;培育一批具有国际影响力的展会自主品牌,鼓励企业开展服务与管理创新;培育具有国际竞争力的本土组展商,鼓励行业龙头企业采用强强联合,打造具有国际竞争力的上海本土跨国组展企业。

---

① 《钟山部长专访:首届进口博览会成果丰硕》,《人民日报》2018 年 11 月 19 日。

### 3. 放大进博会创新效应

上海依托市级龙头企业和行业协会的力量，积极筹建综合贸易服务商联盟、跨境进口电商联盟、大型零售采购商联盟、展示展销平台联盟四大会展联盟。按照线上线下结合、短期长期结合的原则，启动"6天+365天"常年展示交易平台建设，打造"永不落幕"的博览会。[①] 为全球企业提供覆盖展前、展中、展后的全方位专业服务，放大进口博览会的创新效应：加强与上海自贸试验区3.0版、自由贸易港区建设联动；完善展馆周边配套设施建设，加强对大型展会的运营保障；探索复制进口博览会成功经验，在交通、住宿、餐饮、消费、医疗等方面完善方案；策划博览会主题商旅活动，推进展览业与商贸、旅游、科技、文化、体育等相关产业联动发展，构建开放共享、联动创新、融合发展的大会展格局。[②]

举办进博会，是中国政府着眼于推动新一轮高水平对外开放所作出的重大决策，旨在为各方开辟中国市场的合作搭建新平台。[③] 为期六天的首届进博会，激荡思想、凝聚共识，万商云集、共襄盛举，显示了上海作为国际会展之都的风采。它以不一般的精神面貌、不一般的城市服务，办成了不一般的博览会，搭建不一般的合作大平台，产生不一般的交易成果和溢出效应，展示了上海开放、创新、包容的城市品格，赢得了海内外的普遍赞誉。[④]

## 三、突出国际化和专业化，优化会展产业格局

近年来，上海根据建设国际会展之都的目标，不断优化会展的基础设施，逐步形成了专业化的全市会展大格局。

---

① 杨勇：《抓住机遇，推进"国际会展之都"建设》，《文汇报》2018年5月8日。
② 上海商务委会展业处：《办好中国国际进口博览会，加快建设国际会展之都》，《上海会展业发展报告（2018）》，上海科学技术文献出版社，2018年4月。
③ 本报评论员：《完善中国改革开放空间布局的新举措》，《人民日报》2018年11月10日。
④ 《不一般的盛会，不一般的保障服务！李强这样为进博会城市保障工作总结》，中国国际进口博览会官网，2018年11月25日。

## （一）形成会展专业化大格局——浦东新区经验①

浦东新区拥有新国际博览中心、世博展览馆、上海国际会议中心、世博中心等场馆,总计35万平方米的室内展览面积、10万平方米的室外展览面积,以及60余家高等级会议酒店,配套服务成熟。会展产业国际化、专业化、品牌化的发展理念和会展大格局,为浦东新区的经济发展提供了有力支撑。主要表现在:

1. 空间布局:多区融合、东西联动

浦东新区拥有发展较成熟的花木会展产业集聚区、世博会展产业集聚区以及陆家嘴产业集聚区,展览场馆呈现相对集中的分布态势,主要展览场馆的空间布局具有鲜明的特点:各场馆规模等级分明,形成了差异化发展。同时,展馆布局呈现多点分布、集聚区内重点聚集的态势。随着临港园区土地利用再建设以及国际旅游度假区的开发,浦东新区的会展产业有了更全面的空间布局。不同集聚区间相互联动,比如花木会展产业集聚区,致力于打造智慧会展;陆家嘴会展产业集聚区依托金融中心建设的契机,致力于举办中小型展览和重要会议;世博会展产业集聚区致力于建设成为大型室内外展览、国际会议、文娱活动等会展旅游集聚区;临港集聚区则以会议、中小型科技展览为主。"多区融合,东西联动,智慧化发展"成为浦东新区会展的格局特色。

2. 基本定位:国际化、专业化、品牌化

浦东新区致力于打造以展览与会议为核心,协同发展节事、赛事、活动会展,联动商业、文化、旅游的大会展产业体系。会展业的发展从规模化扩展转向了国际化、专业化、品牌化建设。目前,浦东新区每年举办的国际性展览在数量上与德国相当,稍有领先。浦东新区倡导企业坚持长期的品牌战略规划,强化品牌意识,用先进的品牌营销策略与品牌管理技术抢占会展市场的制高点。鼓励会展主体结合市场需求和区域优势,依托浦东既有的产业体系与产

---

① 浦东新区商务委会展办公室:《从指导思想和战略定位来看浦东新区会展产业"十三五"发展规划》,《上海会展业发展报告(2018)》,上海科学技术文献出版社,2018年4月。

品体系,积极策划和培育展示浦东新区形象、突出浦东特色的潜力知名会展自主品牌。

### 3. 可持续发展：绿色化和智慧化会展

浦东新区通过建设"智慧化会展"以及"绿色化会展",在会展企业信息化、会展项目虚拟化、会展场馆智能化和发展会展可循环经济等方面不断提升。[①] 浦东新区倡导绿色会展、节能减耗、保护生态,在主要场馆及个别展会上开展绿色会展的试点,推广可循环搭建材料、绿色布展用品使用。以移动互联网技术为基础,浦东新区会展产业充分利用物联网技术、云计算、大数据分析等新一代信息技术,构建以人为本的会展平台,通过大数据再处理,引导观众实现与目标展商的线上线下对接,提升参与度;通过 Wi-Fi 精准定位技术和移动互联网技术,实现数字智能化伴游服务;智能化引导停车场停车;将展馆与周边文化、餐饮、社区化服务进行融合,加入智慧会展生态圈,带动场馆周边社区的再发展。

## （二）推动会展产业跨越式发展——青浦活力

在政府引导、市场为主的发展模式下,青浦区加快国家会展中心附近载体建设,抓增量化存量强化楼宇经济,不断丰富产业发展载体形式,通过政策和服务吸引企业向会展核心区集聚。全区会展类企业自 2013 年以后注册数量呈翻倍式增长,目前保持着每年新注册 100 余家的速度发展。

### 1. 明确主导产业,提升会展战略地位

上海西翼的青浦区,在会展产业建设方面明确"三大两高一特色","三大"即大会展、大物流、大商贸;"两高"为高端信息技术和高端智能制造;"一特色"为文旅健康产业。青浦区将会展业作为重点产业平台进行推进,进一步高标准明确发展任务,努力打造具有一定规模和影响力的产业功能平台,形成以产业功能平台为主体的多点支撑、复合性增长的新型产业发展格局。对标

---

① 章淑芳、郑丹丹、王敏杰：《发达国家会展业智慧化发展特征与模式探析》,《管理观察》2016 年第 5 期,第 74—77 页。

"国际会展之都",青浦区加快提升产业发展格局,全力配合筹办上海国际广告节、中国国际进口博览会等重大展会活动,继续优化营商环境,促进会商旅文体联动,提升展会溢出效应。

2. 统筹核心资源,提高会展产业规模

青浦区举全区之力,以优质保障为前提,实现全年展会保障工作安全平稳有序。青浦区的展览面积占全市展览面积 30% 以上,其中,10 万平方米以上的大型展会占全市的一半。2017 年上海车展接待人数达 107 万人次,医药展单日参展观众达 19.7 万人次,参展观众数据创历史新高。2017 年,国家会展中心成功举办了包括金砖国家贸易部长会议、国家网络安全宣传周活动暨网络安全技术成就展、第六届中国国际石油贸易大会等一批重大政治活动和文化活动。2018 年国家会展中心预计经营规模将达到 600 万平方米,2021 年第 46 届世界技能大赛也将在国家会展中心举办,这将给青浦区会展产业带来强劲的动力。

3. 完善领导机制,进一步发力备战中博会

为了保障首届进博会的顺利举办,青浦区积极对接市商务委、上海市会展行业协会等部门,成立中博会对接工作推进领导小组,统筹协调推进青浦区承接中博会各项工作:完善保障机制,落实属地保障和产业政策,保驾护航会展业发展;优化营商环境,物流会展办案组开辟进博会"绿色通道",为优化本区营商环境保驾护航[1];做强产业联动,挖掘新模式新业态,承接会展业溢出效应,多措施并举实现会商旅文联动,开启"艺术+商业"创新模式;优化营商服务,从企业需求出发,搭建会展业发展平台,简政放权优化属地审批服务;部署工作任务,全力补足功能短板、提供优质服务、融入青浦元素、承接产业溢出效应。

## 四、打造品牌会展,满足人民对美好生活需求

近年来,上海聚焦打造品牌化会展,如国际海事展、国际自行车展、婚纱

---

[1] 韦贵莲:《上海青浦:设立物流会展办案组 助力营商环境有序健康发展》,《方圆》2018 年 1 月第 10 期,第 78 页。

展、宠物展等,力争满足人民群众对美好幸福生活的需求。

### (一)引领、互联、壮大——第 19 届中国国际海事会展①

中国国际海事会展自 1981 年创办以来,经过 30 多年的发展,已成为全球最具影响力和规模的海事专业会展,为国际海事界了解中国船舶与海洋工程装备、航运、港口等产业提供了重要窗口,也为中外海事界搭建了全方位交流与合作的平台。② 2017 年第 19 届中国国际海事会展由工信部和上海市人民政府主办,在上海新国际博览中心举办,聚焦中外海事技术、经贸合作、船舶融资、安全保险、规范规则、环境保护等领域的沟通和合作。会展参展企业 2 100多家,展览面积达 90 000 平方米,超过 100 个国家和地区的 65 000 名专业观众参观本届会展。③

这一大型展会的聚焦热点包括:(1)智能船舶和智能航运。中船集团举办中国首艘智能船交付仪式,并发起成立智能船创新联盟;中远海运集团公司举行了智能航运启动仪式,展示了世界上第一套智能感应系统等。(2)基于数值模拟的海洋装备设计技术。哈尔滨工程大学发布由其与中国船舶重工集团公司第七〇二研究所牵头,联合国内顶尖研发团队开发的数值水池等;(3)豪华邮轮建造与极地航道通航。承办方特设的豪华邮轮展区外,250 多家涉足豪华邮轮建造、设计和配套等领域的企业出席届会展,展览同期举办了六个专场的高级海事论坛,以及各类论坛、技术交流会、产品发布会、签约和颁奖仪式等,活动数量达上百场。

### (二)引领行业发展——中国国际自行车展览会

上海是中国自行车产业的发祥之地和重镇。1817 年德国人发明了第一辆自行车;1884 年自行车首次进入中国;1897 年,中国首家华商车行同昌车行在

---

① 范成阳(上海市船舶与海洋工程学会):《引领、互联、壮大——第 19 届中国国际海事会展在上海成功举办》,《上海会展业发展报告(2018)》,上海科学技术文献出版社,2018 年 04 月。
② 装备工业司:《第 19 届中国国际海事会展在上海召开第一次新闻发布会》,2017 年 9 月 1 日。
③ 中国国际海事会展官方网站,2018 年 11 月 27 日。

上海成立,上海的"凤凰"和"永久"曾经是中国自行车产业的王牌和出口强项。有鉴于此,上海对于举办中国国际自行车展览会(CHINA CYCLE)给予大力支持。它的雏形原是中国自行车协会无锡理事会会议中的一个议程"新产品零部件展示会",1990 年首次举办,1993 年,展会移师上海,并正式定名为"中国国际自行车展览会"。[1] 2018 年中国国际自行车展览会于 5 月 6 日至 9 日在国家会展中心(上海)举行。它的总规模增加到 18 万 $m^2$,展位数达到 7 500 个,均创历史新高。它以"智造共享的世界"为主题,集中展现自行车行业最前沿的科技水平与产品质量,展现自行车为城市、为市民健康和娱乐带来的可能性,展现当下自行车发展高端化、品牌化、国际化的新趋势。在展会期间举办了大量系列活动:创新产品评选活动展示、中国国际极限运动单车大师赛、世界品牌自行车试骑活动、CHINA CYCLE 时尚秀、自行车摄影大赛、最佳企业展台评选等经典活动,为观众带来全方位的自行车文化展示,也让观众充分享受自行车所带来的乐趣。[2]

### (三) 千里共琴音——中国(上海)国际乐器展览会

中国(上海)国际乐器展览会(以下简称"Music China")自 2002 年创办,是由中国乐器协会、上海国展展览中心有限公司和法兰克福(香港)展览有限公司共同主办的集行业商贸、合作交流、资讯发布、科技创新、文化演绎为一体的,具有国际影响力的乐器展之一。[3] 2018 中国(上海)国际乐器展览会(Music China 2018)于 10 月在上海新国际博览中心举办,汇聚来自 31 个国家和地区的 2 252 家企业参展,来自比利时、捷克、法国、德国、意大利、日本、荷兰、西班牙、英国、俄罗斯以及中国香港、中国台湾在内的 13 个国家和地区的展团共同亮相。四天展会,共吸引了来自 81 个国家和地区的 110 381 名海内

---

① 上海协升展览有限公司:《掀起时代风潮、引领行业发展——中国国际自行车展览会》,《上海会展业发展报告(2018)》,上海科学技术文献出版社,2018 年 4 月。

② 《创新两轮交通,智造共享世界——第 28 届中国国际自行车展览会》,中国国际自行车展览会官网,2018 年 11 月 27 日。

③ 上海国展展览中心有限公司:《相知无远近,千里共琴音——中国(上海)国际乐器展览会》,《上海会展业发展报告(2018)》,上海科学技术文献出版社,2018 年 4 月。

外专业观众前来参观,观众达 164 665 人次,同比增长 10%。[1]

### （四）宠物市场热,亚太旗舰展——第 21 届亚洲宠物展

亚洲宠物展览会(Pet Fair Asia,以下简称"亚宠展")是亚太地区唯一通过 UFI 认证、最具规模及影响力的宠物行业旗舰展。历经 20 余年的积累沉淀,亚宠展已打造成为集品牌宣传、关系网络建立、渠道开发、新品发布、宠物爱好者互动为一体的亚太旗舰级宠物综合性贸易平台。它在上海的举办,也从侧面体现了中国休闲消费市场的活跃和不断升级。[2] 第 21 届亚宠展于 2018 年 8 月在上海新国际博览中心圆满闭幕,为期 5 天展览,迎来近 20 万人次,共计 1 300 家展商,16 000 个品牌参展。本次展览占地达 140 000 平展出面积,48 000+专业观众,145 000+宠物爱好者,10 大展馆,覆盖宠物行业产业链,涵盖多元化宠物产品种类,专业观众人数再创历史新高。该展会已经成为中国宠物市场发展的一个重要风向标。展会期间举办了 2018 国际宠物业高峰论坛·亚洲 CEO 峰会等系列活动,向全球展示中国宠物行业实力及市场潜力。[3]

### （五）源于创新,赢于商机——中国·上海国际婚纱摄影器材展览会

上海和长三角地区是中国婚纱摄影业最为活跃、最具有创新性的地区之一,而婚纱摄影业又是与人民群众生活密切相关,具有时尚内涵的产业。2018 年 7 月,由中国人像摄影学会与上海市国际贸易促进委员会联合主办、上海市国际展览有限公司承办的第 34 届中国·上海国际婚纱摄影器材展览会携手 2018 上海国际儿童摄影展览会等亮相上海国家会展中心,展出总面积 15 万平方米,共吸引专业观众 53 697 人(其中儿童展登记观众 16 796 人),三展到场

---

[1] 中国(上海)国际乐器展组委会:《2018 中国(上海)国际乐器展览会总结报告》,中国(上海)国际乐器展览官网,2018 年 11 月 27 日。

[2] 上海万耀企龙展览有限公司:《2017 亚洲宠物展年度报告》,《上海会展业发展报告(2018)》,上海科学技术文献出版社,2018 年 4 月。

[3] 《第 21 届亚洲宠物展圆满闭幕》,亚洲宠物展官方网站,2018 年 11 月 27 日。

专业观众 112 758 人次。① 他们分别来自全球 55 个国家或地区,中国的 616 个城市。主办方为吸引更多国内外专业买家及专业观众亲临展会,致力于买家在展会的收益最大化,展前展期开设多个同期活动,包括 WPC 世界杯摄影大赛优秀作品展、2018 上海婚纱周品牌发布秀、2018 彩妆造型趋势沙龙、中国新生儿摄影师精英大赛优秀作品展等,获得专业观众及观展人士的广泛好评。②

### (六)打造大动漫的平台——中国国际动漫游戏博览会③

诞生于 2005 年的国际动漫游戏博览会(China International Cartoon and Game EXPO,简称"CCG EXPO")由国家文化部、上海市人民政府联合主办,上海市文化广播影视管理局、(上海)国家动漫游戏产业振兴基地、上海广播电视台、上海文广集团(SMG)承办,每年 7 月在上海举办,已经成为中国规模最大、市场化程度高、广受青少年欢迎的动漫游戏会展项目。自 2011 年起,CCG EXPO 由上海炫动汇展文化传播有限公司负责运营,在上海世博展览馆举办。

CCG EXPO 着力弘扬社会主义主流文化,适应动漫游戏产业发展的趋势,打造线上和线下服务平台,成为推动动漫游戏"正能量"的会展大平台。它通过展览、赛事、演出与论坛等多种形式,全方位建设"行业政策的权威发布平台、新品新作的宣传推广 IT 平台、业界合作的交流交易平台和全民参与的互动娱乐平台"。2016 年在 CCG EXPO 上成立的(全国)动漫会展联盟,整合了全国的动漫会展力量,推动中国动漫会展行业进入规范化、规模化的新阶段。2018 年 7 月 9 日,第十四届 CCG EXPO 正式闭幕。本届展会共迎来观众20.6 万人次,其中专业观众 3.2 万人次,普通观众 17.4 万人次。据初步统计,专业板块活动现场意向交易额达 17.1 亿元,公众板块活动现场交易额达 1.74

---

① 《2018 年 7 月展后报告》,中国·上海国际婚纱摄影器材展览会官网,2018 年 11 月 27 日。
② 《第 34 届中国·上海国际婚纱摄影器材展览会 首次整体移师上海国家会展中心》,搜狐新闻,2018 年 7 月 6 日。
③ 上海炫动汇展文化传播有限公司:《澎湃精神正能量的"大动漫"巨港——中国国际动漫游戏博览会的活力机制》,《上海会展业发展报告(2018)》,上海科学技术文献出版社,2018 年 4 月。

亿元。[1] 参展的国际动漫游戏龙头企业包括迪士尼、漫威、索尼互动娱乐、东京电视台等,国内骨干企业包括网易、盛大、巨人、玄机、巨人等,而 B 站、优酷动漫、阅文、腾讯、新浪、百度、爱奇艺等互联网企业也加入了 CCG EXPO,这表明动漫游戏产业正在形成包括动漫、游戏、娱乐、出版、影视、互联网、衍生产品等在内的一个巨大产业集群,并呈现出网站、频道、影视联动的大趋势。

### (七)优雅与兼爱——永恒经典:奥黛丽·赫本展[2]

2017 年夏天,奥黛丽·赫本展览第一次来到中国,以"永恒经典:奥黛丽·赫本"为主题,在上海展览中心拉开序幕。本次《永恒经典:奥黛丽·赫本》展将互动、跨界、文化、时尚相结合,吸引了十万名以上的参观者。它以丰富的展品诠释赫本精神,即优雅与兼爱:优雅是由表及里,由内而外散发出来的气质;而兼爱是全身心投入公益慈善事业。本次展览将赫本精神载于她的生活用品,包括电影细节、海报、奖杯、服饰、包袋、鞋子,以及赫本晚年的瑞士居所、时尚衣帽、首饰等。该展会打造了女神专属的文艺咖啡厅,设置了跨界相机品牌一同参与的互动体验环节,让 150 台卡西欧 TR－750 自拍神器在现场与参展者零距离的互动。奇妙的自拍效果,吸引大批体验者扮演偶像女神,成为此次会展的一大亮点。

### (八)dna|APPLE+——创新思维设计展[3]

2017 年 10 月至 12 月 4 日,由上海美术设计有限公司主办的"dna|APPLE+"在上海当代艺术馆举行。它展现的是日本设计师三木健的"APPLE"设计思维,即以一颗苹果为原点,通过对一颗普通苹果的理解和观察开始,还原"理解、观察、想象、分解、编辑、可视化"的设计过程,探讨"学习方

① 张熠:《20.6 万人次! 第十四届中国国际动漫游戏博览会(CCG EXPO 2018)落幕》,上观新闻,https://www.jfdaily.com/news/,2018 年 07 月 10 日。

② 丁霖:《永恒经典:奥黛丽·赫本展在上海》,《上海会展业发展报告(2018)》,上海科学技术文献出版社,2018 年 4 月。

③ 钟敏:《dna|APPLE+——一颗苹果带来的创新思维》,《上海会展业发展报告(2018)》,上海科学技术文献出版社,2018 年 4 月。

式的设计"以及"设计的学习方式"的独特理念,完整构建了一套创新思维的认知论和方法论,揭示了设计的本质。54 天的展期,380 件展品的制作均来自日本。此次的亚克力展品均由日本工匠打造,精度和透度处于国际最高水准;所有海报由富士施乐进口纸张专门印制,在展品制作、空间设计、展陈布置等环节显示了日本工艺的精致和魅力。

## 五、开发 IP 核心资产,延伸会展产业链

近年来,文创特展作为新兴的文化载体,顺应时代发展的需求,已成为文化消费的另一种体验形式。上海涌现出许多丰富多彩的主题特展,成为都市时尚生活和文化流行现象中的一大景观。它们包括"印象派大师•莫奈"与商业跨界融合的特展、"草间弥生展"等与艺术设计领域相结合的特展、"不朽的梵高"感应艺术展与多媒体技术相结合的特展,也有以 LV 品牌时尚为主的设计特展等。

### (一)文创特展:IP 开发的精准定位[1]

上海的特展数量逐年攀升,呈现出"主题多元、行业跨界、地域整合、产业融合"的特点。2017 年在上海举办的文创特展约 80 余个,观众规模约 430 万人,占上海总人口的 18%,其中 20 至 30 岁观展人群最为活跃,而且以学历较高的知识型白领人群最为突出。上海对文创特展的 IP 核心资产的开发越来越趋于娴熟,从外地到上海,从场馆到活动,有效地提升了会展产业的价值链。

1. 从乌镇到上海:精准聚焦市场

"乌镇国际未来视觉艺术计划"是一个富有创意和科技内涵的品牌展览,它先是在浙江乌镇创立,继而又在上海获得丰富和壮大。它是继乌镇戏剧节和乌镇国际当代艺术邀请展之后,由乌镇开发的第三个以影视为主题的系列

---

① 参看许润禾:《文创特展的探索与实践——同一个境外 IP 的两种运作模式》,《上海会展业发展报告(2018)》,上海科学技术文献出版社,2018 年 4 月。

活动①。2016年12月13日,它在乌镇北栅丝厂拉开帷幕,包括"国际未来视觉高峰论坛","国际未来视觉艺术展——维塔工作室·格特博士的世界","国际未来视觉概念设计大赛"和"未来视界基金计划"四大部分②。新西兰Weta工作室是好莱坞乃至全球电影特效行业的标杆。2016年,Weta的电影特效特展项目在乌镇举行,它包括《指环王》《霍比特人》《魔兽》等奇幻电影的人物雕塑以及电影特效等。但是,作为商业性项目它却存在诸多遗憾,实际情况与前期预测相差甚远,在水乡景区没有吸引到预期的参观人数,经济效益不甚理想,所开发的赞助、门票、衍生品及巡展计划等,在一定程度上偏离了当地市场的需求。

"乌镇国际未来视觉艺术展"于2017年7月15日—9月17日移师上海,更名为"奇幻魔方——探寻奇幻电影的秘密"。在上海举办的特展以电影特效为主题,吸取乌镇经验,明确受众群体的定位对项目的经济价值起到关键性作用,选址定在市中心商业综合体——长宁来福士广场,以租赁的形式,采用模块化的展示框架设计,以便提升特展的可复制性和柔性适应度,实现对不同展区空间的兼容性与针对性。在宣传推广上,注重利用与电影、艺术、时尚相关的热点公众号,加强了对目标受众的宣传。上海站的特展基本达到了收支平衡和预期效果。抽样调查显示,绝大部分观众认为本次展览水平很高,既有趣味性又有科学性。

  2. 从开发IP到贴近受众：经验与启示

乌镇站与上海站的文创特展是基于同一个IP内容进行开发,却呈现出不同的展览形态,其关键在于前后两次会展理念的更新,以及运作模式的改革。上海站特展比较准确地把握了国际大都市受众的需要,运用新西兰Weta工作室的品牌效应,唤起了受众对于Weta工作室的强烈好奇心。上海站特展的硬件均采用租赁形式,形成模块化的理念,相较于乌镇站的固定式、高成本模式显得更为灵活。它选择长宁来福士广场作为展览场地,也比设在水乡旅游景

---

① 《乌镇国际未来视觉艺术计划》,乌镇旅游官方网站,2018年11月27日。

② 《乌镇国际未来视觉艺术展图》,《人民日报》2016年12月20日。

区更贴近主要受众。

### （二）会展品牌的异地开拓：品牌展会卫星展[①]

1. 塑造会展品牌是提升产业效益的关键

营销是通过打造具有鲜明特色的品牌,吸引相关的企业和专业观众,以实现会展企业效益最大化的新型会展理念。一方面,展览业作为投资与贸易的重要平台,不仅能够有效推动产业和消费增长,而且作为现代高端服务业的重要组成部分,对举办城市的住宿餐饮、交通物流、广告传播以及旅游购物等行业均具有明显的拉动效应;另一方面,供给侧改革、"互联网+"等新的战略导向的落实,必将为社会经济的发展注入新的活力,从而为展览业的持续增长带来新的机遇。[②] 会展经济的发展与一个城市产业结构、区位优势、开放和市场化程度、基础设施建设以及服务贸易发达程度等因素密切相关。从区域分布来看,中国会展业已基本形成了以北京为中心的"环渤海会展经济带",以上海为中心的"长江三角洲——华东会展经济产业带"、以广州、香港为中心的"珠江三角洲——华南会展经济产业带",以武汉、郑州、成都、昆明等城市为龙头的"中西部会展中心城市"和以大连、哈尔滨等城市为中心的"东北边贸会展经济产业带"[③]。会展品牌市场开拓一定要有战略思想作指导。异地开拓,尤其要关注品牌展会卫星展。影响品牌商业展会卫星展成功的因素主要包括:参展商、参观者和政府政策。

2. 把握目标市场是竞争制胜的基础

会展市场的细分,是指会展企业根据主要目标顾客对会展产品和服务的不同需求,把会展客源市场划分为若干个具有相同特征的次级市场。会展市场细分有利于企业更清晰地了解目标细分市场的需求,根据自身的实力确定自己的位置,用最有效的方式,集中市场营销的人力和资金,更好地吸引一个

---

① 黄荔(汉诺威米兰展览上海有限公司):《品牌商业展会的异地开拓》,《上海会展业发展报告(2018)》,上海科学技术文献出版社,2018 年 4 月。

② 《未来 5 年中国会展业市场发展前景预测分析》,搜狐财经,2018 年 5 月 11 日。

③ 《2018 年中国会展服务行业市场前景研究报告》,中商情报网,2018 年 1 月 11 日。

或几个细分市场。① 参展商是展会收益的根本来源。参展商的参展目的包括三方面：展示贸易、宣传推广、搜集信息。品牌展会卫星展的成功，首先要满足展商对展示贸易、宣传推广、收集信息的要求。有鉴于此，这一年多来上海举办的诸多特色会展，如"致敬达芬奇"等，均在前期做了大量准备工作，对会展客源进行了深入的调研，分析了主要观众群体的特点：学历比较高，具有较开阔的国际视野，具有强烈的科学和艺术好奇心等。"致敬达芬奇"专门设立在上海环球国际金融中心四层，依托陆家嘴金融区高度集聚的白领人群和艺术氛围，从而达到了鲜明的品牌效应，也获得了良好的社会及市场效益。

2018 年是中国改革开放 40 周年，也是上海会展产业发展的新起点。上海会展业面临着进一步提升的挑战：上海展览企业数量不少，但缺少科技含量高、国际竞争力强的组展商，全市目前共有组展企业 400 余家，除去国际知名展览公司设在上海的外资展览公司外，没有一家能够进入全球十强组展商阵营。上海每年举办的众多展览中，真正具有行业权威、被市场认可的品牌展不多，有待于上海会展产业做出更大的努力。

---

① 《会展企业进行市场细分的八个步骤》，搜狐网，2016 年 10 月 28 日。

# 7

# 打造国际网络游戏产业中心
## ——上海网络游戏产业的现状与前瞻

韩　帅[*]

内容提要　中共上海市委、上海市人民政府在 2017 年 12 月颁布了《关于加快本市文化创意产业创新发展的若干意见》(简称为上海"文创 50 条"),明确提出上海要建设具有国际影响力的文化创意产业中心。发展网络游戏产业是实现这一战略目标的重要内容。该产业包括网络游戏研发商、网络游戏运营商、网络游戏服务平台、网络游戏贸易机构、电信运营商和消费终端服务商等多个环节,需要整体性推动、全链条促进。在上海建设国际金融、经济、贸易、航运、科创中心和国际文化大都市的背景下,上海网络游戏产业进入到结构优化、技术升级、动力增强的发展新阶段。

关 键 词　网络游戏精品　电子竞技　整体性推动　全链条促进

## 一、发展概况：结构优化和技术升级

### (一)发挥国际文化大都市的综合优势

2017 年以来,上海发挥自贸区制度创新的优势,突出创新发展、协调发展、绿色发展、开放发展和共享发展的理念,为上海网络游戏行业的发展提供了良好的市场环境。网络游戏产业是一个综合性的产业集群,包括网络游戏研发

※　韩帅:上海市网络游戏行业协会秘书长。专注于游戏行业的行业服务、法律、标准化等领域。

商、网络游戏运营商、网络游戏服务平台、网络游戏贸易机构、电信运营商和消费终端服务商等多个环节,需要汇聚大量的产业资金、市场主体、专业人才、基础设施、赛事节庆、国际联系等,而上海作为国际经济、金融、贸易、航运、科创中心和国际文化大都市,为网络游戏产业的发展提供了综合性的有利条件。随着中国国际数码互动娱乐展览会(ChinaJoy)的海外参与者和作品连年攀升,上海厂商在海外设立分支机构的数量激增,2017英雄联盟世界总决赛的半决赛等重大赛事落户上海。这一系列重要举措成为上海发展网络游戏产业的加速器。

网络游戏产业具有很高的专业性,需要培育和集聚各类专业人才。除了依托一大批著名高校培育优质人力资源之外,上海游戏产业历经多年发展也已经培养了大批专业人才。近年来,一部分人才缺口较大的骨干企业着手与高等院校联合培养专业人才,打造多层次的人才梯队,助力企业长久发展。此外,随着上海网络游戏市场的日益活跃,上海网络游戏行业的薪酬水平居于全国前列,特别是游戏开发类和运营类人才的薪酬水平领跑全国,有助于吸引大批海内外游戏和电竞产业人才汇聚上海。①

网络游戏产业是投融资最为活跃的文化产业领域之一,需要通过金融工具、金融机构和金融市场,实现网络游戏领域的资本金融要素和金融功能配置,也帮助网络游戏企业通过金融工具规避市场风险。上海作为国际金融中心,金融体系较为完善,资本市场十分活跃。2017年,上海金融市场交易总额约1 430万亿元,持牌金融机构达1 537家,金融业占上海GDP总值的比例已超过17%,英国智库Z/Yen集团发布的全球金融中心指数显示,上海的排名跃升至全球第六位。当前,上海市场集聚了股票、债券、期货、货币、票据、外汇、黄金、保险等各类金融要素,成为全球金融要素市场最齐备的金融中心城市之一,这一优势为网络游戏厂商提供了较为齐全的金融工具和优越的金融市场环境。

---

① 数据来源:伽马数据,前程无忧《2017年中国游戏产业人才薪资调查报告》。

## （二）打造"泛娱乐"的市场布局

上海以游戏企业为主导的泛娱乐体系逐渐成熟。这里指的是网络游戏企业大力开发内容积极健康的产品,同时与电影、电视剧、视频、出版、体育赛事等领域跨界联动,形成一个日益广泛的娱乐消费市场。例如,游族网络股份有限公司是中国知名的互动娱乐供应商,游族网络在 2014 年 6 月正式登陆 A 股主板,它成立的游族影业立足旗下的经典游戏产品,在 2017 年启动游戏《少年三国志》同名网剧的影游联动计划,获得较好的效果;又比如:巨人网络深度挖掘《球球大作战》的 IP 价值,在运营赛事的同时,多维开发相关的衍生品;而哔哩哔哩尝试投资动画制作委员会,多维孵化 IP 产业链,在游戏自研、代理和游戏推广方面均有开拓。

## （三）加强原创能力与丰富 IP 模式

上海网络游戏企业高度重视开发原创精品游戏,形成了创新驱动的浓厚氛围。例如,《球球大作战》开启休闲竞技的风潮;《大天使之剑 H5》成为该类型微端游戏的领军产品;《ICEY》《去月球》等小而美的独立游戏在国内外均取得不俗成绩。此外,新兴优质游戏推荐社区 TapTap 集聚了众多国内优质独立游戏制作者,为整个行业带来了新鲜活力。

上海网络游戏企业除了不断挖掘已有的经典游戏 IP 内容,更重视培育自有 IP 产品,不断创新 IP 运营模式,因地制宜发挥 IP 的最大价值。例如,米哈游科技（上海）有限公司围绕自创的核心内容——"崩坏" IP,不断开发相关漫画、童书、玩具、文具等衍生产品,在丰富游戏剧情的同时,提升了玩家的活跃度,可以覆盖不同年龄段的用户特别是青少年和家长;而游族网络全方位开发"刀剑乱舞" IP 衍生品,有利于提高引进游戏的综合收益。

## （四）鼓励双向流通与推动"出海"

上海网络游戏企业充分利用地理优势和相关优惠政策,凭借优秀的原创游戏产品和丰富的海外发行经验,在海外游戏市场不断提高市场占有率。巨人网络、三七互娱、游族网络跻身 2017 年全球移动发行商收入榜 TOP50,这显示了上海网络游戏企业走向世界市场的活力和实力。历经国际市场的风浪磨炼,上海网络游戏企业的国际竞争力不断增强,在全球的产业布局更加完善。它们采用多种路径,包括直接出口、请海外代理商服务、收购或投资海外的游戏工作室、成立海外子公司、与海外厂商进行跨界合作等,彰显了上海网络游戏企业对于进军国际市场拥有了越来越强的信心。

### (五)巩固电竞产业的龙头地位

上海作为世界级大城市群——长三角城市群的核心,拥有江海交汇、联接东西、直达腹地、辐射海外的巨大优势。上海在历史中传承的近代海派文化,更是具有时尚、求新、开放、新潮的特点,这为发展电子竞技文化提供了得天独厚的条件。几年里,上海汇聚了高端电竞场馆、顶级赛事承办方、大批电竞战队等大批电竞产业资源,成为中国电竞产业的中心。然而,随着其他地区加大对电竞企业的招商力度,上海的电竞战队及相关企业开始出现外流趋势。目前,上海有较为完整的电竞产业生态圈、居于全国领先水平的电竞产业基础设施和经验丰富的行业人才。上海有必要立足现状,扬长避短,居安思危,加强电竞基础建设投入,采取更加多样化的举措,不断巩固其全国电竞产业的中心地位。

## 二、游戏企业:扩大数量,拓展多元

### (一)扩大企业规模与拓展多元业务

2017 年,上海持证网络游戏经营企业数量达 1 670 家,同比增长 60.9%,全国持证网络游戏经营企业数量达 8 823 家,上海持证网络游戏经营企业占全国企业的 18.9%。上海新增网络游戏企业数量占上海网络游戏企业总数的 37.8%,占全国新增网络游戏企业总量的 15.2%,新增企业份额较 2016 年有小幅下降,但仍保持在全国市场的较高份额,上海游戏市场继续保持较高速度发展。①

---

① 数据来源:全国企业数据:文化部;上海企业数据:上海市文化和旅游局。

数据来源：全国企业数据：文化部；上海企业数据：上海市文化和旅游局

©中娱智库

图1　2017年上海新增网络游戏企业

近年来,上海的游戏企业类型丰富,数量众多,特别是骨干企业和后起之秀双峰并峙,相得益彰,在全国乃至国际的游戏市场中均有出色表现。上海的多层次游戏企业大格局有利于上海游戏产业通过优势互补,形成内部的有机结构,提升抗风险能力,激发产业的创新活力。

上海在网页游戏领域,支持诸多企业积极向移动端转型,大型游戏企业的综合发展步伐加快。近年来,以网页游戏崛起的厂商已经逐步向移动端转型和综合发展转型,并且初见成效。例如三七互娱、游族网络等骨干游戏企业,在加大移动端投入力度的同时,已成长为业务全面的综合企业,在游戏研发、发行、平台等维度全面发展。此外,上海网页游戏在海外发行领域表现出色,以游族网络、三七互娱等为代表的上海游戏企业在海外网页游戏市场屡创佳绩。

上海在客户端游戏领域,推动众多国际知名游戏经营商的中国区运营机构汇聚上海,例如运营《热血传奇》的盛大游戏、运营《DOTA2》的完美世界(上海)、运营《守望先锋》等暴雪游戏的网之易等,为上海客户端游戏市场注入更多国际化元素。上海本土游戏厂商的作品质量精致、注重创新、口碑良好,例如巨人网络的"征途"系列游戏、绿岸网络的《天之禁2》等。

上海在移动网络游戏领域,面对市场整体同质化趋向的挑战,支持各类企业开发细分市场,注重差异化经营。例如,哔哩哔哩先后发行不同类型的二次元游戏;米哈游专注自有核心品牌——"崩坏"IP 的开发;黑桃互动挖掘能充分发挥引进 IP 特色的玩法设计。

上海在网络游戏领域,鼓励企业开发新空间、新业态。比如:随着玩家品味的提高和需求的丰富化,独立游戏和优质游戏推荐社区的市场越来越广阔。许多企业敏锐地把握了这一趋势,积极开发网络游戏的新业态。例如心动网络深耕独立游戏,在该类型游戏的研发和发行领域大力挑战,TapTap 作为沟通厂商和玩家的桥梁,在玩家间的影响力和游戏评分的权威性不断提高。

### (二)坚持精品化和国际化的战略

2018 年 11 月 5 日,中国国家主席习近平在首届中国国际进口博览会开幕式的主旨演讲中指出:"一座城市有一座城市的品格。上海背靠长江水,面向太平洋,长期领中国开放风气之先。上海之所以发展得这么好,同其开放品格、开放优势、开放作为紧密相连"。①

上海的一大批网络游戏企业坚持精品化和国际化的战略,整合海内外的优质资源,通过双向流通提升网络游戏产品的品质和服务能力,不断增强国际竞争力,成为上海网络游戏产业逐步壮大的中坚力量。

1. 巨人网络集团股份有限公司

(1)总体情况

巨人网络集团股份有限公司(原上海征途网络有限公司)是一家以网络游戏为发展起点,集研发、运营、销售为一体的综合性互动娱乐企业。未来,巨人网络将定位为一家综合性互联网企业,将拥有互联网娱乐、互联网金融、互联网医疗三大核心业务。巨人网络荣获中国游戏产业年会"2017 年度中国十大品牌游戏企业"、"2017 年度中国十大游戏研发商"奖项,巨人网络入选 App Annie 2017 全球发行商 52 强,旗下开发的游戏《征途 2》《征途 2 手游》《球球大作战》《街篮》《虚荣》等也获得诸多荣誉。

---

① 《习近平主席在首届中国国际进口博览会开幕式上的主旨演讲》,新华社,2018 年 11 月 5 日。

（2）主营业务与产品

巨人网络的主营游戏业务包括客户端游戏和移动网络游戏。巨人网络在引进海外产品和海外发行方面表现出色，拥有深厚的游戏研发积淀，旗下客户端游戏《征途》是国战类作品的经典代表作，《球球大作战》掀起休闲竞技的热潮。

巨人网络的客户端游戏产品以角色扮演类游戏为主。《征途》通过改善玩法，优化游戏体验，采取给玩家发"工资"、"无区界"自由跨服、"大百科全书"玩法、"万人国战"等诸多措施，迅速成长为头部产品，创下辉煌成绩。"征途"也成长为有影响力的游戏 IP，巨人网络重视"征途" IP 的长线运营，除了不断更新玩法，还陆续开发了《征途怀旧版》《绿色征途》《征途 2》等系列作品，满足玩家的差异化需求，巨人网络在移动端的征途系列游戏也频频跻身畅销榜前列。巨人网络旗下还包括格斗类游戏《艾尔之光》，仙侠类角色扮演游戏《仙侠世界》《仙侠世界 2》等多类型作品。

（3）企业竞争力分析

我国移动电竞产业的细分市场十分广阔。随着中国电竞市场的快速发展，电子竞技越来越受到主流社会的认可。电竞游戏的受众在不断扩大数量的同时，对产品的需求更为多元化。面对这一市场竞争的浪潮，巨人网络成立巨人电竞，集合旗下移动竞技产品《球球大作战》《街篮》《虚荣》等，涵盖休闲竞技、体育竞技、MOBA 等多类型游戏，逐步进入移动电竞市场。

巨人网络发挥休闲竞技产业链优势，努力巩固《球球大作战》的头部地位。《球球大作战》入门易而精通难，基调活泼明快，适合全年龄段玩家。《球球大作战》在广大玩家群体的基础上，相应的电竞赛事体系逐渐成熟，除了线上定期比赛，线下职业联赛包括了较为完整的赛事体系，分为常规赛、季后赛、保级赛、决赛四部分，此外，《球球大作战》作为 CEST（中国电子竞技娱乐大赛）校园挑战赛的首个移动电竞项目，标志着网络游戏得到社会的广泛认可。与此同时，巨人电竞积极开发国际市场。在亚洲部分国家和地区，巨人电竞开发的《球球大作战》已经成为畅销游戏，占有了一定的市场份额。

2. 米哈游科技（上海）有限公司

（1）总体情况

米哈游科技（上海）有限公司是一家以动画、漫画、游戏和小说等产品为载体，努力深耕二次元文化的互联网文化企业。它旗下的二次元作品"崩坏"系列在国内外受到广泛欢迎，成为网络游戏产业中的本土知名品牌之一。目前，米哈游积极筹备在主板上市，以便依托资本市场增强规模优势。

（2）主营业务与产品

米哈游的主营业务是基于原创"崩坏"IP 开发和运营的游戏，包括《崩坏学园 1》《崩坏学园 2》《崩坏 3》，以及由此衍生的漫画、动画和轻小说等产品。截止 2017 年 6 月底，旗下作品《崩坏学园 2》的账户数量超过 4 400 万个，游戏总充值流水金额超过 10 亿元；《崩坏 3》账户数量超过 2 200 万个，游戏总充值流水金额超过 11 亿元。

《崩坏 3》作为二次元动作游戏，延续了前作的世界设定，在画面品质、动作渲染、剧情设定等方面均居于该领域的顶尖水平，受到海内外二次元游戏爱好者的欢迎，也成为国产二次元游戏的代表作品。

（3）竞争力分析

米哈游凭借"崩坏"系列作品的优良品质，积累了较多的二次元游戏核心玩家，在细分游戏领域有较强的号召力，有利于公司的长线发展。此外，对"崩坏"IP 的深度开发在拓展公司泛娱乐业务的同时，也让游戏剧情更加饱满，游戏角色塑造更为立体，有效提升了玩家黏性和忠诚度。

3. TapTap 易玩（上海）网络科技有限公司

（1）企业概述

TapTap，易玩（上海）网络科技有限公司，由心动网络投资创立，TapTap 在网络游戏领域中是一个富有代表性的平台型企业。它既是一个游戏下载购买平台，亦是一个游戏高品质玩家社区。TapTap 的初始团队成员主要来自沙发管家、VeryCD、BitChina、射手网、心动网络等多家互联网机构，此后逐步发展壮大。

TapTap 定位于玩家社区和游戏媒体，主要功能是为用户推荐优质游戏，搭建玩家与厂商沟通的平台,其收入来自广告而非联运,区别于传统的应用商店。TapTap 的用户群体以学生为主。他们愿意为优质内容付费,并乐于通过评分留言等方式来与厂商和其他玩家沟通分享。2017 年 8 月,TapTap 用户日活跃数突破 150 万,月活跃数突破 1 000 万,TapTap 的受众从核心玩家向更加广泛的玩家扩散,其游戏评分的公信力不断提高。

(2)主营业务与产品

TapTap 的主要功能包括编辑推荐,玩家评测及广告内容展示。编辑推荐即每日主页展示优质游戏,它们由资深编辑独立评测而得,综合了多项指标;玩家评测主要由玩家对游戏打分和给出评价,开发者也可留言与玩家互动;广告位收入保证了 TapTap 的可持续运营,也成为应用内容的一部分。

TapTap 在推荐游戏的过程中,只收录官方包,不做联合运营,收入来源于厂家广告,有利于保证评测的独立性,是国内率先支持付费购买安卓正版游戏的第三方平台。TapTap 采取多种措施保证玩家评价的有效性和玩家交流的健康环境。例如,努力治理所谓的"水军"和"刷榜",对恶意差评等不能真实反馈玩家体验的评价进行纠正,增加评论前的礼仪考试,打击交流中出现的不良言论等。这些积极的举措,增强了游戏评价的公信力,有利于娱乐社区的长远发展。

(3)竞争力分析

TapTap 填补了市场空白,为年轻群体有效地推荐优质游戏,打造了较为完善的自有用户生态。TapTap 除了帮助玩家发现好游戏,还为开发者提供了便捷的接收反馈渠道,优质游戏通过投放广告能够获得更多优质客户,也减少了玩家对广告的反感,形成良性循环。此外,不追求游戏下载量的 TapTap 在游戏推荐方面更加客观,对游戏各项盈利指标的干预度低于传统游戏平台渠道。TapTap 的普及培养了年轻玩家的品位和付费意识,凝聚了大批优秀的独立游戏制作者,有利于改善国产独立游戏市场环境。TapTap 为玩家提供全程参与游戏开发、预约、宣传、运营的通道,独立游戏在积累人气的同时,能够高效转化人气,这也有助于游戏企业的可持续发展。

### （三）深耕二次元与培育高品质玩家

随着二次元概念走向主流游戏市场,上海作为我国二次元游戏和文化的主要代表地区之一,集中了越来越多二次元游戏项目,其中的游戏种类也形成了更加细分的结构。例如,黑桃互动旗下的《新世纪福音战士 OL》《犬夜叉—觉醒》是以还原 IP 人物和剧情为主的动作游戏;盛大游戏的《神无月》则是战术卡牌游戏;哔哩哔哩代理的《碧蓝航线》集即时海战和养成为一体。此外,恋爱养成、放置、角色扮演等传统游戏类型在二次元游戏大类中均有体现,有利于上海深耕二次元市场与培育高品质玩家。

## 三、游戏金融：活跃市场,理性融资

### （一）上海游戏资本市场越趋活跃

上海作为国际金融中心,为活跃游戏资本市场、吸引游戏投融资机构,提供了得天独厚的条件。2017 年,国内游戏行业的资本事件共计 184 起,投融资案 154 起,并购案 30 起。而上海游戏企业融资 23 起,参与约 8 起并购案,有 5 家上海游戏企业被收购。

2017 年,上海游戏企业融资 23 起,占全国的 14.9%,已披露融资总额达 21.3 亿元,预测上海游戏企业共计融资 23.4 亿元,上海在全国范围内的游戏资本活跃度明显高于大多数地区。上海网络游戏企业的融资行为更为理性,这对网络游戏产业的健康发展是有益的。

2017 年,上海游戏企业融资案中,游戏直播类 3 起,涉及香蕉游戏传媒、熊猫直播两家企业;平台媒体类 3 起,涉及史诞文化、竞跃网络、TapTap3 家企业;研发/发行类 17 起,涉及心动网络、大神电竞等 17 家企业。游戏直播类企业的大额融资反映了上海电竞、游戏直播等相关泛娱乐类产业的快速发展,TapTap 的成功融资有利于其进一步建设优质游戏评测平台,增强平台的权威性和形象力,推动上海游戏市场全面发展。研发/发行类融资企业的业务内容多元,有效丰富了上海游戏产品的维度。

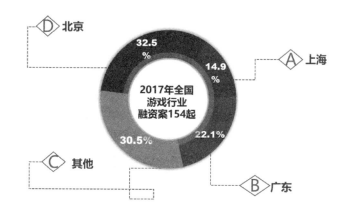

数据来源：中娱智库 　　　　　　　　　　　　　　　©中娱智库
备注：由中娱智库根据公开资料统计整理，主要为游戏相关的研发发行、平台媒体等企业。

图2　2017年游戏行业国内融资地区分布

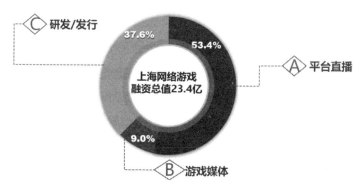

数据来源：中娱智库 　　　　　　　　　　　　　　　©中娱智库
备注：由中娱智库根据公开资料统计整理，主要为游戏相关的研发发行、直播、平台媒体等企业，部分融资案金额未透露，为中娱智库估测。

图3　2017年上海游戏行业融资类型分布

　　2017年上海游戏企业融资额过亿的交易有4笔，其中，熊猫直播和香蕉游戏传媒的融资额远高于另外两笔交易，投资方以基金财团为主，反映了金融资本对游戏行业有较强影响力。心动网络和TapTap融资额分别为2亿元、1.5亿元，两者的投资方均为游戏企业，行业内部的资本运作有利于企业间优势互补，促进产业整合，投资同领域也能增加投资方对融资方的了解程度，提高投资的科学性。

2017 年上海游戏行业过亿融资案

| 融资方 | 细分行业 | 融资金额（亿元） | 投 资 方 |
|---|---|---|---|
| 心动网络 | 研发/发行 | 2 | 三七互娱、游族网络 |
| 熊猫直播 | 游戏直播 | 10 | 兴业资管-兴业证券、汉富控股、沃肯资本、光源资本、明石创新、昌迪资本、中冀投资 |
| 香蕉游戏传媒 | 游戏直播 | 2 | 经纬中国、竞远投资、新番资本、IDG资本 |
| TapTap | 游戏媒体 | 1.5 | 飞鱼科技、心动网络、厦门吉比特 |
| 备注：由中娱智库根据公开资料整理。 | | | ©中娱智库 |

图 4　2017 年上海游戏行业亿元以上融资个案

## （二）以大宗并购提高产业整合度

2017 年,上海游戏企业被并购 5 家,占全国的 16.7%,数量仅次于北京、广东。上海游戏企业参与并购交易 8 起,估计交易金额可达 86.2 亿。

除前海宝德资产属于金融机构,上海游戏行业并购交易的收购方均为实体企业。其中,三五互联作为基于"云计算"的企业信息化服务类公司,收购成蹊科技有利于资源整合;中技控股则计划剥离混凝土桩传统业务,转型文娱产

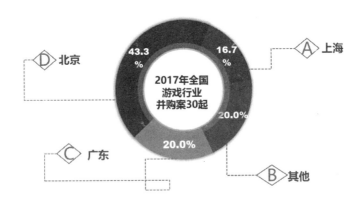

数据来源：中娱智库、IT桔子
备注：由中娱智库根据公开资料统计整理，主要为游戏相关的研发发行企业。　©中娱智库

图 5　2017 年游戏行业并购卖方地区分布

业,对宏投网络的收购有利于中技控股进军海外页游研发运营;三七互娱对墨鹍科技、极光网络的收购和恺英网络对盛和网络的收购提升了并购方对优质游戏供给的话语权,也为被收购方游戏研发团队提供更大的平台和更多的资源;世纪华通与盛大游戏在资本市场互动较多,这些并购项目为盛大游戏后续发展提供更为雄厚的资金支持。

**2017 年上海游戏行业并购案**

| 被收购方 | 收购方 | 被收购方 | 收购方 |
|---|---|---|---|
| 成蹊科技 | 三五互联 | 墨鹍科技 | 三七互娱 |
| 盛大游戏 | 世纪华通 | 美峰数码 | 前海宝德资产 |
| 宏投网络 | 中技控股 | 乐视游戏 | 冰穹互娱 |
| 极光网络 | 三七互娱 | 盛和网络 | 恺英网络 |

备注:由中娱智库根据公开资料整理,收购方、被收购方至少一方为上海游戏企业。

© 中娱智库

图 6  2017 年上海游戏行业并购案

## (三)上市公司比例变化显示激烈竞争

2017 年,中国上市游戏企业约 185 家,其中,上海上市游戏企业 18 家,占 9.7%,广东、北京、浙江占比分别为 20.0%、17.8%、11.9%,上海上市游戏企业数量在全国仍处于领先行列。[1] 上海上市游戏企业在全国乃至世界游戏市场有较强的影响力,例如盛大游戏、巨人网络、三七互娱、恺英网络等经典综合游戏企业。它们除了拥有较强的研发和发行实力,还通过并购投资等资本行为整合资源,完善产业链,旗下优质作品得到海内外玩家的认可。

2017 年,中国新三板挂牌游戏企业约 158 家,其中,上海挂牌游戏企业 30 家,占全国总量的 19.0%,企业数量仅次于北京。[2] 相比而言,新三板的挂牌游戏企业更加鲜明地向一线大城市集中。

---

① 数据来源:游戏工委、伽马数据、国际数据公司。
② 数据来源:游戏工委、伽马数据、国际数据公司。

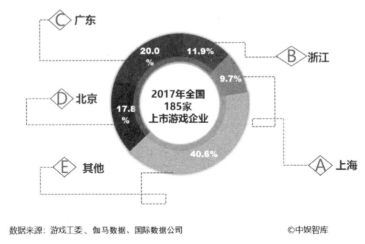

数据来源：游戏工委、伽马数据、国际数据公司　　　　　　©中娱智库

图7　2017年游戏行业上市企业地区分布

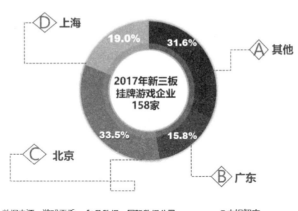

数据来源：游戏工委、伽马数据、国际数据公司　　　　　　©中娱智库

图8　2017年游戏行业挂牌新三板市场地区分布

上海挂牌游戏企业以内容提供方为主，细分业务种类丰富。例如，绿岸网络曾深耕客户端游戏，《蜀门》《天之禁》等曾获得多项行业权威奖项，绿岸网络在2017年进军VR领域，其VR版《权御天下》和《火线对决》的游戏品质得到体验用户的广泛认可；心动网络在海内外发行了多款独立游戏，客户端游戏《ICEY》成国产独立游戏代表作，具备国际竞争力，心动网络在2017年发行移动版《ICEY》，并积极维权，打击盗版；塔人网络在移动端、客户端、网页端、H5、VR领域均有涉猎。

# 四、游戏产品

## （一）客户端游戏：发挥头部优势

### 1. 市场总体情况

2017 年，上海客户端游戏的产值规模达到 188.4 亿元，同比增长 3.3%，占上海网络游戏产值的 33.1%。国内客户端游戏市场整体增速趋缓，热门游戏和优质平台的头部集聚作用愈发显著。当前，上海中小客户端游戏研发商面临较大挑战，综合游戏厂商的客户端业务比重进一步压缩。同时，上海网络游戏企业也积极调整结构，升级技术，改进方法，最终凭借过硬的研发实力和品牌号召力得以维持客户端游戏产值稳步提升。

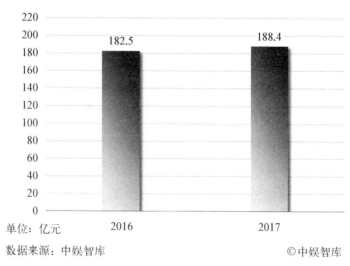

单位：亿元
数据来源：中娱智库

©中娱智库

**图 9　2016—2017 年上海客户端游戏产值规模**

### 2. 游戏特点

2017 年，上海网络游戏企业获得文化部国产游戏备案的新品客户端游戏产品约 26 款[①]，占上海国产网络游戏备案总数的 2.9%。其中的热门游戏种类

---

[①]　数据来源：根据文化部有关数据和资料整理。

及占比依次为：休闲竞技类 57.1%，角色扮演类 24.5%，策略类 6.1%，射击类 4.1%。上海客户端游戏产品新品在整体上呈现以下特点：

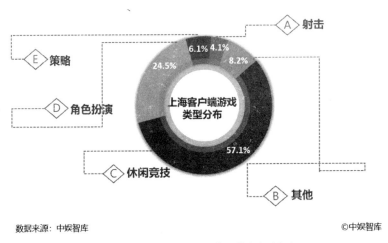

数据来源：中娱智库　　　　　　　　　　　　　　　　　　　　　©中娱智库

**图 10　2017 年上海新品客户端游戏类型分布**

（1）休闲竞技类游戏占有较大比重，玩法种类丰富。其中，地方棋牌类占比较高，上海的游戏厂商针对地方棋牌游戏用户，努力把握游戏偏好和熟人社交需求，研发游戏的差异化产品。

（2）其他新品游戏类型规模小，种类多，紧随市场热点。例如，新品游戏中有契合电子竞技元素热点的 MOBA 类和射击类游戏，也有广受关注的沙盒类游戏，例如《妖不怪城》以挖搭方块为基础操作，提供高自由度的建筑搭建玩法。

（3）客户端游戏研发商以中小厂商为主。这与近年来上海大型厂商的业务重心普遍向移动端转移有关。此外，大型厂商在代理发行、运营自有成功作品方面有较大优势。相对而言，专注客户端游戏的中小厂商的市场空间增大。

（4）2017 年，上海出口的新品游戏未能跻身上海客户端游戏热搜指数 TOP10。上海游戏厂商的经典游戏起步早，品质高，长线运营能力强，仍保持着较强市场竞争力。自主研发或发行的部分新品游戏在细分市场表现良好，但在受大众欢迎程度方面有待提高。榜单指数的固化倾向也反映了头部作品和渠道对市场的影响力进一步加大,中小厂商作品的市场份额进一步压缩。

**2017 年上海客户端游戏热度指数 TOP10**

| 游 戏 名 称 | 发行商/开发商 |
|---|---|
| 冒险岛 | 盛大游戏 |
| 龙之谷 | 盛大游戏 |
| 传奇世界 | 盛大游戏 |
| 泡泡堂 | 盛大游戏 |
| 热血传奇 | 盛大游戏 |
| 征途 2 | 巨人网络 |
| 火源计划 | 英佩游戏 |
| 全球使命 3 | 英佩游戏 |
| 权御天下 | 绿岸网络 |
| 300 英雄 | 上海跳跃 |

注:均为上榜过 2017 年热度指数前 50 的上海客户端游戏。

数据来源:百度、中娱智库        ⓒ 中娱智库

**图 11 2017 年上海客户端游戏热度指数 TOP10**

### (二)移动网络游戏:推动高速增长

1. 市场总体情况

2017 年,上海移动网络游戏总产值为 253.9 亿元,同比增长 99.5%,占上海网络游戏产值的 44.6%。上海游戏厂商凭借多年积累的研发经验和渠道优势,继续保持移动游戏业务的高速增长。

2. 热门玩法与 IP 分布

2017 年,上海网络游戏企业文化部国产游戏备案新品游戏约 831 款,占上海备案网络游戏总量的 92.6%[①],约 15 款上海新品移动网络游戏曾跻身苹果应用商店畅销榜 TOP20,反映了市场对上海游戏品质和玩法的认可。畅销新品有如下特点:

———————————

① 数据来源:根据文化部有关数据资料整理。

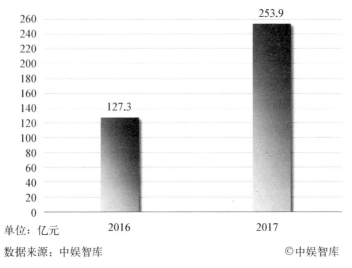

单位:亿元

数据来源:中娱智库　　　　　　　　　　　　　©中娱智库

**图 12　2016—2017 年上海移动网络游戏产值规模**

(1)角色扮演类游戏仍占主要市场份额,模拟经营类游戏异军突起。2017 年,上海畅销移动网络游戏中,角色扮演类、策略类、模拟经营类、卡牌类、动作类依次占比 53.3%、20.0%、6.7%、13.3%、6.7%。

角色扮演类游戏的受众广、付费方式及技术较成熟,因此在新品中有较高比重,例如《吞天记》《古龙群侠传 2》等;模拟经营在国内市场精品游戏较少,

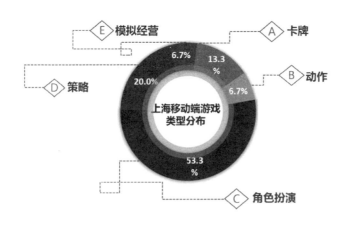

数据来源:中娱智库　　　　　　　　　　　　　©中娱智库

**图 13　2017 年上海畅销新品移动游戏类型分布**

《大富豪3》有效填补市场空白,在垂直领域表现出色;此外,策略、卡牌品类的市场份额波动较小。

(2)上海畅销新品含 IP 比例达 73.3%,继续保持全国领先地位。随着移动网络游戏数量的剧增,含 IP 产品有利于增加辨识度,吸引原 IP 粉丝流量。上海游戏企业除了引进外部 IP,还致力于经营自身品牌,在 IP 游戏研发运营方面有较为成熟的经验。

(3)热门 IP 分布重新洗牌,游戏和文学 IP 所占的份额增加,动漫 IP 所占的份额减少。2017 年,游戏 IP 所占份额由 23.0%增至 40.0%;文学 IP 所占份额由 15.0%增至 30.0%;动漫 IP 所占份额由 31.0%降至 10.0%。

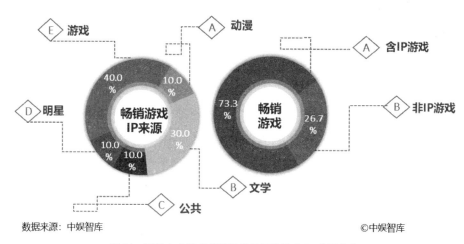

数据来源:中娱智库                    ©中娱智库

**图 14    2017 年上海畅销新品移动网络游戏 IP 来源分布**

热门 IP 分布波动主要原因为:第一,游戏 IP 的粉丝转换率比较高,此外,公司开发已成功游戏的系列续作,能有效降低 IP 费用且有利于整合新老游戏玩家资源;第二,长篇小说的剧情丰富,人物性格饱满,适合改编成主流的角色扮演游戏;第三,游戏改编动漫 IP 以日本动漫为主,近年来,日本知名动漫 IP基本都被开发成多款游戏,IP 价值有所稀释,因此份额回落较为明显。

3. 畅销游戏特点

2017 年,上海新品畅销移动网络游戏在技术创新、IP 联动、二次元细分市场等方面都有较为出色的市场表现。具体特点如下：

（1）微端 H5 游戏厚积薄发。三七互娱的《大天使之剑 H5》凭借成熟的 H5 技术和原始 IP 的玩家积累,长期占据苹果应用商店畅销榜 TOP5,游戏通过网页端与移动端数据互联,整合了玩家资源;H5 技术大幅压缩了游戏所需的手机内存和联网流量,降低游戏门槛。

（2）IP 联动形式更加丰富。上海厂商积极从多角度挖掘 IP 价值。例如,云蟾网络改编自客户端游戏 IP 的《蜀门手游》,根据自身特点与电影《奇门遁甲》影游联动;塔人网络的《奇迹:最强者》则有效整合"奇迹 MU"IP 和客户端游戏的玩家;骏梦网络的《古龙群侠传 2》集合了古龙武侠系列的多名人气角色,剧情更加饱满;由 DeNA 中国研发的《NBA 梦之队 3》的 NBA 正版 IP 助力体育竞技游戏跻身畅销榜。

（3）二次元游戏受众群体不断扩大。例如,盛大游戏的《神无月》与二次元经典形象"初音未来"IP 联动,有效提高游戏知名度,其优良品质也得到了玩家的广泛认可;绿岸网络的二次元游戏《舰姬》结合了策略竞技和恋爱养成等玩法,丰富了游戏的玩法,大幅延长游戏寿命。

**2017 年畅销上海新品移动网络游戏**

| 游戏名称 | 发行商/开发商 | 游戏名称 | 发行商/开发商 |
|---|---|---|---|
| 蜀门手游 | 云蟾网络 | NBA 梦之队 3 | DeNA |
| 大天使之剑 H5 | 三七互娱 | 舰姬 | 绿岸网络 |
| 奇迹:最强者 | 塔人网络 | 神无月 | 盛大 |
| 古龙群侠传 2 | 骏梦网络 | 航海王激战 | 奥飞游戏 |
| 吞天记 | 上海赤月 | 斗罗大陆 | 旭梅游戏 |
| 战舰猎手 | 鲸歌游戏 | 无敌 OL | 黑桃互动 |
| 修仙无双 | 汇娱网络 | 仙境传说 RO | 心动网络 |
| 大富豪 3 | 上海要娱 | | |
| 注:均为 2017 年上榜过 IOS 畅销榜前二十的上海自研新品移动网络游戏。 | | | |
| 数据来源:中娱智库 | | | ⓒ 中娱智库 |

图 15　2017 年畅销上海新品移动网络游戏

## （三）网页游戏：在盘整中坚持

### 1. 市场总体情况

2017 年,上海网页游戏产值为 127.0 亿元,同比下降 13.7%,占上海网络游戏总产值的 22.3%。2017 年,全国网页游戏市场产值开始下滑,老用户持续被移动端产品分流,新用户增量不断减少,少数头部游戏获得市场主要份额。

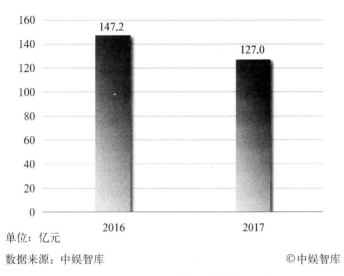

单位：亿元

数据来源：中娱智库                                    ©中娱智库

**图 16    2016—2017 年上海网页游戏产值规模**

### 2. 产品特点

2017 年,在全国开服数 TOP20 的网页游戏企业中,位于上海的企业占比 23.8%,上海备案新品自研网页游戏达 41 款,占上海备案网络游戏的 4.6%。因为在网页游戏领域,每个服务器所能容纳人数是有上限的,玩家人满后(超过 90%)就会加开新的服务器,因此游戏企业开服数的数量可以显示玩游戏的人数,也代表了该企业所占的市场份额。上海中小页游厂商研发新品的能力较强,在市场整体产值下滑的大环境下,上海在网页游戏行业的重要地位更加明显。产品具体特点如下:

（1）上海网页游戏整体规模下降,头部产品保持领先。2017 年,开服数

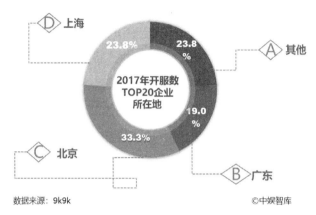

数据来源：9k9k　　　　　　　　　　　©中娱智库

**图17　2017年全国主要网页游戏企业地区分布**

TOP10网页游戏中，上海产品占比保持50%。恺英网络通过对盛和网络的并购，将《蓝月传奇》《传奇世界》等畅销游戏归入旗下，增强了上海头部产品的实力，上海的传统网页游戏企业将重心向移动端和海外发行转移，拉低了整体规模。

（2）新品网页游戏人气积累速度放缓，畅销游戏以非新品游戏为主。例如，游族网络的《射雕英雄传》口碑良好，曾跻身季度畅销榜。但由于宏观环境

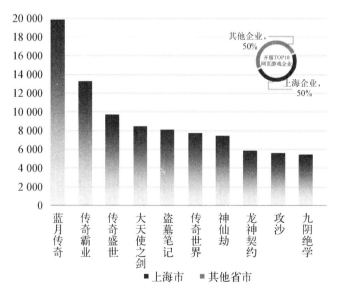

数据来源：9k9k、中娱智库　　　　　　　　©中娱智库

**图18　2017年网页游戏开服TOP10厂商分布**

的变化,导致网页游戏用户增量整体较低,在争取用户方面付出的成本更高,新游戏用户积累速度远低于去年同期。

（3）上海新品网页游戏题材分布更加均匀,产品更加多元。这使得上海的新品网页游戏可以比较灵活地面对市场的各类需求。其中占比最高的奇幻类、魔幻类、历史类比重分别为 19.6%、19.6%、17.9%。

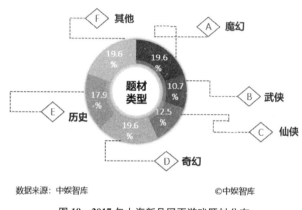

数据来源: 中娱智库                    ©中娱智库

**图 19　2017 年上海新品网页游戏题材分布**

## （四）主机游戏：有待市场升级

### 1. 市场总体情况

中国主机游戏市场起步较晚,2014 年国务院颁布《国务院关于在中国(上海)自由贸易试验区内暂时调整有关行政法规和国务院文件规定的行政审批或者准入特别管理措施的决定》。其中第 32 条明确指出,在上海自贸区内"允许外资企业从事游戏游艺设备的生产和销售,通过文化主管部门内容审查的游戏游艺设备可面向国内市场销售。"至此,长达 13 年的所谓"游戏主机禁令",宣告解除。中国的主机游戏市场自此逐渐开放。2015 年,《关于推广中国(上海)自有贸易区可复制改革试点经验的通知》颁布,微软、索尼等主机游戏厂商通过上海自贸区内与中方公司联合注册公司的方式进入中国,上海也成为中国主机游戏的前沿。2017 年,家用游戏机(包括配套游戏消费)产值约为 38.8 亿元,同比增长 15.1%,家用游戏机全年销量约为 89.0 万台,同比增长 12.0%。但结合中国家用游戏机市场实际情况,除了未正式进入中国大陆的任天堂旗下的主机外,已推出大陆地区发行版的索尼、微软等厂商旗下的主机,在中国大陆等均存在相当数量的未纳入统计范畴的产品,例如通过"代购"等渠道获得的"港版"、"日版"、"美版"等非大陆地区发行版的主机。当前,中国市场的国产主机游戏在中低端市场表现良好,例如"小霸王"等产品在电商平台上有较高销量。但是,中高端主机游戏市场仍被进口产品占据,主要厂商为索尼、微软、任天堂。它们除了拥有优良的主机硬件质量外,通过平台发布的精品游戏也发挥了较大的作用。

2. 产品特点

2017 年,中国的人气主机游戏的上线平台基本归属于索尼、微软、任天堂等三家主机平台,进一步增加中国玩家数量。例如,《塞尔达传说：荒野之息》做工优良,获得了游戏界权威奖项 TGA 包括"年度最佳游戏"的多项大奖,《塞尔达传说：荒野之息》作为任天堂自研和独占游戏,直接带动了 Switch 在中国玩家间的拥有量。

**2017 年中国人气新品主机游戏 TOP10**

| 名　　称 | 平　　台 | 类　　型 | 国区开放情况 |
|---|---|---|---|
| 塞尔达传说：荒野之息 | WiiU Switch | 动作角色扮演 | 否 |
| 绝地求生 | Xbox Steam | 射击 | 是 |
| 尼尔：机械纪元 | PS4 Steam | 动作 | 否 |
| 勇者斗恶龙 11：寻觅逝去的时光 | PS4 3DS Switch | 角色扮演 | 否 |
| 地平线：黎明时分 | PS4 | 动作 | 是 |
| 火焰之纹章 回声：另一位英雄王 | 3DS | 策略角色扮演 | 否 |
| 仁王 | PS4 | 动作 | 否 |
| 生化危机 7 | PS4 Xbox Steam | 冒险 | 否 |
| 黑暗之魂 3：灭火版 | PS4 Xbox Steam | 动作角色扮演 | 否 |
| GT Sport | PS4 | 竞速 | 是 |
| 备注：根据中国相关玩家论坛统计整理。 | | | ⓒ 中娱智库 |

**图 20　2017 年中国人气新品主机游戏 TOP10**

目前,单款热门主机游戏的百度贴吧用户规模均在百万量级,主机游戏在中国市场仍有较高发展潜力。随着 PS4、XB1、Switch 平台简体中文版游戏的增加,以及厂商开始投放针对中国大陆玩家的营销广告,主机巨头更加重视中国主机市场。国产主机游戏厂商在中高端市场也将面临更大的挑战和更加激烈的竞争。

3. 代表性产品

(1)微端 H5 游戏《大天使之剑 H5》

《大天使之剑 H5》由极光网络研发,三七互娱发行,是由奇迹 MU 正版授权的微端 H5 游戏。《大天使之剑 H5》凭借成熟的 H5 技术和原始 IP 的玩家积累,在公测 24 天之际斩获流水破亿的佳绩,多次跻身苹果应用商店畅销榜 TOP5,入选 2017 第十五届中国互联网经济论坛评选的"2017 年度最佳 H5 游戏",开启了微端 H5 游戏的新时代。

它有效继承了网页游戏《大天使之剑》的角色扮演放置类游戏设定,相比前作 H5 游戏,层次更加丰富,综合神装加成、BOSS 刷新、多类型副本闯关和竞技场精英挑战等多种玩法,重现了勇者大陆、天空之城、冰风谷等经典地图以及经典职业,玩家的体验更加多维。《大天使之剑 H5》游戏通过网页端与移动端数据互联,整合了玩家资源;H5 技术大幅压缩了游戏所需的手机内存和联网流量,降低了游戏门槛,引领了微端游戏的风潮。

(2)高自由度仙侠游戏《天之禁 2》

《天之禁 2》由绿岸网络自主研发,在大型多人在线角色扮演玩法类型中,融入 MOBA、沙盒战略等多种玩法,大幅提高玩家游戏自由度和游戏可玩性,背景剧情饱满,职业设置综合了平衡性和趣味性。

随着移动网络游戏市场份额的提升以及老牌人气客户端游戏地位的巩固,新品游戏想要脱颖而出,更需要创新玩法,打造精品。例如,《天之禁 2》"土无定主、寸土必争"的沙盘战略对抗玩法为玩家提供了更多的选择空间;《天之禁 2》聘请《战狼 2》的分镜师把握游戏画面,带给了玩家更好的游戏体验。2018 年初,《天之禁 2》的官方论坛发帖量接近 2 万,会员数量超过 7 000,作为国产新品仙侠客户端游戏已属佳绩。

### （3）国产独立游戏《ICEY》

《ICEY》由幻刃网络研发，心动网络发行，是一款横版动作游戏，并有旁白指示，在战斗中发掘游戏中世界的真相，经典游戏梗和旁白元素的加入提升了游戏趣味性，使得游戏更加有区分度。《ICEY》作为国产独立游戏先后在Steam、PS4上线，移动版的购买量级达到70万，并预计2018年上线任天堂旗下产品。《ICEY》在东京电玩展、科隆电玩展等国际性大型游戏会展上屡创佳绩，提升了国产独立游戏的形象。

# 五、电竞运动

## （一）优化电竞市场生态

近年来，中国的电竞产业生态日趋完善，其中赛事的主办方多为游戏厂商，进口游戏的电竞赛事多由国内代理方主办。随着中国电竞市场发展，进口游戏的原厂商开始倾向收回主办权，电竞赛事的赞助方也由传统的电子设备外设厂商向快销品、耐用消费品等行业扩展。得益于中国电竞市场的繁荣，中国电竞赛事的承办团队经验日趋丰富，电竞内容制作水平具备国际竞争力，电竞场馆在硬件设备方面居于世界领先水平。

2017年，王者荣耀职业电竞联盟成立，制定了收入分享、工资帽、转会制度、三方经纪模式、职业化培训、内容联合出品等一系列规则，有效规范俱乐部和选手的行为，有利于赛事的健康发展。此外，经纪公司可以深度挖掘选手价值；电竞媒体除了宣传赛事，在经营玩家社群等多方面均有重要作用。

电竞赛事观众与电竞游戏玩家高度重合，电竞赛事的举办有利于维持玩家活跃度，随着电竞赛事观赏度的提高，"不玩只看"群体占总体的比例将会有所提高。区别于传统体育赛事，中国电竞赛事现阶段以宣传游戏、维持玩家活跃度为主要目标，赛事项目本身多存在经济亏损，但随着电竞赛事规模的扩大和商业模式的成熟，长远来看，电竞赛事有望实现净盈利。

在中国电竞产业发展初期，上海除了有经济发展领先、地理和网络条件便于参与国际赛事等诸多客观优势外，还聚集了游戏风云、七煌电竞、SCNTV、

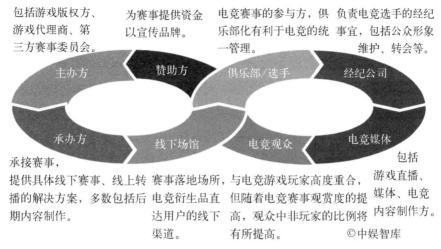

包括游戏版权方、游戏代理商、第三方赛事委员会。

为赛事提供资金以宣传品牌。

电竞赛事的参与方，俱乐部化有利于电竞的统一管理。

负责电竞选手的经纪事宜，包括公众形象维护、转会等。

主办方
赞助方
俱乐部/选手
经纪公司
承办方
线下场馆
电竞观众
电竞媒体

承接赛事，提供具体线下赛事、线上转播的解决方案，多数包括后期内容制作。

赛事落地场所，电竞衍生品直达用户的线下渠道。

与电竞游戏玩家高度重合，但随着电竞赛事观赏度的提高，观众中非玩家的比例将有所提高。

包括游戏直播、媒体、电竞内容制作方。

©中娱智库

**图21　中国电竞生态圈**

NEOTV 等富有号召力的电竞企业,早期电竞产业链已经遍及电竞游戏内容提供、电竞游戏媒体、战队运营、电竞场馆、电竞内容制作等多领域,为日后电竞产业的高速发展奠定了基础;随着 ACE 联盟,前期有较大影响力的 WPC 联赛的组织者,落户上海,其他地区电竞俱乐部向上海迁移的趋势显著,上海逐渐发展成全国电竞俱乐部的聚集地。当前,上海电竞企业数量不断增加,电竞生态日趋完善,电竞产业发展呈现分工专业化和企业跨界资源整合的双重趋势。

## （二）完善电竞产业链条

上海的电竞产业链条比较完善,集聚了各种业态的电竞企业,覆盖了电竞行业的各个领域。它们主要包括:

1. 第三方赛事承办公司:VSPN

VSPN 的总部设于上海,由国内数家电竞内容制作商联合创办,是一家以电竞赛事和电竞泛娱乐内容运营为核心业务的互联网体育及文化传媒企业。VSPN 是国内顶级电竞赛事承办方,也是世界顶级移动电竞赛事承办方,核心团队主导并成功承办或举办了 KPL、CFPL、LPL、CLO、BPL、HPL、DNF、FSL、

IGL、TGA 等众多知名电竞赛事,运营能力受到国内外主办方和电竞观众的认可。此外,VSPN 拥有高标准自建电竞赛事场馆、第一辆电子竞技赛事专用 4K 转播车,确保了赛事承办质量。VSPN 同时是领先的电竞内容制作企业,团队核心成员曾成功制作《Lying Man》、《加油! DOTA》、《火线兄弟》等电竞节目。

2. 电竞场馆: 竞界

上海竞界电竞体验中心是中国首家综合性自主品牌电竞中心。该电竞中心内包含传统电子竞技区域及 VR 电竞内容和移动电竞板块,内设专用赛事训练中心、赛事演艺中心,能够有效承接中小型电竞赛事,同时兼顾了赛事空档期的日常运营。2017 年,竞界累计承接 150 场比赛及相关电竞活动,赛事线上直播的在线人数峰值达 200 万。除了作为电竞赛事落地场馆,竞界的赛事承办团队经验也在不断丰富,不断提高赛事策划及执行能力,助力了竞界的多维发展。

3. 电竞媒体: 虎扑电竞

2017 年初成立的虎扑电竞致力于做中国最专业的电竞媒体,虎扑电竞依托虎扑社区的千万级用户资源,在赛事宣传、玩家运营、舆情洞察方面有较大优势。虎扑电竞积极推动大型电竞赛事,作为 2017 年 LPL 和 KPL 的官方媒体,提供了比较全面的电竞报道。它的内容着重关注选手比赛成绩和赛事竞技特征,有效树立了虎扑电竞报道的公信力。

4. 电竞媒体: 战旗 TV

战旗 TV 于 2014 年成立,由浙报传媒打造、直属于杭州边锋网络技术有限公司,是一家以游戏直播为主体,涵盖综艺、娱乐等多类目的直播平台。战旗 TV 除了赛事直播和日常游戏主播,还发力电竞内容制作,旗下作品《Lying Man》以"狼人杀"玩法为核心,邀请多位知名游戏主播参与竞技,是第一个电竞真人秀节目,自 2015 年上线起,一直受到市场欢迎,第七季单期正片视频在战旗 TV 的播放量已超过 10 万。

5. 电竞经纪公司: 香蕉计划

上海香蕉计划文化发展有限公司于 2015 年 6 月在上海成立。营业范围包括电子竞技行业(赛事项目、线上平台运营、传媒等)和娱乐营销行业(艺人、明星代言、广告及移动互联网营销等),同时也涉足体育、影视、音乐行业,正发展成为多元化、国际化、年轻化的泛娱乐文化平台。

### (三)汇聚优质电竞赛事

上海作为全球电竞之都,有着先天的优势。由于上海拥有大量优秀的适合举办电竞赛事的场馆以及一大批电子竞技优秀俱乐部,每年在上海举办的各种规格的电子竞技赛事多达百余场。据笔者不完全统计,2017年上海就举办了如下具有一定影响力的电子竞技赛事:比如:2017年1月,由GMGC、同信互娱、游戏风云等国内外知名机构共同推出的全球电子竞技大赛(WECG)正式启动;《球球大作战》全球总决赛暨年终盛典在上海东方体育中心举办;2017年4月,由Supercell主办、VSPN承办的《皇室战争》传奇公开赛第二赛季总决赛在VSPN的上海演播厅举办;2017年5月,《炉石传说》中欧对抗赛在上海天宴举办;2017年6月,NSL2016—2017总决赛在上海暴雪游戏电竞馆圆满落幕;2017年7月,KPL《王者荣耀》职业联赛春季赛总决赛在上海东方体育中心举办;2017年8月,《守望先锋》单挑王第二季总决赛在上海VSPN演播厅举办;LPL《英雄联盟》夏季赛季后赛在上海正大广场举办;2017年9月,首届中国足球电竞联赛(CEFL)在上海正大广场举办,实现电竞与足球的跨界联动;2017年10月,《英雄联盟》全球总决赛的半决赛在上海东方体育中心举办;2017年12月,由腾讯主办、VSPN承办的KPL《王者荣耀》秋季赛总决赛首次在传统电视台同步直播,是移动电竞与传统电视大屏的首次深度合作。

# 六、面向未来的思考与对策

## (一)面对人口结构变化,培育优良市场生态

近年来,我国游戏的人口红利和互联网红利逐步减弱,中国网络游戏产业基本迈入存量市场。随着海外游戏市场竞争日趋激烈,海外游戏的人口和互联网红利也逐渐下滑,未来,上海网络游戏产业增速有放缓可能。有鉴于此,上海网络游戏行业的企业,可以将未来挖掘玩家市场的重点,逐渐往中老年人

群倾斜,努力开发适合中老年消费群体的益智、休闲、科普类游戏产品,以扩大市场空间。

## (二)面对产业升级压力,发挥技术创新活力

新技术的应用往往带来新的行业热点,例如,2017 年年末的《大天使之剑H5》引领了微端游戏的风潮;虚拟现实和人工智能技术的成熟也为网络游戏带来新机遇,例如,恺英网络联合大朋 VR 于 2016 年年末推出 VRonline 平台,为开发者提供了完善的开发工具和文档知识库,推动了 2017 年中国 VR 游戏的研发,促进了自有 VR 生态的构建;此外,上海厂商的全球化布局汇聚了全球的优秀游戏人才,在运用新技术方面有较大优势。

上海网络游戏产业的企业应当密切关注前沿技术的发展,把握新技术给网络游戏产品带来的革命性变化。应该高度关注 5G 进入大规模商业应用之后,整个游戏市场产品的升级换代潮流。上海网络游戏企业应当抓住这一宝贵时机,推动游戏产品的升级换代。

## (三)面对国际化的竞争,加强全球性的布局

随着海外市场竞争日趋激烈,上海大型厂商的全球化进程将进一步加速。例如,游族网络在汉堡、浦那、印度等地开设分支机构,收购游戏公司 Bigpoint、移动开发者服务平台 Mob 等企业,多角度推进全球化战略;恺英网络投资 VR企业 Sphericam,深耕虚拟现实技术;巨人网络收购社交游戏公司 Alpha,加强优质游戏供应。上海游戏市场的国际化趋势更加明显,上海厂商的研发和发行实力也得到世界范围的认可。

2018 年在国家鼓励中华文化走向世界的方针推动下,国内游戏企业积极寻求海外合作的步伐逐步加快。有实力的网络游戏企业,应当将下阶段的拓展重点放在努力发掘海外市场上,让中国的网络游戏以更大的规模走向世界。

## (四)面对专业人才缺口,大力培育人才资源

网络游戏行业发展日新月异,分工日趋高度专业化,企业对专业人才的需

求不断扩大。但人才的培养和成长皆需要较长周期,人才断层隐患显现。上海游戏市场规模大、种类多、直面国际竞争,受人才短缺的影响更加明显。上海网络游戏产业要进一步加强校企合作、企业管培、全球化招聘等方式,为下一阶段的发展培养、吸引、储备更多的专业人才。

# 8

# 创新与未来
——上海文创特展产业发展研究

上海市会展行业协会

上海交大—南加州大学文化创意产业学院

上海文创特展研究中心[*]

内容提要　随着上海展览业的不断发展,以文化创意为核心的特展(简称"文创特展")孕育而生,并继影视、演出和出版之后,逐渐成为引领文化消费的新风尚和新的文化产业形态。从宏观角度看,不同于其他类型的特展,文创特展在策展目标、主题、内容、形式和价值方面都具有鲜明的特点。本文在文献研究的基础上,对文创特展的由来、概念和内涵做出客观的诠释;重点采用文本挖掘和数据分析等

*　本文由上海市会展行业协会、上海交大—南加州大学文化创意产业学院、上海文创特展研究中心组成的研究团队联合研究与撰写。上海文创特展研究中心是由上海市会展行业协会、上海交大—南加州大学文化创意产业学院在 2018 年 1 月 19 日联合成立的研究机构。在本文的研究和撰写工作中,陈先进、花建、季路德、姜进章、许润禾、贾布等专家提供了意见和建议,谨此感谢他们的贡献,也感谢上海文创特展研究中心山峰博士对本文的执笔撰稿工作。

方法,根据摩天轮演出票务网提供的数据,对 2018 年前 3 季度上海文创特展的发展业态进行梳理;并结合案例分析,总结归纳上海文创特展的主要特点,以此提出对未来上海文创特展发展的思考和建议。

关 键 词　文创特展　文化创意产业　创意经济　产业发展

# 一、文创特展的由来、界定与内涵

近年来,随着上海各种形式主题展、艺术展和展演活动的推陈出新,围绕文化创意所展开的特展(简称"文创特展")越来越引起社会的广泛关注,由文创特展所营造的独特氛围也成为新一代都市文化的标志和象征。在继影视、演出和出版之后,文创特展成为引领城市文化消费升级的重要力量。

## (一) 文创特展的由来

在经济全球化背景下,以创造力为核心的文化创意产业(Cultural and Creative Industry)已不仅仅只是一个理念,而是推动社会文化经济增长的关键战略和强大引擎。其中,各类体现文创精神和内涵的主题展(Thematic Exhibition)逐渐成为一支重要的力量。主题展源于博物馆的常设展(Permanent Exhibition)(Belcher 1991)[①],自 80 年代新博物馆学运动[②]之后,为了扩展新的观展受众,博物馆在原有常设展基础上推出了内容更新更快,且展期更短的主题展,从业者习惯称之为临时展(Temporary Exhibition)。然而值得

---

① Belcher M, *Exhibitions in museums*, Smithsonian Institution Press, 1991. p 158.
② 新博物馆学运动是博物馆学中的一个学派,于 1972 年在智利首都圣地亚哥成立。该运动旨在倡导扩大博物馆功能,深入社会为社区和特定的群体服务,从而使博物馆反映社会历史的演变。该运动促进了一些国家生态博物馆和民族地区博物馆的出现,推动了生态博物馆社区化和大众化的进程。

注意的是,并非所有的临时展都隶属于特展的范畴,只有那些经过策展人特别策划的临时展才被称为特展(Feature Exhibition)(G. Ellis Burcaw 2011)①。此后,特展和常设展的概念逐渐形成,作为展览中的特殊门类,特展以其独具魅力的主题内容和商业运作,吸引专业观众和爱好者的参与。不仅如此,学者们普遍认为特展在举办目的、受众人群、活动策划、运营模式、展出时间和地点等多个环节上具有一定的特殊性,在有效拓展新的受众群体的同时,可以培育、形成和促进文化新消费(荣跃明 花建 2018)②。因此,特展被进一步界定为"在文化创意相关领域中,以普通公众为目标观众,策划特定主题,由主办方组织展览内容与整合各类产业资源,以门票、衍生品和赞助为主要盈利模式,通过巡展和异业合作的运营模式,在一定场所内举办的有时间期限的展览"(贾布 2015)③。

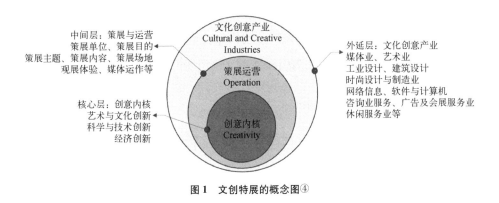

**图1 文创特展的概念图**④

## (二)文创特展的界定和内涵

根据上述有关特展历史形成的梳理,我们不难发现,不论是何种类型的特展,都离不开特定的行业背景、策展单位的商业运作、灵活多样的主题内容和

---

① G. Ellis Burcaw:《新博物馆学手册》,重庆大学出版社 2011 版,第 159—160 页。
② 荣跃明、花建:《上海文化产业发展报告(2018)》,上海人民出版社 2018 版,第 193 页。
③ 贾布:《特展时代 2.0:上海特展产业研究 2014—2015》,同济大学出版社 2015 版,第 22 页。
④ 本图表由本文作者设计和绘制。

创意表现,文创产业中的特展更是如此。因此,我们将从文创特展(Cultural and Creative Feature Exhibition)所涉及的行业界定、创意与文化内核、策展运营三个方面对文创特展做出概念界定和分类标准。

### 1. 文创特展的行业界定

文化创意产业最早源于 1998 年《英国创意产业路径文件》中对创意产业(Creative Industry)的定义,是指依靠人的智慧、技能和天赋,借助高科技对文化资源进行创造与提升,通过知识产权的开发和运用,产生高附加值产品以及具有创造财富和就业潜力的产业。在此基础上,联合国教科文组织提出了文化创意产业(Cultural and Creative Industry)包含文化产品、文化服务与智能产权三项内容。由此,我国《产业结构调整方向暂行规定》中将文化创意产业界定为价值链高端的、富有高新技术和(或)文化内涵的行业的总合。根据这一要求,上海结合自身经济发展现状及产业发展特点,将上海市文化创意产业划分为五大重点发展行业:研发设计创意、建筑设计创意、文化艺术创意、时尚消费创意和咨询策划创意,并在 2017 年 12 月发布了《关于加快本市文化创意产业创新发展的若干意见》(简称"文创 50 条")[1],进一步明确为媒体业、艺术业、工业设计、建筑设计、时尚设计与制造业、网络信息、软件与计算机、咨询服务业、广告及会展服务业和休闲服务业的 10 大文创发展行业,文创特展则是我国文化创意产业的重要分支。

### 2. 文创特展的文化与创意内核

文化创意产业的核心在于人的创造力以及最大限度地发挥人的创造力。所谓创意(Creativity)是指一种融合创新意识和创造能力的表现形式(Smith 2005)[2],创代表了创新和创造,意代表了意识和观念,由创意激发出来的差异性和个性化是文化创意产业的根基和生命。联合国贸易和发展会议于 2008 年进一步明确了有关创意的主要特征:即以技术创造力(Technological

---

① 市政府新闻发布会介绍新出台的《关于加快上海文化创意产业创新发展的若干意见》相关情况,载上海市人民政府网 http://www.shanghai.gov.cn/nw2/nw2314/nw2315/nw38613/u21aw1274961.html,2017 年 12 月 15 日。

② Smith, G. J. W, *How Should Creativity Be Defined*, Creativity Research Journal, 2005, p 293.

Creativity）为核心的艺术/文化创造力（Artistic/Cultural Creativity）、科学创造力（Scientific Creativity）和经济创造力（Economic Creativity）（Sternberg 1999）①。因此，文创特展从展览目的、主题设定、内容组织、表现形式和社会价值等方面，都需包含文化与创意的精神内核，即以文创特展为传播媒介，倡导新的文化消费理念，挖掘新的主题内容，融入新的科技手段，拓展新的呈现方式，从而创造新的经济与社会价值。因此，作为未来新一代的大众传播媒介，那些具有文化创意的主题内容、体现创新科技与文化价值、有助于促进社会转型发展的特展才能称得上是高品质的文创特展。

3. 文创特展的商业运营

为了实现上述目标，体现文创特展的独特魅力，展览十分强调对策展团队、策展目的、策展理念、策展主题和策展流程的引入。策展（Curation）从早期艺术展览活动中单纯的组织和管理功能，逐渐扩大到项目策划、创意构思、主题遴选、资源整合（资金筹措、挑选场地、营销渠道和媒体公关等）和布展运营等现代策展职能（叶尔米拉 2015）②。由于每一场特展都有不同的思维模式、展品呈现与组织方式等特征，所以策展团队对展览活动的运营起到了举足轻重的作用，以国内外多项成功策展为例，仅策展的思维模式就可分为：以时代性议题为代表的主题展、以艺术表现语言为划分的专题展、以时间发展脉络为线索的年代展、以叙事逻辑关系为空间的体验展、以综合性艺术与创意为表现的群展等。选择怎样的策展思维模式决定了文创特展的内在逻辑结构、作品风格、陈列空间和展览外在面貌，因此，"一个引人入胜的成功策展，应该是一种极富挑战意义的研究、一个充满梦幻期待的实验或一项足以填补展览史中某一空白的创造发明"（侯春燕 2015）③。

综上所述，我们认为文创特展从广义上，是指在我国文化创意产业的行业

---

① Sternberg, Robert J, *Handbook of creativity*, Cambridge University Press, 1999, p 23 – 34.
② 叶尔米拉：《内容与形式的创造者　文物与观众的桥梁——博物馆策展人职能之探讨》，中国博物馆协会博物馆学专业委员会：《致力于社会可持续发展的博物馆》学术研讨会论文集，2015 年。
③ 侯春燕：《博物馆展陈个性化简论——从〈策展简史〉谈起》，《中国博物馆》2015 年第 1 期。

领域中,为满足公众文化需求,以公益或商业性的形式,开展的具有特定文化艺术、科学技术和经济创新性的展览活动(见图1)。具体而言,狭义的文创特展是指采用特定的产业化运作方式,体现文化创意内涵,包含特定的目标、主题、内容、形式和价值在内的展览形式。如:以门票、衍生品、赞助、巡展和异业合作等运营手段,在一定场地举办的具有时间期限的展览。因此,不同于其他类型的特展,文创特展包含了以下五个方面的显著特点:(1)特展目标:文创特展旨在通过行业组织和各界参与,激发全民乃至全社会对文化与创新的共识;(2)特展主题:文创特展的主题遴选并非广泛意义上的一般主题,而需体现文创产业对包括文化艺术创新、科学技术创新和经济创新在内的创新性要求;(3)特展内容:文创特展的展品内容不仅限于某类具体的实物呈现,更多的是一种具有象征意义的文化符号,借助文字、声音、图像、影像、动画和涂鸦等符号形式传递一种新的形象、思想、理念和发展趋势;(4)特展形式:文创特展更加强调观众在特定空间内的观展体验,不论展览的动线规划、内容的呈现方式、环境的细节设置等,都在不断追求融入科技、文化和艺术的创新体验;(5)特展价值:高质量的文创特展不仅能够提升特展行业的发展活力,还能促进万众创新和社会创造力,对社会未来发展起到引领和驱动作用。由此可见,无论是目标定位,还是主题遴选、内容组织和呈现方式等,文创特展的创新程度越高,其社会价值和意义才能体现得越充分。

## 二、2018 年前 3 季度上海文创特展的发展状况

根据此前文创特展的定义和内涵,本文以摩天轮演出票务网提供的 2018 年前 3 个季度(1 月—9 月)上海展览为例,从不同领域和形态的 594 场展览中,采用 Likert 七点量表,按照特展目标、特展主题、特展内容、特展形式和特展价值 5 个维度进行综合打分,选出了平均值大于 4.0 的 225 场符合标准的文创特展。需要说明的是:对文创特展的界定,在做出了定性研究的前提下,必然有一个定量研究的把握。如果选择以大于 4.0 的平均值进行筛选,可以统计出数量较多的 225 场文创特展;如果选择更高的平均值和更严格的筛选,

则可以统计出数量较少的近 100 场文创特展。在这方面,可以通过后续的研究,做出更为深入的探讨。

本文采用大于 4.0 的平均值进行筛选,统计出 2018 年前 3 季度上海全市 16 个区共举办文创特展 225 场。它们涉及 47 个不同的展出场地。从特展的区域分布来看,浦东新区、黄浦区和徐汇区举办场地最多,分别占比为 30.20%、20.00% 和 16.08%;从涉足的文化创意产业来看,艺术行业占比 40.78%,是文创特展最主要的领域,其余依次为休闲服务占比 18.43%,工业设计占比 9.80% 和网络信息占比 9.41%,此外多个产业合作的特展数量已占到总场次的 30.20%;从文创特展的选址来看,公立专业展馆如上海展览中心、上海博物馆、中华艺术宫和上海世博展览馆等共举办 33.75% 特展项目,另有 25.10% 的特展在上海大悦城、虹桥天地、环球金融中心和万象城等商场内举办,以及 9.41% 特展选择了上海 M50 创意园、越界创意园和八号桥创意园等园区进行;从文创特展的策展内容来看,国内外合作开发主题内容的特展数量最多为 40.39%,其次为采用国内原创主题内容的特展占比 32.94%,以及国外原创主题内容的特展占比为 26.67%,此外,在内容的表现形式方面,相比纯粹的传统展示和新媒体艺术形式,两者相结合的混合式特展尤为突出占比 41.57%。

## (一)策展主题的多元化增长

1 月到 9 月的文创特展数据显示,展览主题的选择、策展理念以及展品遴选方面不仅具有多元化增长的特点,而且在产业合作、内容开发和表现形式上呈现出跨界融合的发展态势。具体而言,在文创特展的产业领域方面,"艺术业"占比最高为 40.78%,其余依次为"休闲服务业"(占比 18.43%)、"工业设计"(占比 9.80%)、"网络信息"(占比 9.41%)、"时尚设计与制造业"(占比 6.67%)和"媒体业"(占比 5.88%)。此外,值得注意的是,文创产业在特展领域出现了 77 场(占比 30.20%)跨界合作的成功案例,如采用"艺术业"和"网络信息"、"工业设计"与"软件与计算机业",以及"媒体业"、"时尚设计与制造业"与"休闲服务业"等合作模式共同开展特展项目(见图 2)。

从文创特展的策展内容来源来看,"国内原创内容开发"比"国外原创内

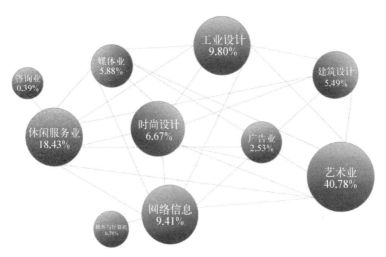

图 2　上海文创特展的跨界合作关系图(社会网络分析图)

容引入"的特展数量略胜一筹,分别占比 32.94% 和 26.67%,而"中外联合开发主题内容"的文创特展则达到了 103 场次,占总展览的 40.39%。由此可见,文创特展在展出内容方面正向着中外融合的态势发展。此外,我们将文创特展的产业领域与内容来源进行比对分析,结果显示,"艺术业"在采用"国内原创内容开发"和"国外原创内容引入"作为策展主题最为突出,分别占比 43.27% 和 36.54%,而在"休闲服务业"则更倾向于"中外联合内容开发"的模式,以满足不同地域消费群体的需求。

（二）特展选址的差异化分布

2018 年前 3 季度上海文创特展的展馆选址涉及 16 个区域,其中,"浦东新区"、"黄浦区"和"徐汇区"的文创特展举办场次最多,分别为 77 场、51 场和 41 场,占比为 30.20%、20.00% 和 16.08%,其余依次为"静安区"(33 场,占比 12.94%)、"闵行区"(15 场,占比 5.88%)和"长宁区"(13 场,占比 5.10%)(见图 3)。

从"产业领域"与"展馆选址"的交叉分析中我们发现,"艺术业"领域的文创特展在"黄浦区"、"徐汇区"和"浦东新区"的展出场次最多,此外,"浦东新区"还承载了大部分的"休闲服务业"和"建筑设计"的文创特展,而"时尚设

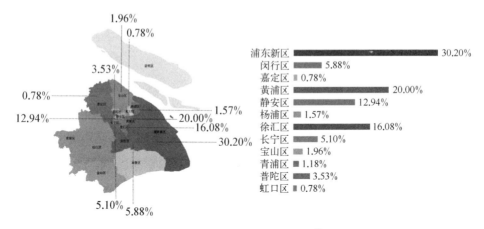

**图 3　上海文创特展的区域分布图①**

计"与"制造业"和"工业设计"的文创特展大多集中在"青浦区"和"徐汇区"。
从文创特展选择的展馆类型来看,63.93%的文创特展选择了专业性展览馆,
其中既包括"公立展览馆"(占比33.73%),也有"民营艺术馆"(占比30.
20%),如上海外滩美术馆、余德耀美术馆、OCAT上海馆、昊美术馆和龙美术馆
等。此外,25.10%选择在"商业综合体"内举办,如环球港、大悦城、万象城、瑞
虹天地、嘉里中心和大丸百货等,另有9.41%展览开设在"文化创意园区",如
M50创意园、外滩111艺术空间、永平里、鑫桥创意产业园等(见图4)。不仅
如此,文创特展行业领域与展馆选址的交叉分析表明,不同于其他展馆,专业
性展览馆仍然受到了大部分文创特展的青睐,例如"艺术业"104场文创特展
选择在专业性展馆办展的占比最高(占比59.61%),其中,"公立展览馆"和

**图 4　上海文创特展的展馆选址**

---

① 本图表由本文作者根据本研究调研数据设计和绘制。

"民营艺术馆"占比相当,分别为30.77%和28.85%,这与参展作品对场馆的特定要求有关,而与此相较,"文化创意园区"并没有在"艺术业"的特展选址上占优势,参与度仅为15.38%。

### （三）观展消费的常态化形成

从图5的文创特展的票价、参观人次与票务收入统计来看,2018年前3季度的频率较为均衡,在50—150元票价区间内,文创特展的举办场次达到了168场,占比最高为65.88%。其中,票价为51—100元之间的特展场次占比为42.35%,票价为101—150元之间的特展场次占比为25.88%,这两类票价特展总的观展人次和票务收入方面达到了73.92%和63.21%,与之相较,票价为0—50元之间的特展场次虽占比也有25.53%,但观众人次和票务收入仅为8.89%和3.97%。由此可见,观展消费的常态化已经形成,低价的门票并不能成为吸引消费者积极参与的因素,在如今追求内容为王的策展活动中,主题内容的创新性、文化性、艺术性才是影响消费者观展决策的核心要素。

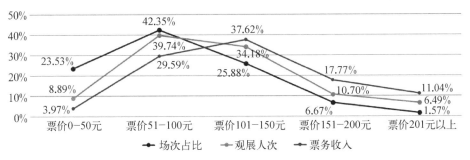

**图5　票价区间与特展场次、观展人次、票务收入的数据分析图①**

图6分别展示了文创特展的主题来源、内容呈现方式对观展人次和票务收入的影响。数据显示,在特展主题内容来源的类目下,有39.66%和42.60%的受众更青睐于"国外原创内容"和"中外联合内容开发",而84场(占比32.94%)"国内原创内容"的特展仅吸引了17.74%的受众。同样,在内容呈现

①　本图表由本文作者根据本研究调研数据设计和绘制。

方式上,以交互媒体、互动装置和虚拟现实技术为支撑的"新媒体艺术形式"得到了37.96%受众的偏爱,传统展示与新媒体艺术相结合的"混合形式"成为48.82%受众的观展选择,两类呈现方式共为文创特展贡献了近85%的票务收入。

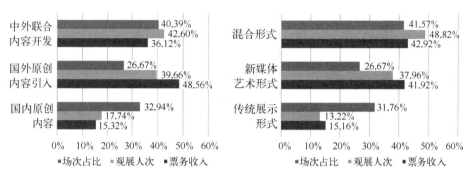

图6 主题来源、内容呈现方式与特展场次、观展人次、票务收入的数据分析图

## (四)策展运营的市场化推进

根据文创产业领域与特展场次、参观人次、票务收入的分析统计(见图7),总体而言,"艺术业"在所有文创产业中表为最为突出,特展场次、参观人次

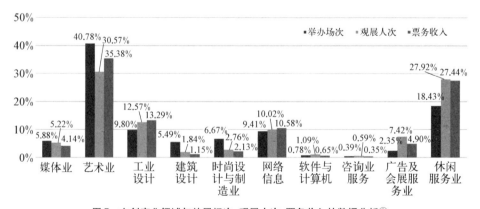

图7 文创产业领域与特展场次、观展人次、票务收入的数据分析①

_____

① 本图表由本文作者根据本研究调研数据设计和绘制。

和票务收入分别占比 40.78%、30.57% 和 35.38%,而在"休闲服务业"领域,虽然特展数量并不多(占比 18.43%),但观展人次和票务收入方面却贡献了近 30% 的比重。由此可见,与受众生活方面的关联性越大,文创特展的市场效应体现就越显著。

此外,通过统计分析文创特展的展出时长与观展人次、票务收入发现(见图8),展出时长在"1—3 个月"的文创特展数量最多为 116 场(占比 45.49%),观展人次占比 59.30%,票务收入占比 41.22%。其次有 38.82% 特展的展出时长集中在"1 个月以内",观展人次占比 15.92%,票务收入占比 41.07%。不仅如此,在展出时间与观展人次、票务收入的关联性研究中,我们发现展出时间的长短与观展人次的多少、票务收入的高低并不存在显著的相关性,换而言之,文创特展的展出时间越长,并不以意味着观展人次和票务收入的同比例增长。

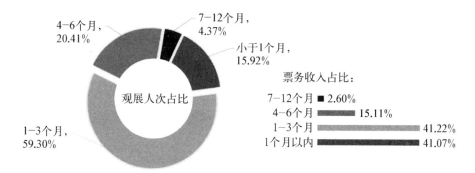

**图8 展出时长与观展人次、票务收入的数据分析图①**

# 三、2018 年上海文创特展的主要特点

## (一)中外跨界合作成为内容开发的新模式

在以内容为王的媒介时代,主题内容的开发与组织始终是文创特展成功

---

① 本图表由本文作者根据本研究调研数据设计和绘制。

举办最为核心的要素。根据 2018 年前 3 季度文创特展的主题与内容分析,从主题内容涉足的行业情况来看,有 30.20%的文创特展采用了跨界合作的模式,文创产业内不同行业之间的彼此渗透正在加剧,行业界限逐渐模糊。此外,国内原创、海外原创引入和中外联合开发共同组成了上海文创特展的主题来源矩阵,其中,"中外联合内容开发"特展占了总展览的 40.39%,而"国内原创内容开发"与"国外原创内容引入"特展数量占比分别为 32.94%和26.67%,不难看出,加强国外和国内的行业合作,联合开发和策划特展主题已经成为文创特展主题遴选的新趋势。

在文创特展行业,海外版权本土化开发、国内版权出口海外、中外联合投资开发项目等是中外联合开发 IP 的主要合作模式。其中,海外版权本土化开发是指中外合作联合开发国际知名 IP,以有效提升中国特展的内容质量及影响力。如由 Sticky Monster Lab(简称 SML)授权在上海静安大悦城举办的"黏黏怪物研究所 Sticky Monster Lab 中国内地首展",将来自韩国设计工作室所设计的新晋网红"黏黏怪物"玩偶形象结合生活化的场景设计作为展览内容,在为期近 2 个月的展览期间吸引了 1.2 万粉丝前往参观。另一种合作模式是由中国公司投资出品,国内或国外公司制作,进行版权的海外策展,这是上海文创特展进军海外市场的重要方式之一。在 7 月举办的"第十四届中国国际动漫游戏博览会"中,浸润于本土文化的原创动漫作品获得了年轻消费者的追捧,显示了它们正在逐步形成较强的国际市场竞争力。除了海外版权本土化开发以及国内版权出口海外,中外联合投资策展也是常见的特展国际合作模式,这种模式是由中国公司出品同时与国外公司联合投资制作,并将特展模式进行全球化策展,以在上海宝龙美术馆举办的"WAVELENGTH:出厂设置—沉浸式艺术体验大展"为例,特展邀请了来自 17 个国家 40 位国内外知名艺术家联合开发特展内容,以视觉艺术、时尚、雕塑和新媒体互动艺术为展品题材,在 3 500 平方米的空间内展出了 60 余组跨领域合作的艺术作品,此外,特展还安排了手工作坊、时尚派对和公教论坛等活动,在展馆中庭的公共空间创作了特定场域装置,并挑选了 40 多个国内外小众品牌和上千件创意产品来丰富参观者的观展体验,从信息发布至布展结束,共计获得了近 6

万人次的在线浏览量①。

### （二）复合功能的文化创意园区有待拓展

从本次上海文创特展的选址结果来看,63.93%特展选择了专业性展览馆,包括"公立展览馆"和"民营艺术馆"（占比 33.73%和 30.20%）,另有 25.10%特展在"商业综合体"展出,但在"文化创意园区"内举办的展览数量占比仅为 9.41%,文化创意园区在文创特展的选址优势尚未得到充分体现。

上海是中国最早建设文化创意园区的城市之一,自从 2004 年上海第一批 18 家创意产业园区挂牌以来,至 2017 年获得上海市经委批准的文化创意产业园区已达到 126 家。从园区主导产业的内涵来看,上海文化创意园区大致可分为四类:一是以视觉设计与设计咨询为主的设计策划类园区,如 8 号桥、西岸创意园、环同济设计创意集聚区等;二是以艺术创作和对外展示为主的艺术展示类园区,如 M50、田子坊、800 艺术区等;三是以数字技术和创新服务为主的技术服务类园区,如张江文化科技创意产业基地、江南智造、天山软件园等;四是以满足受众文化消费需求的休闲娱乐型园区,如上海新天地、泰晤士小镇、同乐坊等。实践证明,作为产业集聚区,上海文化创意园区已逐步形成文化创意的生产—发行—消费的文化产业链,无论是在园区定位、产业模式,还是设施构建和环境氛围等方面,文化创意园区都应该是文创特展布展选址的理想之地。然而,上海文化创意园区在扩张发展规模和提升集聚效应的同时,也出现了一些弊端,如:缺乏战略性的整体规划与有效统筹,园区的文化创意内涵参差不齐,园区个性化和创造力培育不足,高端和复合型文化创意人才数量较少,本土文化创意资源的流失等问题。因此,文创特展与文化创意产业园区的配套融合,将有助于两大产业的优势互补,一方面,文创特展会加强园区在文化艺术的创新、展示和交流,增加园区文化创意的内涵;另一方面,园区本身所凝聚的文化艺术氛围也能为文创特展带来更多的观展人气,扩展文创特

---

① WAVELENGTH:出厂设置—沉浸式艺术体验大展,载豆瓣网 https://www.smzdm.com/p/10440695/,2018 年 8 月 22 日。

展的辐射面和影响力。

以位于莫干山路 50 号的"M50 创意园区"为例,自 2008 年起,创意园区提出以"艺术、创意、生活"为核心价值的品牌建设理念,以创意园为基础,充分利用园区资源聚集的能力和汇集起来的资源,旨在将 M50 创意园打造成融合多种创意艺术形态的聚集地。至今,M50 创意园已进驻了包括英国、法国、意大利、瑞士、加拿大和挪威在内的 17 个国家和地区以及来自国内十多个省市的130 多个时尚艺术、产品设计、建筑空间、影视制作和环境艺术等创意机构。仅2018 年前 3 季度,M50 创意园已举办十余场艺术展览与时尚活动,如:Daydream 白日梦境装置艺术展、中岛英树设计展、电影特效及新媒体艺术展和中西名人手稿真迹展等,以及 M50 艺术季系列活动和年度创意新锐评选活动。

### (三)追求高品质的消费群体不断扩容

上海文创特展票务数据的统计分析表明,受众普遍能接受 150 元以内的票价,观展人次和票务收入总数达到了 82.81% 和 71.19%。门票已不再是影响特展消费的主要原因,而特展主题是否能迎合受众的兴趣点、特展内容是否有新意、观展体验是否理想、特展选址是否交通便利等才是受众考量的要素。文创特展正逐步成为继电影和演出之后,上海市民业余文化消费的又一选择,一种追求高品质文化消费的观展理念正逐步形成。

与此同时,上海市统计局 2017 年人均 GDP 以及消费支出的统计数据显示,全年上海市生产总值为 3.01 万亿,居民人均 GDP12.439 5 万元,人均可支配收入 58 988 元,人均消费支出 39 792 元,分别比 2016 年有 8.6% 和 6.2% 的增长。① 根据美国经济学家霍利斯·钱纳里的观点,当人均 GDP 达到 5 000 美元时,文化消费将快速增长(即钱纳里临界点),当人均 GDP 达到 8 000 美元及以上水平,居民文化消费支出可占到居民消费总支出的 20% 左右。随着上海整体收入水平的提高,消费结构势必会从实物消费、服务消费逐渐向体验消费转变,其核心是通过感官、情感、思考、行动和关联为受众创造值得回忆的愉悦

---

① 2017 年上海市统计数据信息发布,载上海市统计局 http://www.stats-sh.gov.cn/html/sjfb/。

体验。然而仅以上海艺术类博物馆为例,2016 年共计举办了 48 场展览,仅占所有博物馆和纪念馆展览的 11.76%①,因此,上海文创特展的消费市场仍有较大的提升空间。

2018 年 8 月开幕的第十六届中国国际数码互动娱乐展览会(简称 2018ChinaJoy)为文创特展的消费扩容提供了很好的范本。本次特展以"推动数字娱乐产业发展、促进国际交流合作共赢、加强知识产权保护、引导大众健康消费观念"为办展宗旨,横跨游戏、动漫、影视、网络文学等数字内容全业态,汇聚国内外商务、投资、研发、渠道及消费者等多个受众群体,是国际性数码互动娱乐产业交流和展示的平台。展览共设 15 个展馆,4 000 款展品,5 000 多台体验机,3 日共吸引 54 248 人次的普通观众和 15 024 人次的专业观众入场。展览举办期间,还有 ChinaJoy Cover Coser 封面大赛、ChinaJoy Cosplay 嘉年华全国大赛、ChinaJoy 舞艺超群全国舞团盛典、ChinaJoy Live 音乐嘉年华、ChinaJoy 电子竞技大赛、国际机器人嘉年华等活动。这些活动广泛覆盖了游戏、动漫、二次元、音乐、电竞、数字娱乐各个领域,进一步扩展了行业的爱好者及更多年轻群体。②

### (四)数字科技在特展营销的应用更智能

不同于往年,2018 年上海文创特展在策展主题的遴选、内容呈现、观展布局、开展前后的宣传和服务上都引入了更多智能化的互联网技术。在内容展出方面,以交互媒体、互动装置和虚拟现实技术为主要展出形式的文创特展数量占比 26.67%,传统展示与新媒体艺术相结合的混合式特展占比达到了 41.57%,近七成特展在展览中提供智能化信息查询、身份识别、展品管理和在线服务等技术应用,另有不少特展与上海各大票务在线平台合作开展数字营销,取得了超出预期的传播效果。

数字营销作为一种利用数字传播渠道与目标受众建立联系来推广产品或

---

① 2017 年上海统计年鉴,载上海市统计局 http://www.stats-sh.gov.cn/html/sjfb/201801/1001529.html。

② 2018 中国国际数码互动娱乐展览会网 http://2018.chinajoy.net。

服务的实践活动,在 2018 年机器学习与人工智能、自动化和程序化的云技术、基于数据库的消费者预测分析平台,以及移动营销与跨平台合作优化等联合驱动下,为文创特展的数字营销注入新动力。不仅如此,本研究发现,文创特展在信息获取和票务方面更依赖于在线平台,以 iMuseum 每日环球展览为例,作为第一个专注于全球艺术展览和博物馆活动的手机 App,该平台不仅日日更新全球展览资讯,还可以帮助用户搜寻距离最近的展馆和展览,设置最佳的观展计划并获得提醒,以及记录和分享观展后的体验,自 2014 年推出至今,该平台集聚了 300 多万的观展爱好者。① 又比如在线购票方面,以摩天轮票务网站为例,该平台通过整合全国各级主办方、各级票务公司、以及个人的闲置票源等多个票务渠道的海量数据,采用了"多渠道供票低价优先"技术,在满足 100 多万用户购票需求的同时,最大限度降低观展的决策成本,与此同时,为使用户获得更好的购票体验,该平台自主研发了 VR 技术,采用 360 度全景模式帮助用户了解展馆的情况。② 总之,数字科技在文创特展营销模式上的应用日趋智能化,通过线上平台将更广泛的用户转化为线下,而线下则借助线上社交的分享方式成为线上流量的终端之一,并基于大数据分析反哺文创特展行业,为策展单位提供有效的营销支持,从而形成一个有助于产业正向循环的生态闭环。

## 四、未来上海文创特展的发展趋势与思考

上海作为全球创意城市之一,不仅要遵循世界城市发展的普遍规律,也要面对世界城市的激烈竞争,因此,在新的时代背景下上海必须承担起新的使命,贯彻新发展理念,不断提升城市能级和核心竞争力,从增强硬实力到提升软实力的城市较量中走在前列。而文创特展行业将顺应时代的发展,以提升城市能级作为文创特展的机遇,以区块链为文创特展拓展成长的活力,以空间

---

① 每日环球展览—iMuseum 网 https://art.icity.ly。
② 摩天轮票务网站网 https://www.moretickets.com。

重塑为文创特展提出创意要求,以提升人文内涵为文创特展充实价值,以智能信息技术丰富文创特展的体验。通过各类形式内容不一的文创特展,为上海的城市发展树立产业的风向标,打造文化传输的窗口,构建国际交流的平台,最终实现城市软实力提升。

## (一)以提升城市能级作为文创特展的机遇

根据2018年十一届市委四次全会审议通过《中共上海市委关于面向全球面向未来提升上海城市能级和核心竞争力的意见》,上海作为全国最大的经济中心城市,在加快提升能级和核心竞争力的同时,建设卓越的全球城市,加强长三角城市群在世界经济版图上的竞争力。其中,非常重要的一项举措便是坚持以高能级发展平台提升城市知名度和影响力,通过举办国际高水平的论坛、展览、赛事、节庆等活动,提高市场化、专业化、国际化的策划和运营能力,促进要素加速集聚,引领文化创意产业的加速发展。[①] 这不仅明确了未来上海城市建设的方向,也为整个会展行业,尤其是文创特展行业的发展提供了契机。

如何策划与运用具有全球视野的国际性高端会展和论坛是文创特展发展的重要路径。如中国国际进口博览会、中国国际工业博览会、世界人工智能大会、中国(上海)国际技术进出口交易会、上海国际品牌周、上海国际电影电视节、中国上海国际艺术节、上海时装周等特展,在引领文创行业发展方向的同时,汇聚全球优质的文创资源,扩大特展活动的社会参与面,发挥文化辐射和经济溢出效应,提高上海作为创意城市的全球影响力。

此外,加大文创特展与文化创意园区的黏合度,打造具有鲜明特色的世界级品牌园区,提升文化创意园区的品质和集聚效应。如徐汇区淮海路K11商场、静安区大悦城和普陀区上海环球港等商场2018年前3季度共展出了64个不同的艺术展览和现场活动,以文化艺术引领公众消费。部分实体商圈的转

---

[①] 中共上海市委关于面向全球面向未来提升上海城市能级和核心竞争力的意见,载上海市人民政府 http://www.shanghai.gov.cn/nw2/nw2314/nw2315/nw4411/u21aw1322810.html,2018年7月5日。

型升级,有效激发了消费动力,并逐渐形成"鲶鱼效应",带动周边其他商圈进行商业模式的改造和创新,有效促进了实体商业整体发展能级的提升。

### （二）以区块链为文创特展拓展成长的活力

2018 年 5 月中国区块链产业高峰论坛发布的《2018 年中国区块链产业发展白皮书》中指出,区块链有着去中心化、点对点传输、透明、可追踪、不可篡改、数据安全等特点,可以用来创新现有的业务模式,具有广泛的应用空间[①]。其中,区块链在文化产业领域,可涉及文化娱乐、新闻媒体、游戏、影视、文化艺术、数字媒体、数字内容、直播、IP（知识产权）等,区块链技术可进行内容创作、信源认证、新回审核、版权保护、付费订阅、传播社交、隐私保护、数字资产等一系列应用。同年 9 月 6 日上海区块链技术创新峰会和大数据产业创新峰会同时举行,区块链技术将文化产业链条中的各环节加以整合、加速流通,将有效缩短价值创造周期,"区块链+文化创意产业"的有效结合将在商业模式、业务流程、组织形态、生态体系等方面引发全新的变革。

本研究的特展消费数据表明,主题内容依然是文创特展的核心要素,具有创新性的特展目标、主题另选、内容组织和呈现方式等直接决定了文创特展的价值。区块链技术将使文创特展的策展不再局限于现有的模式,尤其是在策展的内容遴选和知识产权开发的环节上更加开放、直接和安全。如"魔幻二次元 AR/VR 动漫游戏博览会"、"外滩星幕奇境娱乐 VR 体验展"和"GAMEBOX 沉浸式艺术展"等,除了在特展中展出的各类新型技术和产品以外,用户的现场体验需要大量的内容支持,传统的做法是直接通过内容制作公司或中介机构获得,而今后借助区块链技术,利用其去中心化数据管理平台,为更多小众的艺术家、内容开发者和观展受众建立起直接的沟通渠道,从而获得关注度市场。策展单位可以根据内容的关注度高低来进行遴选,同时,由于这些作品已经在基于区块链技术的公共系统上得到确权,创作者的原创内容便获得了权

---

① 《2018 年中国区块链产业白皮书》,载工业和信息化部信息中心网 http://xxzx.miit.gov.cn/n602427/c593023/content.html,2018 年 5 月 21 日。

属的真实性和唯一性认证,实现线下艺术资产与线上数字资产的链接流通,后续的参展和交易都会被实时记录,实现文创特展参展内容的全生命周期管理。不仅如此,文创特展的多地巡展也将受益于这项技术,所有参展作品的知识产权都将得到有效保护和跟踪,从而最大程度地激发内容开发者的源动力,提升文创特展持续不断的创造力。

### (三)以空间重塑为文创特展提出创意要求

随着未来上海文创产业的进一步发展,文创特展需要更多适宜的策展空间。从研究中我们可以发现,一方面,传统的专业展馆数量有限,长期展和固定展的数量占据了大部分专业展馆的空间;另一方面,虽然商业空间与文创特展的结合,可以在一定程度上拉近商业空间和消费者的距离,但仍有不少场地条件并不符合文创特展的展出需求,因此,创意产业园区凭借其先天优势可以作为未来文创特展着力拓展的选址之一。以上海为例,自 2000 年至今,改建而成的 126 家文化创意园区遍布 16 个区,如兴园创意园区、1933 老场坊、滨江创意产业园、山路上海时尚产业园和西岸创意园等。从最初海外设计师、艺术家等以个体的工作室为主,到如今电影电视、艺术品、音乐、建筑、数码娱乐、时装及产品设计等行业在各类文化创意产业园区里的入驻,上海文化创意园区在兴起的同时,也出现了发展的瓶颈。

以上海田子坊创意园区为例,建园初期共计 2 万平方米建筑面积的旧厂房中共集聚了各类艺术工作室 40 家、画廊 8 家、设计咨询公司 30 家,然而为了实现土地增值和赢利的目标,2009 年起先后进入了不少酒吧、餐馆和精品小店,整个田子坊地区商业氛围日渐浓郁,成为中外游客休闲娱乐的重要场所。这虽然能在短时间内迅速提高城市土地的开发利用效率,带动经济资源的利润率和经济规模的提升,但却在一定程度上破坏了艺术家的工作环境,削弱了创意园区作为文化创新聚集地的地方形象。因此,未来文创特展进驻上海创意园区,首先得将现存的创意园区进行空间重塑,调整文创产业和休闲娱乐在同一空间下的结构关系,留出必要的活动空间用于文创特展的策展。这不仅能提升地方文化景观和文化形象,还能在聚集文创特展消费群体的同时,培育

171

其文创特展的消费习惯,带动区域型创意经济的提升,将原有的地方性文化艺术空间逐步转变为时尚、国际化、开放和文化创意空间,这无疑是促进创意园区、策展单位和消费群体和谐发展的未来方向。

### （四）以智能信息技术丰富文创特展的体验

作为一种新型的文化消费业态,由于其独树一帜的展览主题和创意鲜明的参展内容,文创特展往往比传统展览更注重受众的观展体验。具体而言,文创特展需要通过有形的商品展示和互动活动的策划,使受众在参与观展的过程中获得审美、情感、文化和娱乐的美好体验,从而对文创特展形成强烈的认同度,以此增强文创特展的社会影响力。这其中就涉及了我们该如何设计会展体验,加强受众对观展活动的感知;如何将数字技术为文创特展所用,创造内容的独特体验;如何整合多种资源与方法,延续受众的体验与记忆等方面,这些都是未来文创特展发展所需解决的问题。

为了促进文创特展在体验经济时代的发展,主办方除了在众多相同策展主题中做到准确定位以外,还应将高新的智能化科技手段应用在策展的过程中,丰富文创特展的体验度。首先,可以引入交互媒体技术用于组织与参展内容有关的体验活动,如2018年初在兴业太古汇举行的"平行世界的非分之想——互动娱乐展",该展形成了"由静向动"的"由实向虚"展示模式,提升了受众对线下活动现场参与的满足感。其次,我们还可以整合数字化虚拟现实技术,形成"线上与线下"闭合的双线会展模式,如本次"中国(上海)国际人工智能展览会"就采用了这一展览模式,在展馆内外设置了大面积体验区,增加受众在虚拟展示空间的参与体验,动态与虚拟的展示方式使特展更加新颖、快捷、有效、人性化,使受众得到全方位的互动体验,解决了传统会展展示设计由于对展品的物理保护而造成的作品与观众之间的隔阂问题,弥补了展示产品或服务节点间隙较大的传统缺陷,是特展活动从封闭向开放转变的积极表现。此外,我们还可以利用基于人工智能的信息处理技术,以观展受众为数据链,通过票务平台、移动终端、社交媒体等多种渠道开展展前、展中和展后的受众互动,建立及时、高效、准确的受众需求反馈机制,开展精准服务和定制服务,进一步优化观展受众的消费体验。总体而言,智能化信息技术的开发与利用,将有效促使上海文创特展行业向平台化、数据化、智能化的方向发展,开创上海文创特展行业发展的新局面,为上海建设具有世界影响力的文创产业中心做出新的贡献。

**主要参考资料:**

[ 1 ] Belcher M, *Exhibitions in museums*, Smithsonian Institution Press, 1991. p 158.

[ 2 ] Smith, G. J. W, *How Should Creativity Be Defined*, Creativity Research Journal, 2005, p 293.

[ 3 ] Sternberg, Robert J, *Handbook of creativity*, Cambridge University Press, 1999, p 23 - 34.

[ 4 ] G. Ellis Burcaw:《新博物馆学手册》,重庆大学出版社 2011 版,第 159—160 页。

[ 5 ] 侯春燕:《博物馆展陈个性化简论——从〈策展简史〉谈起》,《中国博物馆》2015 年第 1 期。

[ 6 ] 贾布:《特展时代 2.0:上海特展产业研究 2014—2015》,同济大学出版社 2015 版,第 22 页。

[ 7 ] 荣跃明、花建主编:《上海文化产业发展报告(2018)》,上海人民出版社 2018 版,第 193 页。

[ 8 ] 叶尔米拉:《内容与形式的创造者 文物与观众的桥梁——博物馆策展人职能之探讨》,中国博物馆协会博物馆学专业委员会:《致力于社会可持续发展的博物馆》学术研讨会论文集,2015 年。

# 9

# 建设新型的艺术品金融教育体系
## ——兼谈亚洲艺术品金融商学院的探索

范　勇　陈清荷*

**内容提要**　在中国经济和城市"双转型"的背景下,文化产业作为现代知识型、智慧型、绿色型的新兴产业,正在成为新的增长动力。金融是现代经济的核心,也是文化产业的强大动力。中国推动文化强国建设,必然需要发展强大的文化金融体系。由于文化产品和文化服务的特殊性,以实物抵押进行融资的金融服务体系难以奏效,迫切需要探索轻资产型的文化金融产品和服务模式。而培养具有文化金融专业能力和国际化视野的文化金融人才,就成为上海建设具有全球影响力的文化创意产业中心的迫切需要。亚洲艺术品金融商学院(AIAF)在上海成立后,在这方面进行了一系列尝试,吸取发达国家艺术品金融的丰富经验,努力创建新型的艺术品教学模式,为发展艺术品金融教育做出了积极的探索。

**关 键 词**　文化产业　文化金融　艺术品金融教育

## 一、文化强国建设需要现代文化金融的支持

### （一）文化金融的基本特点

邓小平同志在 1991 年春节视察上海时,就高瞻远瞩地指出:"金融很重

---

* 范勇:亚洲艺术品金融商学院创始人,上海大学 MBA 教育管理中心特聘教授,复旦大学经济管理学院特聘教授、硕士生导师,从事艺术品金融研究和教学工作;陈清荷,上海社会科学院文化产业研究中心助理,从事文化产业研究。

要,是现代经济的核心。金融搞好了,一着棋活,全盘皆活。""上海过去是金融中心,是货币自由兑换的地方,今后也要这样搞。中国在金融方面取得国际地位,首先要靠上海"。① 这一精辟的论断,今天仍然指引着上海建设 21 世纪全球城市的进程,也对发展文化产业给予了深远的启发。

文化产业不但有文化的属性,而且有经济的功能,它必然以金融作为配置资源的核心手段,以金融作为产业增长的有效杠杆。从广义上说,所谓的文化金融,是在对文化资源进行开发、生产、保护和经营的过程中,与之相关的所有金融活动以及所有和文化产业相关的金融业务的综合。要促进文化金融的发展,就要改变对文化产业的投资方式,对银行、保险、证券、投资等金融机构和金融产品进行创新,实现文化产业和金融资本的有效融合。从这个角度看,文化金融的基本特点在于:

1. 文化金融是基于文化生产领域的金融要素和功能配置

结合国际通义和我国学界对金融范畴的一般界定,文化金融可以理解为通过金融工具、金融机构和金融市场,实现文化生产领域资本金融要素和金融功能配置的运行体系,是基于文化生产领域的金融实践和研究领域。其中工具主要包括债权类金融工具、股权类金融工具和风险管理类金融工具,金融市场主要包括货币市场、资本市场(债券、股票、基金)。"文化"的外延是弹性的,主要限定于"文化产业",向内特指"内容产业",向外特指与"文化生产"相关的所有范畴。文化生产包括以文化内容即受到知识产权保护的 IP 开发,也包括各种具有文化符号特征和体验功能的物质产品开发,如设计、时尚、展览、视听艺术、工艺美术等,还包括各种在时空中延续的具有文化价值的劳务,如演艺、娱乐、展示、媒体、网络传播等。

2. 在文化与金融的关系中,金融是本质,文化是特性

文化金融本质上属于金融研究领域,但与文化具有深刻的内在联系。一方面,文化金融是金融服务业,要深入研究金融工具和金融功能问题,同时从金融中介、金融市场、金融基础设施建设、金融政策环境等方面审视文化金融

---

① 《邓小平文选》第 3 卷,人民出版社 1993 年版,第 366 页。

的发展路径,应紧密结合金融领域焦点问题探索文化金融,如资产证券化、资产管理、风险管理等;另一方面,文化金融作为一种文化生产服务业,本身就是要紧密结合文化生产的特性,也是上海在建设全球城市过程中,要大力发展的高端服务业之一。它与科技、法律、创意、媒体等共同组成了文化产业发展的生态体系。

3. 文化金融必须以繁荣文化生产和文化服务为目的

文化金融的核心作用之一,就在于以知识产权作为核心的资产,让文化企业以合理的成本筹措到需要的资金,在文化产业领域中发挥对资金的筹措、动员和汇集作用。在这方面,要避免脱离文化生产目的的文化金融现象。这种自我循环的资本游戏,只关注短期收益,追求在制造泡沫中获利,脱离了文化产业的基本目的。文化金融的根本目的是促进文化发展和产业创新,培育具有核心竞争力和规模优势的文化企业,从供给侧和需求侧激发文化生产力的增长。

## （二）文化金融的现实使命

文化金融作为通过金融工具、金融机构和金融市场,实现文化生产领域资本金融要素和金融功能配置的运行体系,在发达国家已经有100多年的历史。比如:早在1924年,美国华尔街金融机构便投资了十多家好莱坞电影大公司,例如高盛支持华纳兄弟公司在1920年代收购了维塔格拉夫制片厂、第一国家影院和斯坦利影院等三大公司,而哈尔西·斯图亚特公司则支持福克斯公司建立Movietone制片厂并且并购了大量电影院。为了保证对电影业投资的安全,华尔街金融机构还在这些电影公司的董事会里派驻代表,兼管重要财务。

在21世纪的中国,文化产业既是社会主义主流文化的载体,又是许多省市大力发展的新兴产业,这对于文化金融提出了新的要求:

1. 文化金融要发挥推动文化产业创新的作用

文化产业是最具创新活力的产业,文化金融的本质是通过完善的金融服务体系促进文化产业创新活动。发展文化金融能够解决文化产业融资瓶颈,激活资本力量,为文化产业注入资本活力,促进文化产业发展。在传统的生产三要素中,土地的要素作用弱化,劳动力要素表现为技术、知识、管理、人才等形式,只有资本依旧坚挺地承担原有的角色。

当前我国的文化产业发展中,创新受制于资本瓶颈是一种常态,因为产业创新往往预示着高于平均水平的投入和较长的应用期等待,而传统的以实物抵押为主的融资方式难以适应文化产业的增长。从长期看,只有通过系统性、持续性的资本要素供给,才能刺激文化产业的创新,才能提供文化产品供给,形成文化生产良性循环。文化金融可以推动文化产业领域的资本流通更加顺畅,金融服务的创新能够放大货币乘数效应,优化资源配置,促进文化产业的转型升级。

2. 文化金融要促进文化产业的可持续增长

文化产业属于货币资本和人力资本高度密集型产业,其产品和服务在市场往往难以定价,而金融业在资金以及定价方面具有独特的优势。此外,文化产业低碳、创新、环境污染少等特点符合当今发展趋势,是金融业的优质客户。文化产品的双重属性和双重效益使得金融资本与文化产业可以自然融合、互为助力。文化产品属于精神产品,具有双重属性,即社会意识形态属性和商品属性。文化产品的意识形态属性决定它讲求社会效益,即应弘扬主旋律,体现时代发展要求和人民群众的根本利益;文化产品的商品属性则要求它遵循价值规律,即要计算投入产出,讲求经济效益。文化产品的商品属性和经济效益能够吸引金融资本主动投入,并通过金融资本的撬动,加快实现文化产业集聚和规模经济效应,从而进一步体现文化的意识形态属性,提升社会效益。

跨入21世纪以来,中国文化产业保持了稳定的增长。中国文化产业的增加值从2010年的11 052亿元,占GDP的比重为2.75%,快速增长到2016年的30 785亿元,占GDP的比重达到4.14%。以上海为核心的长三角地区2016年的文化产业增加值达到9 934.86亿元,占全国文化产业增加值的比重突破了32%。大规模增长的文化产业,必然带来对于资金的迫切需求,也就迫切需要建立一个健康的文化金融体系,让金融机构指导、监督、促进大量文化企业使用资金,并且通过共同分担和重新包装的方式降低风险,把资源分配到回报率较高的文化产业项目上,也要求企业规避资金投入的市场风险,从而实现资源的有效配置,让金融资本获得应有的回报。

3. 文化金融要成为上海建设全球城市的重要内容

金融支持文化强国建设过程中,可以利用自身独特优势,引导社会资源配置于文化领域,提升文化产品和服务的生产质量和效率,支持文化企业做大做强,从而不断推动文化强国建设进程。随着中国文化产业与金融业深化合作的进程推进,文化金融作为一种新的产业形态正在逐渐成形。它并非简单意义上的文化产业与金融业的合作,而是指在推动文化资源资本化、文化产权资本化的发展过程中,形成以文化金融理论为指导,以金融推动多种资源流通和配置,以金融驱动文化价值链重组的产业新形态。而且,它本身是城市高端、专业服务业的重要组成部分,是培育强大文化生产力主体的引擎。

上海要建设的全球城市具有"高质量发展,高品质生活"的特点。随着社会财富的增长,历史原因形成的存量艺术品和当代艺术品都体量巨大,这些艺术品资产的"活化"拥有巨大的资金需求,将它们与金融需求连接起来将是撬动艺术品市场的关键。伴随物质财富的积累,精神消费崛起必然带来巨大的文化消费空间,文化消费升级成为潮流和趋势。艺术品的精英消费和大众消费并存,逐渐形成多层次、多样化的文化需求。面向未来的文化消费升级必然带来文化金融服务体系的升级,把大量的艺术品纳入金融领域,发挥艺术品金融的多种功能。

# 二、改革开放催生新型的艺术品金融教育

## (一)中国艺术品市场对金融的需求巨大

在文化金融的领域中,包括影视金融、艺术品金融、互联网文化金融等多个领域。艺术品金融是其中最受关注,增长迅速的领域之一。2015年,中国在全球纯艺术类市场交易总额所占成交额为48.59亿美元,在全球艺术品拍卖所占市场份额为30%,中国已经成为仅次于美国的全球第二大艺术品市场。国泰君安证券首席经济学家预测到2019年,中国艺术品市场成交额将在2014年的基础上增长145.7%,有望达到美国市场的90%以上。到2019年,中国前

400 富豪带来的市场需求增量,会使得中国艺术品市场成交量在 2014 年的基础上增长 43.4%①。中国艺术品市场不仅包括原创艺术品的一级市场,而且包括画廊、艺术品商店、艺术品拍卖公司等二级市场,还包括内容授权、品牌授权、数字授权等艺术衍生产品的三级市场。从这个意义看,中国艺术品交易市场的规模远为巨大,对于艺术品金融的需求也远远超过了现有数据所表达的规模。

### (二)艺术品金融人才是亟待突破的瓶颈

中国的艺术品金融市场方兴未艾,但由于缺乏合格人才而造成市场鱼龙混杂。在我国数百所高校中,仅有少数开办艺术管理和文化管理相关专业。从金融和艺术品专业的角度看,艺术品市场监管人员既需要在经济分析和金融政策执行方面具备扎实的金融知识,又需要对艺术品业的特殊性具有深入的把握。目前我国 800 多万金融从业人员中,具备艺术品专业知识和艺术品经营管理能力的人才仅有少数。据统计,我国 800 多万金融人才中有 5% 的人员将从事与艺术相关的岗位,以此推算,艺术品金融的高级人才缺口将达到 40 万。市场存在需求,转型需要抓手。如同机构要持牌经营,人才也应达标持证上岗。人才培养是文化艺术健康发展的关键所在。亚洲艺术品金融商学院的成立,可以为上海乃至全国的文化艺术产业解决人才输送问题,弥补中国艺术品产业发展的短板。

### (三)新型艺术品金融教育机构亟待建立

在中国艺术品产业亟需优秀的艺术品金融人才的背景下,一些高等院校开设了文化创意产业的学历教育,从投资管理的角度切入文化金融。有的高校如北京大学、中央财经大学等探索以产学研结合的方式,进行影视、艺术品、时尚名牌等文化产品的价值评估、投资、拍卖和流通实践;一些金融教育机构开设了针对影视、艺术品、互联网文化等方面的金融课程。2015 年,经上海市

---

① 数据来源:《2015 年度全球艺术市场报告》,雅昌艺术市场监测中心(AMMA)。

政府教育部门批准,亚洲艺术品金融商学院(AIAF)作为一个专业机构应运而生。它是在中国(上海)自由贸易试验区创办的非学历高等教育机构。学院致力于整合国内外业内顶级资源,为政府、金融行业、文化艺术产业及相关各界培养兼具艺术品金融理论与实务操作能力的复合型人才。AIAF甄选全球艺术品金融领域的核心教育资源,融合人文艺术、金融投资、商业管理领域的国际师资力量,专注开展高层管理教育和研究,是亚太地区首个以艺术品金融为主导,兼具行业深度与全球广度的教育机构。它的成立和运行,为上海开发新型的艺术品教育机构提供了宝贵的经验。

# 三、接轨国际,打造跨学科国际化课堂

AIAF自成立以来,在广泛吸取发达国家艺术品金融的经验,和针对中国艺术品金融市场的迫切需要方面,进行了有益的探索。

## (一)吸取发达国家艺术品金融的经验

自1744年苏富比拍卖行成立以来,发达国家的艺术品市场已走过数百年的历史。伴随着艺术品市场的发展,艺术品金融在西方已有百余年的历史。1904年法国熊皮俱乐部的成立和1974年英国铁路养老基金的出现,不仅在其时代开创了一种新兴的投资渠道,同时也为其赢得了客观的回报。从1980年代末以来,全球艺术品市场进入兴盛时期,艺术品投资逐渐成为与股票、房地产投资并行的重要投资方式。艺术品投资与金融市场的结合也开始更加深入和广泛,逐渐形成了包括艺术担保贷款、艺术租赁、艺术信托、艺术投资基金等多样化的艺术品金融模式,建立起相对完备的艺术品金融市场机制。

1. 发达国家开展了成熟的艺术品财富管理与担保贷款业务

发达国家对于艺术品金融的理解,主要包括财富投资管理以及财富遗产传承两方面。西方艺术品财富管理与担保贷款业务的发展,已经非常成熟。当前全球艺术品担保贷款市场的估值约在150亿至190亿美元之间。其中,由私人银行主导的贷款规模约在130亿至150亿美元,并以每年13%的速度递增①。美国的艺术品担保贷款业务已比较成熟,美国政府发布的《统一商法》要求将艺术品借贷统一登记后录入系统,以保障借贷各方利益。该法案的实施也意味着在法律制度和流程管理相对规范的前提下,艺术品担保贷款业务的风险可以得到有效控制。

2. 发达国家形成了专业化的艺术品金融服务机构

瑞士联合银行集团、德意志银行、巴黎银行、荷兰银行、摩根大通银行等世界上历史最悠久和投资业务最大的金融机构都设有相关独立部门,提供包括艺术品鉴定估价、艺术品投资顾问、艺术品托管保存、艺术品融资贷款、艺术信托、艺术基金等在内的多种艺术品金融服务。据德勤公司于 2016 年发布的艺术与金融报告显示,全球范围内有 72% 的收藏家出于热爱而投资购买艺术品,同时有 73% 的受访人希望将艺术品及其他收藏品纳入其财富报告之中,从而能更加综合地反映其财富总量。

3. 发达国家的艺术品风险管理积累了丰富的经验

在艺术品风险管理方面,发达国家的艺术品保险业务较早形成了相对成熟的市场模式。20 世纪 60 年代,德国安盛保险公司(AXA)已将艺术品保险业务从普通保险业务中隔离出来。当下,世界范围内除跨国的大型保险公司外,还有数以百计的中小型保险公司开通了艺术品保险业务,为客户投保的艺术资产提供更加专业、灵活、便利的服务。总体来说,发达国家艺术品市场的发展主要基于高净值客户对财富传承、避税管理、资产投资等金融理财方面的需求。相关艺术品金融市场的发展也更多围绕以上金融服务展开。

## (二)针对中国艺术品金融的迫切需要

1. 中国艺术品金融的迫切需求

中国的艺术品金融发展虽然时间不长,但增长速度却是爆发式的。由于历史原因,我国文化经济的发展起步较晚。艺术品在相当长的时间里基本上

---

① 数据来源:德勤与国际艺术市场研究机构 ArtTactic 联合发布的《2016 艺术与金融报告》。

是为意识形态服务，与市场、货币并没有太大关联。20世纪90年代以后，国内的艺术品市场才逐步形成以专业画廊和艺术品拍卖公司为主体的一、二级市场结构。近年来，随着国内艺术品市场的飞速发展，相关市场的交易数据非常惊人。一方面，国内经济的增长整体上对艺术品及收藏品市场带来了正面的影响。国内高净值人士的偏好投资中，艺术品约占其财富总值的19%，相关投资的复合年增长率也超过了25%。另一方面，国内资本市场的迅速发展也促使大量的资金寻求新的投资方向，进而促进了国内艺术品市场的扩张。此外，伴随着经济结构的转型，国内的消费结构也进入了快速转型期，精神消费逐渐取代物质消费成为国内消费市场的"刚需"以及文化艺术品市场增长的新支撑点。

中国数千年的悠久历史积淀了丰富的文化艺术资源。据统计，我国现存于博物馆、美术馆、画廊、企业以及私人藏家手中的艺术品估值已达数十万亿元人民币。与此同时，国内对于艺术品的管理思维总体上还是以"计件保存"的实物仓库模式为主。艺术品仍主要以"表外资产"的形式存在，无法进入资产负债表成为资产配置和财富管理的组成部分。盘活这数十万亿沉淀的"表外资产"，使大量具有高度艺术审美价值与市场交换价值的艺术品存量资源与金融投资需求相对接，再通过艺术信贷、艺术保险、艺术信托、艺术银行与租赁、艺术品消费按揭与分期付款、艺术投资基金、文化艺术产权交易等艺术金融方式进行资产化管理。

2. 人才是艺术品金融发展的关键

国内艺术品金融经过多年的积累以及艺术品要素市场的探索，艺术品资产储备已十分丰富。加之相关参与者已拥有一定的风险认知意识，金融机构的多元化经营意愿也相对明确。同时，目前国内艺术品金融的发展仍需解决艺术品的产权、定价、监管、保险、担保等一系列的中间环节问题。此类问题的长期存在也与艺术品要素市场中复合型艺术品金融人才的严重不足密切相关。因此，加快培养相关人才也是中国艺术品金融发展的关键路径之一。

艺术品的资产化、证券化、金融化运作，首先要先解决立法和相应的人才问题。目前国内在艺术品金融立法方面的专有人才严重缺乏。而在艺术品市场的监管方面,相关职能部门的管理人员主要来自文化和宣传部门。而艺术品金融业从本质上讲还是以金融为基础,因此需要相关的管理人员除具备文化艺术知识外,还应具备经济分析和金融政策执行等方面的知识储备和操作技能。此外,国内的银行、信托、基金等金融机构在艺术金融的运作层面上的专业操作人员也严重缺乏。目前我国金融领域的从业者大约 800 万人,而随着国内金融业与文化艺术产业的融合发展进程逐步加快,对于金融从业人员的艺术品专业知识和经营管理能力的需求也会逐渐加大。综上所述,只有先解决好艺术金融人才配置严重不足的问题,才能更加有效地对我国体量庞大的非标准化文化资产进行规范化管理。

## (三)创设国际化的艺术品金融研修体系

### 1. 强调兼收并蓄,发挥艺术品金融的优势

西方国家的艺术品金融化发展已经走过了较长的一段路。发达国家在发展各自本国文化产业的过程中,都积累了适合其自身发展模式的文化金融发展的经验。如美国构建了多层次的文化产业投资体制,通过知识产权的质押来解决文化产业的融资难题;英国文化产业的融资方式比较多,但其运用彩票发行额的 25% 来进行文化产业的投融资,充分利用社会集资发展文化产业。这些主要发达国家根据自身的资源禀赋,形成了各有特点的文化金融发展模式。这些经验对于处于探索阶段的中国艺术品金融发展具有宝贵的借鉴意义。

### 2. 突出解决方案,显出艺术品金融的价值

发展艺术品金融需要人才观念创新,突破学科界限,构建跨学科的教育体系,而关键是要为艺术品金融所面对的难题,给出一系列有效的解决方案。比如:在 2018 年 11 月 9 日的"ART 陆家嘴·2018 上海艺术金融国际峰会"上,意大利米兰语言和传播自由大学教授阿莱西娅( Alessia Zorloni)援引瑞银集团 2017 年的报告指出:全球收藏家九成超过 40 岁,八成想把艺术品传承给下一代,然而真正为自己的艺术品做过全面估价的只有六成,对家庭展开艺术教育

的只有约四成。"大有大的难处"，这说明：在家族艺术品财富的传承方面，收藏者面临许多实际的问题。"在估值、资产规划、慈善基金、借贷等方面，藏家们需要太多的服务"①，在阿莱西娅看来，这正是金融机构可以有所作为的地方，其中的关键就是要为客户提供一系列卓有成效的解决方案，这也是 AIAF 努力要做出贡献的重点领域。

3. 开设重点课程，聚焦艺术金融中心城市

AIAF 开设了六大课程体系。分别是"全球艺术金融家课程"、"艺术金融青年领袖课程"、"艺术品财富管理课程"、与上海大学合作的"艺术金融 MBA 课程"、"国际艺术品评估认证课程"以及企业高管定制培训系列课程。

在 AIAF 设立的沉浸式课堂中，最具有代表性的是国际研修品牌课程《全球艺术金融家课程》。它带领学员进入全球经济、艺术、金融的中心城市，特别是全球五大主要艺术金融中心城市（卢森堡、伦敦、东京、纽约及上海），深入博物馆、艺术品市场、金融机构等，开展实地参访、交流、研讨，系统梳理了"艺术与金融导论"、"公益艺术基金与艺术投资基金"、"艺术品投资和金融实践"、"企业收藏和艺术品投资策略"和"中国艺术品金融创新发展"。该课程甄选全球艺术品金融领域的核心资源，将艺术品金融行业领域的宏观理论与微观知识融会贯通，形成具有"全球视野、人文情怀、实务技能"三维融合的全新的知识体系。

AIAF 的创办人范勇先生指出：我们力求塑造一个突破学科边界的"量子思维大学"，非常规、跃迁式发展，迅速构建与国际各大学之间的学科创新合作的战略平台，要积极构建"文（人文艺术）、学（教育科技）、研（学术和产业理论研究）、用（社会应用）、金（金融创新）"一体的孵化器，把国际性的学术研究基地和创新创意案例的实训中心相结合，打造一个创新型研究与教学机构，为上海建设国际金融中心建设培养艺术品金融的复合型人才。范勇先生在艺术金融学科建设和行业发展的过程中提出的全新概念，逐渐成为行业研讨的高频

---

① 《全球八成艺术品藏家想传给后代　只有艺术金融才能帮到他们?》，东方财富网，2018 年 11月 12 日。

词汇,如"精神消费""表外资产""金融服务业创新"。

范勇先生指出:改革开放 40 年,伴随着物质财富的积累,精神消费崛起必然带来巨大的文化补涨空间,全社会的消费升级成为大趋势。一方面高净值及超高净值人群存在财富配置的刚需;另一方面艺术品市场由精英消费转向大众消费,逐渐降低了艺术品消费门槛。精神消费时代的金融服务业创新带动艺术品消费,中国大量的货币资金寻求新的投资市场,而文化消费的升级又会推动文化产业的升级。可以预见:"互联网+"的潮流以后,"文化艺术+"会成为一个新的潮流。

## 四、结合实战项目,探索艺术品金融教育规律

AIAF 自建立以来,以培养"担当社会责任,引领思维变革,提升品位修养,塑造艺术金融战略格局"为目标,对学院的发展制定了"从学术到商业的跨行业渗透"的战略定位,力求通过开发不同主题与方向的课程,聘请国际国内专家、覆盖多层次的学员对象,实现至上而下的人才体系与产业融合。

### (一)举办论坛,汇聚国内外专家智慧

AIAF 开展了大量的国际国内文化交流,也创造了多个实战的先例。2016 年 3 月,创办"亚洲艺术品金融论坛",以"文化力量与资本智慧"为主题的首届论坛在沪召开。2017 年 3 月,"2017 亚洲艺术品金融论坛(第二届)暨全球艺术银行行长高峰论坛"在浦东陆家嘴上海中心举行。来自国内外的业内人士就海外艺术银行的运作与国内的发展情况进行对话,共同促进国内艺术与金融进一步融合创新。本次论坛由 AIAF 主办,中国文化金融 50 人论坛协办。论坛的主题为"精神消费时代的艺术投资与艺术消费",聚焦艺术投资与消费,从学术与行业角度来探讨,艺术银行的意义不仅限于发现与推广年轻艺术家,而更重要的是为艺术投资与艺术消费提供支持。论坛亮点包括:聚焦最新产业政策、艺术银行国际化运营经验全面分享、汇聚产业发展专业分析,以及覆盖艺术金融全产业链。2017 年 10 月,由 AIAF 主办,中国人民大学艺术品金融

研究所和中国文化金融50人论文作为学术支持的国际艺术品资产评估论坛暨学术研讨会在陆家嘴上海中心举行，分享了监管层面、操作层面，以及实践层面的很多宝贵观点，体现了评估行业人才培养的重要性。

### （二）广泛合作，开发多样化项目

2016年7月，AIAF推出《云端对话》公共讲堂，旨在探讨艺术品金融、艺术市场、艺术与文化发展传承中的新思想、新动态，打造教学与科研、交流与合作的学术资源平台。2016年9月，AIAF与中国（上海）自贸区签署战略合作框架协议，拟共建专家智库、创新实验教育基地，以及产业合作。2016年11月，AIAF推出《艺术金融沙龙》系列活动，搭建起艺术与人文、金融和商业之间融合交流与分享的公共平台。2017年，AIAF为一批来自西班牙ESIC商学院的留学生提供了艺术品金融课程，这些硕士研究生来到上海大学学习国际贸易相关课程，希望能更多了解中国的文化和经济发展。AIAF向留学生们讲解了艺术品作为货币资产的金融属性，以毕加索作品为例，提出利用金融杠杆购买艺术品以便减少一定的市场及系统性风险，特别是分析了商业性艺术品金融以及公益性艺术品金融的作用，指出了今后金融从业人员的发展趋势，包括把艺术品金融作为产业创新的重点等。

### （三）注重理论，撰写专业研究报告

近年来，AIAF参与撰写了多部专业研究报告。比如：《中国文化金融发展报告（2018）》中艺术品金融部分就由AIAF撰写。2017年11月，德勤《2017年艺术与金融报告》发布，AIAF也参与了专业编写。这是德勤《2017年艺术与金融报告》第六年的出版物。它努力跟踪和监测全球艺术和金融业近年来的发展，而首次开辟中国板块，特邀AIAF编写《中国艺术品金融观察》。AIAF与国内知名专家学者共同努力，首先对于艺术品金融的定义进行了探讨，即一切围绕艺术市场主体所进行的资金融通和信用活动，或者是以艺术价值为基础的产业形态和金融服务体系。该板块简要陈述了中国艺术品金融的发展水平，也探讨了中国艺术品金融服务发展的驱动因素。这一方面，是由于中国经

济的快速发展和财富积累,人们对文化精神和财富管理的需求强烈,形成中国艺术品金融服务发展的主要驱动力;另一方面,当中国艺术产业发展到一定阶段后,市场的需求也催生了艺术金融服务的创新。中国政府重视文化事业的发展,不断出台新政推动文化艺术品市场的健康规范发展。例如,2016 年 3 月文化部推出《艺术品经营管理办法》;2016 年 10 月,国家文物局发布《关于促进文物合理利用的若干意见》;2016 年 12 月,海关总署发布《关于 2017 年关税调整方案》等。伴随着社会财富的大量积累和国民文化素养的不断提升,中国艺术品金融将具有广阔的前景。

### (四) 勇攀高峰,推动"双一流"学科建设

在中国高校大力建设"双一流"的背景下,AIAF 联合中国人民大学文艺复兴研究院积极进行改革与探索,特别是在学科发展战略、人才培养改革、科研平台搭建等方面采取了卓有成效的措施。双方将共同打造"艺术技术学"这一全新的学科,成为一个努力打通艺术、美学、史学、国学等各门类的新型跨学科研究领域。AIAF 将与中国人民大学文艺复兴研究院分享学院在艺术品金融这一细分领域研究和实践中获得的成果,包括学术体系、理论研究、服务模型等;推动教育与艺术品金融产业相结合,做到产学融合,建设双一流学科,为我国文化产业的发展和"一带一路"建设培养一专多能、具有跨学科知识的复合型艺术修复和管理人才。

**主要参考资料:**

[ 1 ]  金巍,杨涛,董昀:中国文化金融发展报告(2017)[R].北京:社科文献出版社,2017.

[ 2 ]  杨坚石:研究文化金融在我国的初步发展和建设[J].经济研究,2014,(05).

[ 3 ]  西沐:文化金融:文化产业新的发展架构与视野[J].北京联合大学学报(人文社会科学版),2014,(01).

[ 4 ]  石力:当代我国艺术品金融化发展及对策思考[J].金融与经济,2014,(10).

[ 5 ]  张志伟,石瑶:关于文化金融服务体系建设的若干思考[J].西华大学学报(哲学社会科学版),2017,(05).

[ 6 ]  范勇:世界背景下的中国艺术品金融发展思考[J].公关世界,2017,(10).

[ 7 ]  苏保祥:提高文化金融供给效率支持文化强国战略实施[J].中国银行业,2017,

（10）.

［8］ 任昱：关于金融支持文化建设的思考［N］.中共江苏省委党校学报,2015,(04).

［9］ 高蓓：艺术品金融教育服务美好生活——专访艺术品金融商学院创始人范勇［J］.中华英才,2018,(01).

［10］ 访亚洲艺术品金融商学院院长范勇　撬动"文化艺术+"大时代［J］.福布斯,2017,11—12月合刊.

# 10
# 电子竞技与网络游戏共享产业链条研究
## ——以上海为例的观察与思考

曹晓华[*]

内容提要　中共上海市委、上海市人民政府印发的《关于加快本市文化创意产业创新发展的若干意见》(简称"文创50条")明确指出：要加快全球电竞之都建设。上海电竞产业的建设与网络游戏产业的建设凸显出共享产业链条的规律，这有助于这两个产业在联通平台、共享资源等方面获得发展的动力。但是目前上海电子竞技与网络游戏共享产业链条在市场拓展、版权保护、审查机制、人才培养、平台共享等方面仍存在弱点。这需要上海充分发挥政策、产业、市场等方面的优势，从创新管理机制、加强人才培养、调动市场资源等方面入手，在共享产业链条的基础上推动网游与电竞两大业态的升级。

关 键 词　网络游戏　电子竞技　共享产业链条

电子竞技作为在网络游戏中诞生的新兴行业，已经受到全球范围内嗅觉灵敏的投资家的青睐。我国电竞市场在获得互联网红利的基础上，依托布局庞大的网络游戏产业，已经在生态链、产业链的完善上初露锋芒，是亚太地区电子竞技行业最具潜力的市场。上海作为全国电竞行业的领头羊，在"打造电竞之都"的政策影响下，已经培养起一批具有知名度的电竞战队，并有数目可观且不断积聚的粉丝群，加上重点场馆的兴建和大型赛事的连续举办，吸引了

---

*　曹晓华(1988—　)，上海社会科学院文学研究所助理研究员。

多家赞助商,从网络服务运营商、专业竞技设备生产商到游戏开发引进,从战队经纪公司到赛事广告营销团队,从电视赛事直播到网络视听网站的流量变现,上海电竞行业无疑是泛娱乐时代粉丝经济中的佼佼者。

虽然电竞行业的流量热度节节攀升,产业发展前景一片光明,但是赛事引进的流程、直播赛事的监管、传统网吧的升级换代、电竞场馆的兴建与维护、专业人员梯队的培养、社会舆论的引导等多个环节还显得相对薄弱。电竞行业真正发展成成熟的产业链不仅需要假以时日,更需要政府职能部门的有效介入和相关规章制度的修改完善。本文将整合来自国外第三方咨询公司的年报、我国互联网信息中心发布的《中国互联网络发展状况统计报告》、上海市文广局下属的行业协会年报和上海市新闻出版局发布的游戏出版行业报告,以及聚焦上海文化消费的问卷调研数据,对网络游戏产业和电竞行业发展布局的异同做出总体描绘,进而结合我国网游和电竞发展现状,分析上海如何在政策红利的激励下实现网游电竞共享产业链条、加速业态升级、促进互利共赢。

# 一、内在规律：电子竞技与网络
游戏产业的共生共赢

## （一）诞生于网游游戏的电子竞技

网络游戏(Online Game),指以互联网为传播媒介,以游戏运营商服务器和用户计算机、手机、Ipad 等电子设备为处理终端口、以游戏客户端软件或网页为信息交互窗口,旨在实现娱乐、休闲、交流和取得虚拟成就的具有可持续性的在线游戏。[1] 网络游戏与单机游戏相对应,网络游戏与单机游戏的差异一般从玩家数量、联网与否进行区分,但是这样的区分仍值得商榷。如网页游戏一般被视为网络游戏,但即便联网,这类游戏中有很大一部分适合个人玩家消遣,不需要与其它玩家互动。又比如红白机时代不需联网、只需专用卡带和磁碟的电子游戏,可以实现数名玩家同时进行游戏,只不过同时参与游戏的玩家

---

[1] 对网络游戏的定义参见刘胜枝：《网络游戏的文化研究》,北京邮电大学出版社,2014 年 6 月版。

数量远不及网游,且是面对面的小范围娱乐交互。而从红白机发展起来的家庭游戏机,时至今日也完成了数次技术革命,其游戏制作精良,同时也加入了多种联网元素,如今年初在 PS4 平台发售的《底特律:变人》,可通过全球玩家游戏进度实时查看自己解锁的剧情概率。笔者认为网络游戏与单机游戏的最大区别在于娱乐交互性的程度,以及游戏过程是相对开放性的(网络游戏)还是封闭性(单机游戏)的。网络游戏发展至今种类繁多,从游戏内容看包括:动作射击、角色扮演、模拟经营、实施战略等,有时一款游戏中可包含多个游戏要素。

一般网络游戏的盈利来自两个方面,一是购买虚拟货币、虚拟道具增强游戏体验,或者增长游戏时间,二是通过网络游戏植入广告(IGA,In-Game Advertisement)盈利。而依托大型网游制作技术和集成式视听娱乐体验发展起来的电子竞技,其产业特征、盈利模式和发展方向与网络游戏产业或有交集又独具特色。电子竞技是网络游戏的体育化,即利用信息技术为核心的软硬件设备作为比赛器械,在体育规则下实现的人与人之间的治理对抗运动。网络游戏由于网速、设备性能、玩家参与程度等因素的影响,在严格意义上很难实现同一竞技环境中的公平对抗。而电子竞技通过较为成熟的竞技规则和标准化的竞技设备,在保留网络游戏对抗性和趣味性的基础上,演变成为一项全新的竞技运动。2003 年 11 月 8 日,中国国家体育总局将电子竞技运动列为中国正式开展的第 99 个体育项目。

## (二)电子竞技与网络游戏产业链的共享与分化

从 2000 年中国大陆第一款网络游戏《万王之王》上市,到 2006 年本土原创网游集中爆发,中国网络游戏经过近二十年的发展,如今已经成为游戏行业的重要组成部分。网络游戏产业链基本反映了游戏企业之间的供需关系,单个厂商的行为将影响整个产业链的运行。同时,网游产业链是一条价值增值链,每一个环节都有增值能力。在结构上,网络游戏产业链既有游戏厂商的垂直供需关系,同一维度不同类型厂商又具有横向协作关系。垂直供需链是网游产业链的主要结构,而横向协作链则是产业的服务与配套。因此,我国的网络游戏产业链基本包括:上游游戏软件开发商、硬件提供商,为网络游戏产业提供物质基础；中游的游戏发行商，电信服务商和代理运营商，连接上游开发商和下游用户；下游的零售经销商，电竞网咖，游戏媒体以及最终用户等，产业链下游主体时刻在向上游反馈信息。

电子竞技综合了游戏厂商、游戏发布平台、网络服务供应商、游戏衍生品开发及海量的玩家群体，集体育竞技、团体表演、技术开发为一体，无疑是近年来网络游戏产业链中的一大亮点。从产业发展的角度来看，目前国内适用于各类电竞场馆的游戏基本是较为成熟的大型网络游戏，如《反恐精英》（Counter-Strike，CS）、《魔兽争霸》（War Craft）等，一方面这些游戏经过数年的改版升级，包含了丰富的游戏元素，其策略性和观赏性都比其他网络游戏更胜一筹；另一方面，这些大型网络游戏通过多年的运营，已经有了数量可观的忠实拥趸，游戏玩家群体成为粉丝经济下网络游戏乃至电子竞技的有力推手，不仅催生了一大批电竞场馆和电竞赛事，也促成了众多跨界 IP 的生产和包装。电子竞技虽然与网络游戏共享了一部分产业链条，但随着电竞行业的日趋成熟，已经衍生出独特的运营体系。CPL、WCA 和 ESWC，并称为当今世界三大电子竞技赛事。电子竞技以一部分相当成熟的网络游戏为赛事内容，除了以魔兽争霸、DOTA、星际争霸等为代表的即时战略类，还有部分棋牌类等传统娱乐活动的电子化衍生。随着年轻一代网络原住民的崛起，电竞行业快速崛起，特别是端游电竞几乎覆盖了游戏开发、版权分销、赛事运营、游戏衍生品等多个方面，囊括了游戏开发商、赞助商、电竞俱乐部及经纪公司、电竞直播等多家机构和平台。

简言之，电竞基本是围绕赛事执行而逐渐向外扩散的环形产业结构，而网络游戏的产业链布局则围绕游戏开发商、发行商、发行渠道平台、玩家四个关节点展开。电子竞技以赛事为主（图 1），而网络游戏以内容为主（图 2）。从下图可见两者产业链的交叠与分化——

网络游戏开发公司将开发成熟的产品投向市场，这是整个产业链的上游，通过游戏运营商和游戏代理商，网络游戏借助不同的发行渠道在市场上流通，构成了产业链的中游，而游戏玩家成为产业链的下游，玩家的游戏体验将作为重要的产品反馈影响上游的游戏开发环节，至此网络游戏产业链形成了环形结构。电子竞技则是网络游戏发行过程中的衍生环节，是一个以赛事执行为

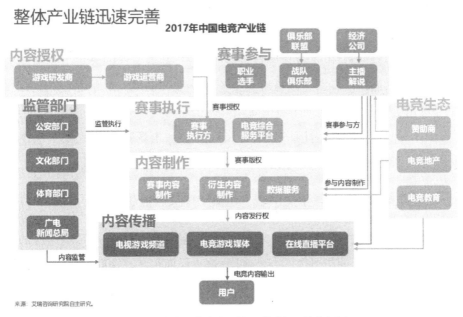

图1　2017年中国电竞产业链（图片来源：艾瑞咨询）

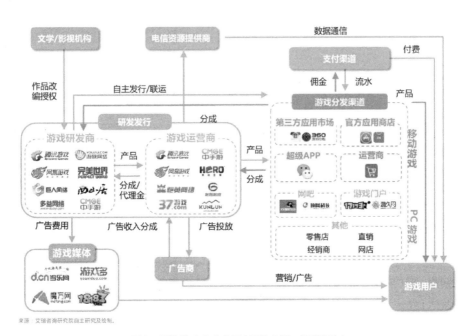

图2　网络游戏产业布局（图片来源：艾瑞咨询）

主的产业链条,游戏开发给赛事提供了基本内容,在赛事执行过程中涉及的网络运营方、广告赞助商、电竞游戏媒体、IP 开发及衍生品等均与网络游戏产业布局有所重合。但是电子竞技毕竟以赛事为主,其产业链的分化主要围绕赛事制作和执行展开,特别是网络游戏产业链不涉及的电竞俱乐部、经纪公司、电竞场馆等赛事参与方,而电竞的观众群体虽然与网络游戏的玩家有所重合,但还有一部分是电视或者网络媒体吸引来的观众,电竞赛事的受众更广,由此衍生出的产业链如教育、地产等都是以往的网络游戏产业尚未深入的。

### (三)移动网络与社交平台:电竞、网游产业链共享的契机

2007 年,苹果手机初代面世,搭载的操作系统还叫 iPhone OS,刚出厂的初代苹果只是装载了屈指可数的办公应用,这一局面很快在 2008 年被打破——随着 OS 2.0 以及 AppStore 的面世,不计其数的 app 在接下来的十余年间轮番占领了苹果用户的手机屏幕,而手机游戏 app 无疑是其中最夺人眼球的新生市场。在手游方面,苹果的 AppStore 先声夺人,而 2012 才集合各平台亮相的 Google Play 也不甘落后。Newzoo 在《2018 年全球游戏市场报告》中指出,

2007 年,全球游戏产业收获 350 亿美元的产值,整个产业用了 35 年多的时间才取得了这样的成绩。同年,苹果手机问世,整个游戏市场在随后的十余年间产值激增至如今的 1 379 亿美元,比 2007 年增加了一千多亿美元。从用户参与度和营业收入来看,智能手机的运用是游戏市场加速生长的关键因素之一,但这也只是我们得以身处此境的因素之一。①

Newzoo 作为颇具影响力的第三方咨询公司,每年都会发布全球游戏、电竞和移动互联网的发展报告和趋势分析。Newzoo 将智能手机视为游戏市场加速发展的核心因素之一,其实智能手机和计算机一样,只是互联网信息技术革命的一个载体,载体承载的产业技术和庞大的消费群体才是影响整个业态的推手。智

---

① Newzoo. 2018 Global Games Market Report[R]. 2018.

能手机之所以在游戏领域表现抢眼,主要是因为其便携的特性、不断提升的性能、升级的信息通讯技术和 AR/VR 技术,不仅给手机用户创造了随时随地联网交互畅玩的机会,也随着社交媒体渗透进玩家的线上线下生活。电竞直播平台本身就是一个交互式的网络平台,不仅满足观众的需要,也培养了潜在的电竞玩家和电竞爱好者,一部分电竞战队的成员退役后,还会回到各大视频直播网站做游戏主播,或者成为游戏解说。技术/用户也为电子竞技的兴起和成熟提供了必要的条件。

如图 3 所示,2018 年全球游戏市场产值 1 379 亿美元,比去年增长 13.3%。图中五类游戏以游戏设备进行区分,智能手机游戏(手游)表现惊人,产值同比上涨 29%,达到 564 亿美元,几乎抢占了整个游戏市场的半壁江山;包含掌机和家用游戏机在内的主机游戏以 346 亿美元位列第二,电脑客户端游戏(端游)以 286 亿美元紧随其后,平板游戏位以 139 亿美元居第四,而五类游戏中唯一出现负增长的网页游戏(页游)仅以 43 亿美元占得 3%的市场份额。

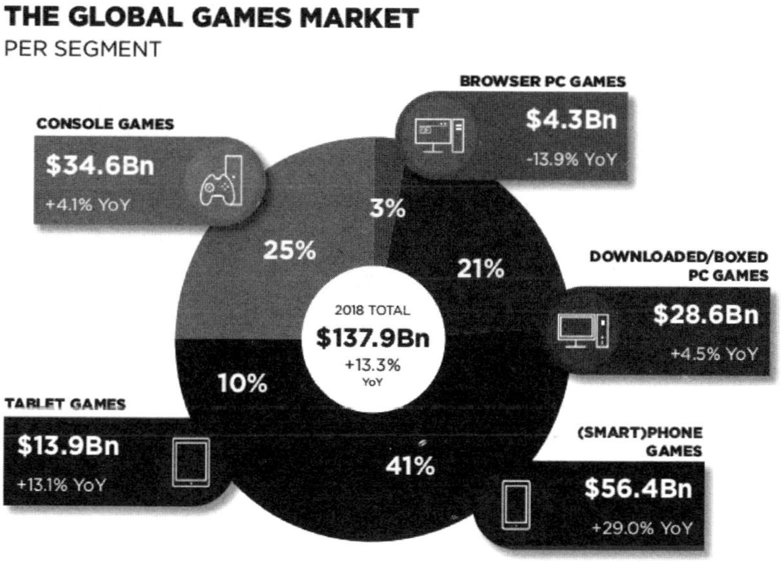

**THE GLOBAL GAMES MARKET**
PER SEGMENT

CONSOLE GAMES
$34.6Bn
+4.1% YoY

BROWSER PC GAMES
$4.3Bn
-13.9% YoY

DOWNLOADED/BOXED PC GAMES
$28.6Bn
+4.5% YoY

(SMART)PHONE GAMES
$56.4Bn
+29.0% YoY

TABLET GAMES
$13.9Bn
+13.1% YoY

2018 TOTAL
$137.9Bn
+13.3% YoY

25%    3%    21%    10%    41%

图 3    2018 年全球游戏市场不同游戏分类的产值概况(图片来源:Newzoo)

图 4 展示了 2017 年至 2021 年五类游戏的收入占比趋势,按照现在的发展速度,2021 年手游将依然独占鳌头,只不过增长速度放缓,平板游戏预计表现

平稳,而主机游戏和端游的市场将不断萎缩,网页游戏更是只有"一线生机"。全球游戏市场的发展态势,和我国网络游戏的发展现状基本吻合。根据每日经济新闻、伽马数据(CNG)和 Newzoo 联合发布的《全球移动游戏市场企业竞争力分析》,2018 年全球移动游戏市场规模达 632 亿美元,其中中国市场占比30.8%,位居第一。在全球移动游戏竞争力 35 强企业中,中国游戏企业就有13 家,而这 13 家企业的收入占比达 52%,前两名分别为腾讯、网易。《王者荣耀》不仅产生了巨大的经济效益,也将中国传统文化移植到游戏开发中,成为移动电竞领域的现象级作品。

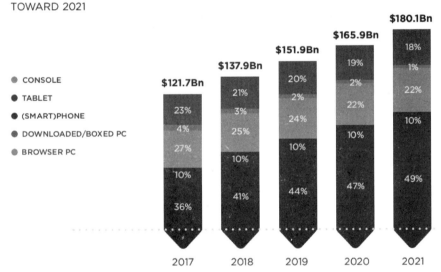

图 4　2018 年全球游戏市场收入占比分析(图片来源:Newzoo)

# 二、联动基础:上海网络游戏产业助推"电竞之都"建设

## (一)网游电竞产业的既有优势

在电竞领域,上海处于中心地位。上海有深厚的电子竞技文化积淀,汇聚

了高端电竞场馆、顶级赛事承办方、大批电竞战队,长期保持中国电竞产业的中心地位。目前,上海有较为完整的电竞生态链,居于全国领先水平的电竞设施和经验丰富的行业人才。上海有必要立足现状,扬长避短,在充分利用网络游戏发展既有优势的基础上,采取加强电竞基础建设投入等多种措施,巩固电竞中心地位。

目前上海网络游戏市场的总体发展势态良好,大型客户端网游发展稳中求进,以手机用户为主要消费群体的移动网络游戏表现抢眼。细分网络游戏市场,客户端游戏产值为188.4亿元,同比增长3.3%,占上海网络游戏产值的33.1%;移动网络游戏产值为253.9亿元,同比增长99.5%,占上海网络游戏产值的44.6%;网页游戏产值为127.0亿元,同比下降13.7%,占上海网络游戏产值的22.3%。客户端游戏增速趋缓,市场份额首次低于移动网络游戏,这与网络游戏市场整体发展趋势有关,精品客户端游戏仍有较大市场空间;移动网络游戏发展迅猛,成为上海网络游戏产业的支柱产业,同时也是最具有活力的市场部分;网页游戏总体市场份额下降,主要源于网页游戏厂商向移动端的转型和落后产能的淘汰。

上海市文化广播影视管理局发布的《2017上海网络游戏市场年度报告》指出,上海游戏企业有效利用地理优势和相关优惠政策,凭借游戏品质和海外发行经验,在海外游戏市场发展势头良好。巨人网络、三七互娱、游族网络跻身2017年全球移动发行商收入榜TOP50。上海游戏厂商的全球化布局更加完善,收购或投资外国游戏工作室、成立海外子公司、与海外厂商进行跨界合作。

此外依托上海成熟的网络文学平台,网络文学中大热的武侠、仙侠、玄幻等作品,如《斗破苍穹》《诛仙》《九阴真经》等IP都被游戏厂商先后改编成网络游戏,而传统文学经典如《三国演义》《西游记》《天龙八部》等也已经有了一系列同名网游,并有相当数量的忠实粉丝。包括《秦时明月》在内的国内原创动漫IP也有了同名网游,在全国范围内进一步扩大影响。跨界IP目前已经成为网络游戏发展重要的流量推手。上海活跃的网络游戏市场,培养了一大批游戏爱好者,为电竞市场的未来发展提供了无限可能。

### （二）电竞行业与"粉丝经济"

Newzoo 最新发布的报告显示,全球电竞观众从 2016 年的 2.81 亿增长到 2018 年的 3.8 亿,预计 2021 年将会达到 5.57 亿,届时 2016 年至 2021 年全球电竞观众的复合年均增长率将有 14.4%。值得注意的是,在这些数据中,狂热的电竞粉丝(一个月观看电竞比赛一次及以上)和偶尔观看电竞(少于一个月一次)的观众数量都在逐年递增,电竞赛事观众与电竞游戏玩家高度重合,电竞赛事的举办有利于维持玩家活跃度,随着电竞赛事观赏度的提高,"不玩只看"群体占总体的比例将会有所提高,电竞的影响力和产业带动力可见一斑。而根据上海游戏市场年度报告显示,2017 年,全国电竞游戏用户约 2.2 亿,同比增长 69.02%,随着电子竞技成为正式体育竞赛项目,"电子竞技运动与管理"被正式增补至高校专业名单中,电子竞技运动逐渐得到主流社会的认可。上海经典客户端电竞游戏的长线运营能力较强,例如《泡泡堂》《火源计划》《300 英雄》等仍有较高的用户活跃度,核心玩家对线下中小型赛事的参与度较高。此外,上海聚集了大批进口客户端电竞游戏的国内运营商,例如,《DOTA2》由完美世界(上海)运营;《守望先锋》《星际争霸II》《风暴英雄》由网之易运营。

2017 年 12 月中共上海市委、上海市人民政府印发《关于加快本市文化创意产业创新发展的若干意见》(简称"文创 50 条"),明确提出未来上海要发力发展文化创意产业、建设全球动漫游戏原创中心。具体措施上对游戏产业提出了明确要求,一是提升动漫游戏原创能力,实施原创艺术类精品游戏推优扶持工程;二是深化动漫游戏公共服务;三是加快全球电竞之都建设。

从图 5 可以看到,电竞赛事的主办方和承办方、赞助商、电竞场馆、电竞战队、经纪公司、电竞媒体和观众共同组成了中国电竞现有的产业生态链。电子竞技有着"全民娱乐"的特质,尤其是移动电竞是否能流量变现,关键在于提升粉丝黏性,使更多的普通人体验到电子竞技带来的乐趣。除了职业电竞选手的明星效应,各大直播平台上的电竞主播也圈了不少粉丝,甚至在某个主播转战其他平台后,粉丝也会转换平台。电竞粉丝的年龄偏小,而电竞潜在的经济利益使广告商蜂拥而至,电竞利用粉丝实现流量变现,已经形成了巨大的商业市场。

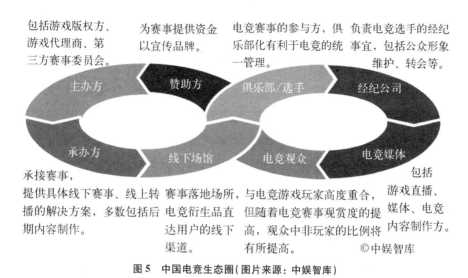

包括游戏版权方、游戏代理商、第三方赛事委员会。

为赛事提供资金以宣传品牌。

电竞赛事的参与方，俱乐部化有利于电竞的统一管理。

负责电竞选手的经纪事宜，包括公众形象维护、转会等。

承接赛事，提供具体线下赛事、线上转播的解决方案，多数包括后期内容制作。

赛事落地场所，电竞衍生品直达用户的线下渠道。

与电竞游戏玩家高度重合，但随着电竞赛事观赏度的提高，观众中非玩家的比例将有所提高。

包括游戏直播、媒体、电竞内容制作方。

©中娱智库

图5　中国电竞生态圈（图片来源：中娱智库）

### （三）上海电竞行业发展的痛点

第一，从电竞产品来看，虽有政府、资本、企业助力，仍难掩本土优秀电竞产品缺位。目前上海乃至全国的电竞赛事，基本都已引进国外较为成熟的电竞产品为主。尽管有多方资本注入上海电竞市场，加上政府政策红利，但是在如火如荼的电竞赛事背后，本土电竞产品的开发仍然显得滞后。作为与网络游戏共享产业链的电子竞技，虽然正在蓬勃发展的阶段，但脱胎于网游游戏产业的电竞行业在一定程度上受到网游行业乱象和弊端的困扰。以游戏版权保护为例，虽然上海已经出台了一系列相关举措保护行业版权，但是仍有部分从业者在网游市场爆炸式发展和可观利润的驱使下在盗版侵权的灰色地带游走。在影游联动的情况下，还出现了业内俗称"换皮"的影视改编游戏速成法，即披着大热影视作品的名字，只是将游戏人物姓名或者角色造型加以改动。同时，抄袭国外热门游戏设置，或者挪用国外独立游戏创意的现象也不在少数。这样的情况下，国内网游的竞争力可想而知。

第二，从电竞企业盈利能力来看，前期资本投入巨大，但盈利周期尚不明确，行业自身盈利潜能有待进一步释放。互联网人口红利锐减，受其影响电竞市场扩张速度将放缓。电竞迷都是先从网游一代演化而来的粉丝群体，随着互联网的普及,网络游戏玩家的数量虽然逐年递增,但是近年来增幅放缓。中国网游市场乃至电竞行业的崛起,引起世界游戏行业的普遍关注,但是这种关注更多聚焦在人口红利消失后的市场维护和拓展。当潜在的网络游戏玩家和电竞粉丝都已经挖掘出来成为报告中的数字,如何保住现有的玩家群体,并在此基础上真正释放行业经济动能,是网游乃至电竞行业正在面对的挑战。EDG俱乐部运营总经理潘逸斌指出,电竞行业粉丝的属性维度相对单一,多喜欢头部俱乐部,中下游俱乐部流量少,而电竞俱乐部主要是将流量变现。"目前国内电子竞技俱乐部达到上千家,但头部俱乐部不超过10家。仅少数头部俱乐部能勉强自负盈亏或盈利,中下游俱乐部基本处于亏损状态。"[1]

从图6可以看出,2017年各类资本进军电竞俱乐部屡见不鲜,而早期几乎全部是硬件外设和游戏公司做赞助商的现象在近几年有了明显改观,包括电商、视频网站、运动器材等多元化的资本流入电竞俱乐部。随着经纪公司的介入和多元稳定的资金注入,俱乐部职业玩家的生存境况有了一定的改善。但是集中于几大顶尖战队的资金扶持其实并不利于整个电竞行业的发展,而汇集了几乎国内顶尖战队的上海,如果要进一步发展电竞行业,也需要重视行业内部资金的流入动向。扎堆投资既不利于顶尖俱乐部的发展,也会挤压中下

图6 2017年各类资本进军电竞俱乐部（图片来源：艾瑞咨询）

---

[1] "电竞行业发展困局亟需突破 游戏公司纷纷抢位",《中国证券报》2018年8月28日。

游俱乐部的生存空间,从而影响整个电竞业态的良性发展。

除了俱乐部资金供应不平衡以外,上海的电竞场馆建设也存在隐忧。除了相对专业的场馆,遍布上海大街小巷的还有各种升级后以"电竞"为噱头招揽生意的网吧,游走在电竞馆和传统网吧之间的模糊地带。一方面是老牌网咖馆小心翼翼收缩门店数量保住为数不多的市场份额,另一方面是个体网吧的翻新和扩张,鲜有升级的服务水平和陈旧的经营观念,却快速占有了电竞市场的资源。

第三,电竞行业的产业链发展不均衡,影响行业成熟起飞。目前电竞行业各个链环已经初步构建起来,但是链环与链环之间的紧密度以及链环本身是否结实还有待考查。鉴于此前电竞比赛在各方面的情况,当前各大赛事组织平台还处于不断完善和改进阶段,赛事的标准还未能完全统一。而且电竞俱乐部、电竞选手的培养上力道尚且不足。产业链发展并非十分均衡,因此,在很长一段时间里,政府、企业都需要在不断的完善链环。首先是行业人才的瓶颈。行业人才缺口限制了电竞市场发展,除了大众普遍能够想到的职业玩家即电竞选手以外,产品开发、会展布置、国际交流、赛事承办、解说直播、俱乐部经营管理等多个板块存在缺口。2016 年 9 月 2 日,教育部发布相关招生通知,正式设立"电竞专业",全称为"电子竞技运动与管理专业",该专业设立在"教育与体育专业大类"以及"体育类专业类"之下,专业代码 670411,将于 2016 年开始执行。新增专业适用于高等职业学校(含高等专科学校、其他普通高等学校举办的专科层次的学历教育),于 2017 年开始实行。2016 年 8 月,内蒙古锡林郭勒职业学院设立了全国首家电子竞技专业课程,采用校企合作办学模式。上海戏剧学院、上海体育学院等高校也都引入了电竞专业。现阶段,电竞教育有学历教育和职业培训两种。然而问题的关键在于师资力量的薄弱。长期以来,因为传统价值观念的影响,面对"玩物丧志"、"不学无术"的电子竞技,如何在理论和实践两方面跟上电竞行业的人才教学需求,各大高校都还在不断探索之中。其次是以赛事和会展为基础的行业平台仍需进一步打磨。从图 7 可以看到,2017 年上海 ChinaJoy(第十五届中国国际数码互动娱乐展览会)吸引观众达 34.3 万人次,比上届增长约为 5.3%。虽然连续十四届观众数量增长率维持在 5% 以上,但是不难发现,去年是增长率最低的一届,这也印证了在互联网人口红利减少的情况下,维持品牌效应,维持玩家群体黏度,情况不容乐观。作为老牌展会 ChinaJoy 尚且如此,刚刚落户上海的电竞赛事举办更需要各方关切,不仅事关短期的资金变现,更关乎整个行业业态的长远发展。

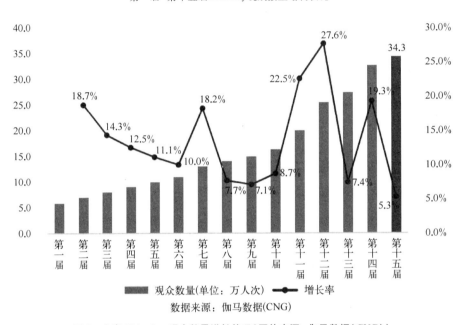

第一届~第十五届ChinaJoy观众数量增长状况

观众数量(单位:万人次) 增长率

数据来源:伽马数据(CNG)

**图 7　上海 ChinaJoy 观众数量增长状况(图片来源:伽马数据(CNG))**

# 三、优势条件:集聚多样化优质资源

上海目前的电竞行业发展虽然存在一些问题,但是上海正在整合多样化的优质资源,在网络游戏产业持续发展的基础上建立起电竞发展的独特优势。上海政府加大了政策扶持力度,文创 50 条和"电竞之都"的建设为一大批网络游戏公司的发展提供了机会;移动平台愈发成熟,掌上电竞与网络社交平台联动,为VR+电竞的前沿风潮集聚了大量的人气。同时,上海举办顶尖电竞赛事的经验为整个电竞行业的成熟提供了必要条件。多方聚力,推动上海电竞行业快速成长。

### （一）互联网人口红利削减下的政策激励

据中国互联网络信息中心发布的第 42 次《中国互联网络发展状况统计报告》，2018 上半年，中国网络游戏用户规模为 48 552 万人，与 2017 年末相比增长 4 391 万人，占整体网民比例达到 60.6%。而根据中国音数协游戏工委（GPC）和伽马数据今年发布的 1—6 月中国游戏产业报告显示，2010 年至今，中国游戏用户的总体规模虽然逐年上升，但是同比增长率持续放缓（见图 8），今年上半年仅比去年同期增长 4%，这也就意味着我国游戏市场的互联网红利和人口红利已今非昔比，随着越来越多潜在玩家被发掘，充斥游戏市场的同类游戏必将经历一轮洗牌，网络游戏产业的增长在未来有放缓可能。这对我国网络游戏的自主开发、网络游戏的出版审核和运营管理、专业人才梯队的培养提出了更高的要求。

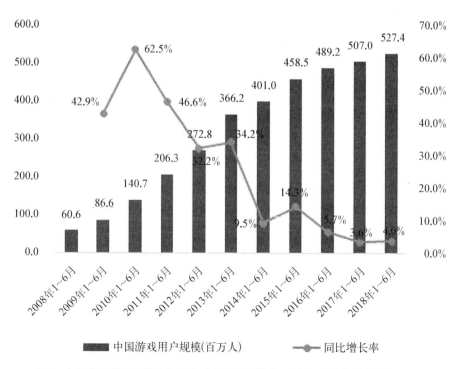

图 8　中国游戏用户规模（图片来源：中国音数协游戏工委（GPC）及伽马数据（CNG））

上海在打造电竞之都的政府宣传和"文创50条"的政策驱动下,游戏产业发展也位居全国前列。从上海的网游发展情况来看,据《2017上海网络游戏市场年度发展报告》显示,2017年上海网络游戏产值达569.3亿元,同比增长24.6%,占全国网络游戏产值的28.3%,占全球游戏产值1 089亿美元的8.3%。2017年,上海持证网络游戏经营企业数量达1 670家,同比增长60.9%,上海持证网络游戏经营企业占全国企业的18.9%。上海新增网络游戏企业数量占上海网络游戏企业总数的37.8%,占全国新增网络游戏企业总量的15.2%,上海游戏市场继续保持较高速度发展。上海网络游戏企业的数量和产值,使电竞赛事的核心游戏内容在未来几年能够得到长足的进步,而本土优质游戏的开发在整体产业热度的驱动下也指日可待。

### （二）移动平台打造与 VR 技术支持

2018年2月,Newzoo发布报告《电竞中的移动平台角色》,分析东西方移动电竞不同的发展侧重点。报告指出,西方电竞市场目前仍以端游为主,游戏种类也主要偏向对抗性。而在东方、特别是中国电竞市场,手游比端游更受欢迎,休闲类游戏拥有更多的用户。值得注意的是,中国的手游大多与QQ、微信等社交平台连接,形成了充满活力的网上社交圈,而QQ、微信等平台又内置集成了游戏中心,将游戏进一步转化成网络社交的一种方式。总部驻扎在上海电竞爱好者天堂灵石路的量子体育VSPN,成功把握住了移动电竞的市场风口,从2016年开始组织王者荣耀KPL赛事。第一届总决赛在上海世博中心举办,一个仅供容纳1 000人的场馆,到了2018年春季总决赛,赛事举办地已经是可容纳18 000名观众的上海梅赛德斯奔驰文化中心。从小范围的自娱自乐到全民娱乐的风向标,王者荣耀KPL在短短两年间就取得了让人刮目相看的成绩,在规模和影响力上都引领移动电竞赛事走上顶级电竞赛事行列。

移动电竞和社交平台为电竞赛事积累了更多的人气,上海有基础也有能力试水新型电竞赛事。在VR+电竞的新风潮中,上海走在领先地位。2015年在上海举办的"全球首届VR电子竞技大赛(WVA2015)"首次将"VR电竞"概念引入大众视野。如今,WVA2018全球VR电子竞技联赛已经成为最火爆的

VR 电竞赛事。赛事选用的比赛项目是目前最火热的大空间定位多人可移动的 FPS 类 VR 游戏《致命火力》,从传统的依靠键盘鼠标和手指的操作方式,升级为需要靠双腿跑位、双手瞄准、团队配合才能进行的游戏,游戏具备十足的竞技性。目前 WVA 赛事已经立足于各大高校,由互联网人才培训机构助力,成为电竞市场最具潜力的增长点之一。

### (三)本土电视、网络媒体的传播与国际品牌赛事合作

目前国内最重量级电竞赛事几乎都已落户上海,包括 DOTA2、英雄联盟、王者荣耀等热门电竞游戏。而巨人网络的球球大作战已经举办线上公开赛、职业联赛等赛事,球球大作战的校园挑战赛成为首个入选文化部 CEST 中国电子竞技娱乐大赛的移动电竞赛事项目。

据完美世界上海分公司副总经理曾珏清介绍,线下赛事是连接电竞产业链的重要环节,也是中国向世界顶级赛事学习的过程。由完美世界主办的 DOTA2 完美大师赛便在四年间不断升级,从直播屏的数量到"对战房"材料的环保指数,上海大师赛的标准都在向国际最高标准靠拢。一些电竞赛事的转播制作水准在技术、艺术、管理等各方面均全面对标、甚至超越传统体育赛事。去年,量子体育 VSPN 在东方体育中心组织承办的王者荣耀职业联赛总决赛中,总共调用了 15 个机位、38 路信号,赛事的硬件水准甚至超越了同期篮球、足球赛事。

从游戏企业的入驻来看,巨人网络、网之易、暴雪等多个电竞游戏企业的主要部门落户上海,国内超过半数的电竞俱乐部总部设立在上海,包括 WE、iG、EDG 等。同时,上海拥有熊猫直播、全民 TV、火猫直播等直播平台,并有香蕉游戏、七煌、VSPN 等专业内容生产团队进行泛娱乐内容制作与推广。技术创新、粉丝经济以及人文科技的热潮,使网络游戏产业中的电竞板块逐渐成为自成一体的产业,其产业结构、增值模式和发展趋势不仅关系到整个游戏行业的生存前景,更深刻影响着年轻人群的价值观念和生活方式。

### (四)上海电子竞技产业发展与上海自由贸易区优势

上海电竞行业既需要成熟的市场环境、完善的政策扶持,也需要专业的人才

梯队,培养人才、保护人才、留住人才,才能保证电竞赛事不仅是赛事,更是综合性的全娱乐平台,确保电子竞技在上海落地生根,形成本土产业优势。2018年8月4日,"上海电子竞技产业发展核心功能区"在浦东揭牌,浦东将利用上海自贸区优势支撑电竞产业发展。① 目前,完美世界正与 Valve 合作启动"Steam 中国"项目,助力该平台落户浦东。浦东将打造"三个平台",即产业资本平台、电竞企业平台和综合赛事展会平台。依托浦东金融方面的优势,上海为电竞行业提供资本支撑,充分发挥资本市场的撬动作用。电竞企业平台通过汇集电竞龙头企业为行业提供走向全球电竞市场的跳板。此外,浦东还将进一步引进和培育一系列重大赛事活动,整合和打造综合性的赛事平台和展会平台。除了"三个平台",浦东还将打造"三个链条",一是人才培育链条,打造以战队选手为核心的电竞人才培养模式,并与政府部门共同探索形成电竞选手的注册制和电竞人才的职业培养体系。二是产业服务链条,发挥产业集群优势,特别扶持直播平台、电竞教育、电竞装备、电信 IP 衍生等相关产业链条。三是政策环境链条,进一步发挥自贸试验区的先行先试、改革创新优势,贯彻落实"上海文创50条",重点扶持电竞产业等板块,为电竞企业落户、生根、开花、结果,提供优质的服务。"三个平台""三个链条"为上海电竞的发展提供软硬件的全方位保障。

从整个上海市的电竞场馆建设来看,"文创50条"指出,鼓励投资建设电竞赛事场馆,重点支持建设或改建可承办国际顶级电竞赛事的专业场馆1至2个,规划建设若干个特色体验馆,促进电竞比赛、交易、直播、培训发展。截至2018年9月,据高德地图显示,在上海全市以"电竞"为名的电竞馆已有36家,其中还不包括并未将"电竞"作为名称的电竞场所(见图9),以及介于网吧和电竞馆之间的游戏场所。而据上海市新闻出版局今年发布的《上海游戏出版产业评估分析报告》,目前上海电竞馆数量约为20家,VR 体验馆约40家,还不包括升级换代以后的网吧。这些场所的选址都靠近周边的文化场馆,依靠周边商圈带来的客流增强人气(见图10)。目前已有场馆的建设对应上海

---

① 参见报道"浦东成为上海电竞产业发展核心功能区"http://www.pudong.gov.cn/shpd/news/
20180806/006001_cdcd467d-87a0-41c4-af72-643c2708fd48.htm。

图9 上海主要电竞场馆分布图①

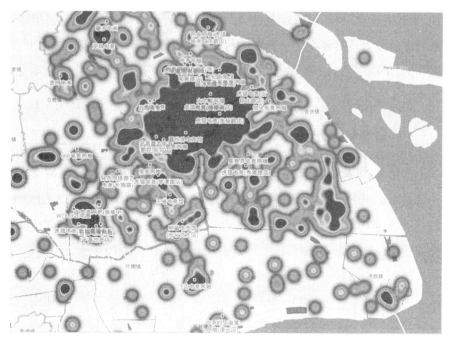

图10 上海文化场馆热力图②

---

① 从高德地图上看,截至2018年9月20日,上海市以"电竞"命名的场馆共有36家。

② 通过上海文化场馆热力图(红色部分为最热门区域)的叠加,可发现电竞场馆几乎都开设在热门文化场馆的周边。

1 700 万的 PC 网络游戏用户数量和 2 360 万的移动游戏用户数量，还有更多的发展提升空间。

# 四、突破重点：优化上海电竞产业的创新生态

Newzoo 在 2017 年开展的一项调查显示，绝大多数电竞战队的成员对电竞市场完全成熟的时间预期是 5—10 年，但是在品牌方以及经纪公司看来，电竞行业生态圈最好在 3—5 年间全面完成职业化，这样的预期落差显示出"旁观者迷，当局者清"的特点。① 换言之，一部分网络游戏成为电竞项目后，就不再只是对战双方的娱乐竞技活动，而是融入到产业资本的洪流中，如何维护这个新兴行业的良性发展将是重点。对于上海电竞发展而言，电竞产业正在起飞时期，面临着优化结构、完善产业链、培育本土内容等方面的紧迫任务，有关部门和行业从业人员需要在快速膨胀的行业热中冷静观察，及时发现发展短板，防微杜渐，采取一系列有效举措，才能更好地借力政策红利，优化上海电竞产业的创新生态，实现电竞产业的长远发展。

## （一）新型场馆建设与既有场馆升级

上海可尝试以大型互联网娱乐竞技场馆的建设带动周边消费，对于分散在街头巷尾的网吧升级则需要政府职能部门确定电竞馆准入门槛，进行资质审核。上海应聚力各方资源，打造"电竞+娱乐"综合娱乐中心，最大化电竞场馆商业价值。上海的电竞行业积淀深厚，中国电竞行业发展初期，上海除了有经济发展领先、地理和网络条件便于参与国际赛事等诸多客观优势，还聚集了游戏风云、七煌电竞、SCNTV、NEOTV 等富有号召力的电竞企业，早期电竞产业链已经遍及电竞游戏内容提供、电竞游戏媒体、战队运营、电竞场馆、电竞内容制作等多领域，为日后电竞产业的高速发展奠定基础；随着 ACE 联盟，前期有较大影响力的 WPC 联赛的组织者落户上海，其他地区电竞俱乐部向上海迁

---

① 见 Newzoo 发布的《2018 年全球电竞市场报告》。

移的趋势显著,上海逐渐发展成全国电竞俱乐部的聚集地。当前,上海电竞企业数量不断增加,电竞生态日趋完善,电竞产业发展呈现分工专业化和企业跨界资源整合的双重趋势。上海应整合现有的网上娱乐视听产业资源,与电竞赛事充分融合规整,形成软硬件综合一体化的电竞中心建设。将分散的电竞场馆进行梳理,充分考虑周边商业消费的现有人气,以电竞行业带动周边人气消费,扩大行业赛事和会展平台的知名度和影响力,以周边商街人气吸引电竞爱好者和随机客流,尽快实现行业流量变现和企业盈利,提升社会认知度,提升本土粉丝的黏性。目前,游戏直播和秀场在网络社交媒体上相辅相成,因抓住泛娱乐时代这一新兴的市场风口,实现电竞行业的真正起飞。

## (二)优质本土网游打造电竞赛事未来升级平台

打造优质本土网游需要加强人才梯队的建设。通过校企合作办学、企业管培、全球化招聘等方式积极培养、引进电竞行业人才,打通中国游戏企业"出海"渠道。在国内游戏产品面向海外推广的过程中,不具备把控渠道的优势,对于各类渠道了解不足反而成为阻力与制约,在与国外本土化产品的竞争中处于劣势地位。随着全球用户获取成本的上涨,渠道流量成为产品成功与否的关键要素之一,这也是导致国内产品在海外缺乏全球性爆款的主因。未来通过国际化人才借力海外综合渠道将成为国内游戏企业在全球范围内取得好成绩的关键。进一步加强相关从业人员培训,建立完善网络游戏孵化基地,拓宽本土文化资源开发渠道。由于欧美、日韩等国网络游戏产业结构较为成熟,其热门网游对国内玩家乃至网络游戏相关行业的从业人员影响深远。面对强势的和风游戏以及欧美神话史诗类格斗游戏,中国本土网络游戏的开发必须融入自己的文化特色才能与之抗衡。上海虽然已经建立了数个游戏创业孵化基地,但是要在根本上打开网络游戏开发视角,还是需要组织相关培训和激励机制,提升从业人员自身的文化修养,帮助他们在现实生活和传统文化中找到灵感。充分利用上海网络文学、网络视听等网上文化娱乐产业的既有优势,充实电竞行业人才队伍,形成产业联动,创新 IP 运营模式。

### （三）政府职能部门多方联手维护电竞生态圈良性发展

上海应进一步推动本土网络游戏开发，加强版权保护，扩大本土网游海外影响力，为将来的电竞赛事开发做准备。政府各部门应对网络游戏乃至电竞行业进行综合管理，以事前审核、事中监管、事后评估为主要环节，明确不同阶段的管理重心。网络游戏的审核和版权发行只是服务器正式投入运营之前的准备工作，网络游戏正式进入市场后，其娱乐性、对抗性、交互性等特征决定了监管重点的转移，由相对静态的内容管控转向动态的游戏运营管理。已经成为电竞市场主力军的大型网游，又涉及平台播放、流量管控、场馆运营等新的监督环节。根据网络游戏不同的发展阶段，需要不同的政府管理部门相互协作，有的放矢，建立起立体多维的综合性管理体系，明确监管责任，形成统筹管理电竞行业的组织，严格监管游戏开发商、游戏运营方的合规执行情况，促进整个游戏市场健康、有序发展，也为网络游戏分级制度的建立奠定良好的基础。进一步加强知识产权保护，扫除"借鉴"和"抄袭"之间的灰色地带，避免雷同复制，提升上海本土文化元素植入水准。针对游戏行业确权难、维权难、取证难的现状，亟需有关部门出台相关措施降低维权成本，完善侵权举报机制，对盗版行为加大处罚力度。

值得注意的是，我国对网游乃至电竞的观念认知相对滞后，而上海打造"电竞之都"意味着不仅需要硬件上的升级，还需要通过政府适当的宣传消除群众对网游电竞的价值误区。电竞行业既直接关涉网游行业的发展，也有其行业自身的特殊性。把握行业市场的普遍性和特殊性规律，将有助于辩证地看待网游行业和电竞行业的同时面对的挑战和各自偏重的问题，这对全面贯彻落实上海"文创50条"，确保上海电竞市场健康、快速、持续发展，具有重要意义。

# 栏目四 树立开放新优势，
## 发展对外文化贸易

**11**

# 上海出版产业走向国际市场： 发展与对策

张佑林*

内容提要　伴随着国际文化大都市目标的确立,上海文化服务贸易发展迅速,成为国内少有的文化服务贸易顺差城市之一,而版权贸易已经构成上海市文化服务贸易发展的核心领域。本文立足于近年来发展较快的版权贸易领域,以上海五岸传播有限公司、上海科学技术出版社、中国中福会出版社等走向国际市场的典型企业作为分析案例,重点梳理上海市版权贸易发展的路径、成功经验、以及面临的一些发展问题,并在此基础上,有针对性地提出对策建议,供有关部门决策参考。

---

\* 张佑林,上海对外经贸大学文化创意产业研究院院长,教授,国家文化贸易学术研究平台上海研究中心主任。研究领域为文化经济学、文化贸易学,主持国家社会科学基金3项,发表论文百篇,出版经济学专著5部。

关键词　上海出版产业　国际市场　走出去　版权贸易

习近平同志在 2014 年文艺工作座谈会上讲话强调,中华优秀传统文化是我们在世界文化激荡中站稳脚跟的坚实根基,必须要做到中西合璧、融会贯通。作为文化产业核心与基础的出版业,是国家文化软实力的重要体现,承担着弘扬本国优秀文化的重要使命。

当前,文化贸易在国际经济贸易格局中所扮演的角色越来越重要,而版权贸易作为文化贸易的重要内容之一,也日益受到重视。作为文化大国,通过加强版权贸易,推动中国文化产品融入全球版权市场,对于扩大我国的文化产品输出、拓展文化发展空间、提升国家软实力都具有十分重要的意义。

# 一、发展版权贸易：突破国际 文化贸易的核心领域

## （一）版权产业和版权贸易的基本定义

版权在英文中称为 copyright,可理解为复制之权,也可以称为著作权,指作者对于自己创作的文学艺术作品、或者科学产品等享有的一些特殊权利。版权产业是指生产经营具有版权属性的作品(产品),并依靠版权法和相关法律保护而生存发展的产业。它涉及文学、艺术和科学作品的创作、复制、发行和传播,也涵盖采集、存储、提供信息的信息产业,主要包括广播影视业、录音录像业、图书、报刊出版业、戏剧创作业、广告业、机软件和数据处理业等行业。

版权贸易主要是指在版权许可和版权转让过程中发生的贸易行为,它是由著作权人将其对作品拥有的部分或全部经济权利通过许可、转让等方式授权给使用者而产生的,是一种无形财产贸易。从广义上讲,只要存在版权许可或转让行为,无论当事人是否在同一地域、或为同一国籍,都可以称作版权贸易,即出版社与所有者的授权合同都属于广义的版权贸易范畴。不过出版业界通常所称的版权贸易是狭义的概念,主要指国际间或不同地区间的涉外版

权贸易行为,通常指著作权人与使用者不在同一国家或地区的情况。

一般说来,版权贸易过程中许可或转让的主要是著作权人的经济权利,凡是通过作品的版权许可或转让行为获利的贸易行为就是版权贸易。通过比较版权的许可与转让,我们可以得知获得版权转让比获得版权许可拥有更多的作品处置权。获得版权转让后,当事人可以独家享有所获得的原版权人全部或部分权利,而许可行为则通常可以是版权所有人一方向多方发放的;获得版权转让后,当事人可以在发现受到侵权时尽快以版权人的身份直接采取诉讼等措施,而仅仅获得许可的当事人是不能享有此种诉讼权利的;在有"著作权可以抵押"的法律规定的国家里,只有获得转让后,才能享有此项抵押权,而仅仅获得许可的当事人是无法将还是别人的版权进行抵押的。

20 世纪 90 年代初,随着改革开放形势的发展,出版业对外开放的步伐逐渐加快,其中最具标志性的事件就是中国于 1992 年加入了《伯尔尼公约》和《世界版权公约》,这为中国出版业走出国门开展版权贸易业务奠定了基础。2006 年,我国先后发布了《国家"十一五"时期文化发展规划纲要》和《关于鼓励和支持文化产品和服务出口的若干政策》,对于指导对外图书版权贸易具有重要意义。

目前与我国版权贸易往来比较频繁的国家地区都准许版权完全转让,我国的新著作权法中也有了关于转让的相应规定,只有极少部分大陆法系国家的法律规定版权不可以转让或者只可以部分转让,而对于版权许可,几乎获得了所有参与版权交易国家的法律许可。

## (二) 版权贸易成为当前国际文化贸易的核心

随着人类社会步入知识经济时代,版权贸易成为国际文化贸易的核心,主要表现在两个方面:一是许多发达国家的版权贸易增加值已经大于其文化产业的增加值;二是依赖多样的版权贸易形式(如影视、图书、音乐唱片和游戏等),各类文化展会成为版权贸易的主要平台。

2017 年 7 月 24 日,国家新闻出版广电总局发布了《2016 年新闻出版产业分析报告》。报告称,新闻出版业不断推进产业转型升级和融合发展,持续提高优质出版产品供给,实现了行业的良好发展。截至 2016 年年底,全国出版、印刷和

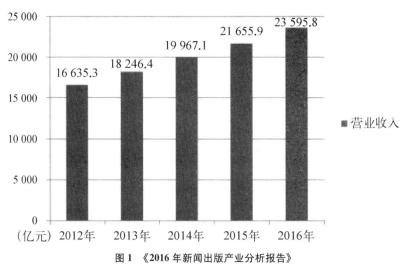

**图1 《2016年新闻出版产业分析报告》**

资料来源：中国新闻出版广电总局。

发行服务实现营业收入23 595.8亿元，较2015年增加1 939.9亿元，增长9.0%。

在版权贸易方面，"引进来，走出去"一直是我国出版产业的重要理念。2016年，全国出版物进出口经营单位累计出口1 765.52万册（份）、5 886.67万美元，与上年相比，数量增长13.71%，金额增长2.79%。全国出版物进出口经营单位累计进口图书、报纸、期刊3 108.18万册（份）、30 051.73万美元，与上年相比，数量增长10.54%，金额下降1.66%。其中，儿童类出版物在进出口领域表现抢眼。截止2016年年底，少儿读物类出口729.87万册、653.26万美元，占图书出口数量50.33%、总金额的12.08%；进口510.40万册、1 671.76万美元，占图书进口数量32.89%、占总金额11.59%。

如果把时间放长一点，2000—2015年中国图书版权引进和输出量共计251 309种，其中引进版权194 232种，占总量77.3%，输出与引进种类同步增加，使我国图书版权贸易发生了巨大变化。从版权引进与输出的比例看，2003年为15.43∶1，为入世以来最大值；2003—2007年引进与输出比例持续缩小，降低到5.34∶1；受金融危机影响，2008年比例增加到6.47∶1；此后版权引进小幅下降，输出保持持续增长，二者比例到2015年仅为2.06∶1。可见，近年来我国图书版权输出能力逐步提高，整体贸易结构有所改善。

进入新时代,在文化"走出去"战略和"一带一路"倡议的实施,以及出版体制改革深化的背景下,我国图书版权贸易日趋活跃,贸易逆差状况有了显著改观。国家新闻出版署发布的《2017 年新闻出版产业分析报告》显示：2017年,全国共输出出版物版权 12 651 项,较 2016 年增长 29.0%；共引进出版物版权 18 037 项,较 2016 年增长 5.0%,引进与输出比例进一步优化,对外版权输出数量迅速增加。

在做好版权贸易的过程上,我国出版人精准把脉国内外市场、精耕作品内容、创新合作方式,实现了高水平的"引进来"与高质量的"走出去"。在"引进来"方面结出丰硕成果,秉承"引进经典、出版经典"的原则,各出版机构越来越重视引进图书的质量,并及时捕捉国内读者的需求,查漏补缺,填补国内图书市场空白。在"走出去"方面佳作频现,围绕改革开放和中国发展等现实问题,出版社组织策划了一批有助于海外读者了解当代中国社会现实的著作,既有《习近平谈治国理政》《习近平讲故事》等诠释"中国方案""中国智慧"的主题图书,又有《青铜葵花》和"小喜鹊幼儿园"系列等反映我国当代儿童成长的童书,这为外国朋友了解当代中国起到了很好的桥梁作用。

### （三）数字版权贸易发展迅速,成为新增长点

从版权贸易的结构来看,近年来数字版权贸易发展迅速,已经成为版权贸易新的增长点。国家新闻出版广电总局发布的《2016 年新闻出版产业分析报告》显示,2016 年,全国新闻出版产业营业收入实现 23 595.8 亿元,较 2015 年增加 1 939.9 亿元,增长 9.0%,同比提高了 0.5 个百分点；2016 年,数字出版对全行业营业收入增长贡献超三分之二,全国共输出版权 11 133 种,较 2015年增长 6.3%。其中,电子出版物版权贸易实现大幅顺差,净输出 1 047 种,增长 192.5%,输出品种数量为引进品种数量的 5.8 倍。

以上海市为例,2017 年,上海共引进图书版权 1 770 种、录音制品 112 种、录像制品 115 种,电子出版物 254 种；输出图书版权 444 种、电子出版物 572种。与 2016 年相比,图书版权引进增加 431 种,同比上升 32.2%；图书版权输出增加 264 项,同比上升 146.7%。电子出版物的版权贸易尤其活跃,其中引

进增加 225 种,是 2016 年的 8.7 倍,输出增加 569 种,是 2016 年的 190 倍,版权贸易数量整体增幅明显,贸易逆差缩小;2017 年版权贸易总体引进输出比为 2.22∶1,相较 2016 年的 8.29∶1 大幅缩小,个别领域实现贸易顺差,如电子出版物引进输出比为 1∶2.25[①]。

### （四）中国版权贸易亟待优化结构,扭转逆差

2007 年我国引进图书版权 10 255 种,同比 2006 年下降 6%,而输出图书版权 2 571 种,比上一年度增长了 25.4%,贸易逆差比例为 3.98∶1;2008 年我国输出图书版权 2 440 项,输入为 15 776 项;2009 年我国输出国书版权 3 103 项,输入 13 793 项,比 2007 年有所反弹;2010 年我国输入 13 724 项,输出 3 880 项,比例又再次下降,为 3.53∶1;2011 年 10 月,我国图书版权输出增至 5 922 项,2012 年猛增至 7 568 项,增幅达 27.2%;2013 年虽有所下滑,但仍达到 7 305 项;2015 年,我国输出版权 10 471 种,引进版权 16 467 种,版权输入品种与输出品种比例为 1.6∶1;2016 年我国共引进图书版权 16 587 种,输出图书版权 8 328 种,引进和输出比例为 1.99∶1。[②] 2017 年第 24 届北京国际图书博览会,达成中外版权贸易协议 5 262 项,同比增长 4.9%,其中达成各类版权输出与合作出版协议 3 244 项,同比增长 5.5%;达成引进协议 2 018 项,同比增长 3.9%,引进输出比为 1∶1.61,越来越多的图书开始输往小语种国家。

近 10 年来,虽然我国图书版权贸易取得了较好的成绩,但总体而言,还存在以下若干问题。

1. 版权输出与引进在内容类别上不对等

总体上看,我国引进版权涉及社会生活各个方面,且数量巨大。但我国版权输出不仅品种有限,且以历史、文化、中医和汉语教学为主,而反映现代中国科技发展、经济贸易、思想文化的书籍寥寥无几,内容单一,缺乏广泛的受众,难以达到信息进出口的平衡,这既是出版企业对西方市场的研究不足,也是中

---

① 施晨露:《电子出版物引进输出比已达 1∶2.25》,《解放日报》2018 年 4 月 27 日。
② 李诗言:《近十年我国图书版权贸易情况及发对策》,《出版发行研究》2018 年第 1 期。

西文化差异所致。东西方意识形态的差异，使得真正能够代表中国思想和观点的出版物在西方市场受到冷遇，导致在文化出版领域享受不到话语权。

此外，我国版权输出内容题材单一，也影响到了产品的出口。我国版权输出图书主要集中在哲学、社会学科，教育、文学、艺术等专业领域，内容题材则集中在中国传统文化、中国现当代主题图书、以及养生保健、中医药、汉语学习、历史地理等领域，而真正能够反映中国现当代文化思想的社科类著作，能够代表国家科技发展水平的自然、科技类图书则少之又少，这与我国经济大国、政治大国、文化大国的国际地位严重不相符。

2. 版权贸易主体分布失衡

我国版权引进国多为欧美发达国家，虽然中国已同 190 多个国家和地区建立了图书、版权交往关系，同 40 多个国家签订了相互翻译对方经典作品的协定，但我的版权贸易主体仍然存在着分布失衡的问题。从 2002 到 2012 年间，我国从美国、英国、德国、法国、日本、韩国、我国台湾地区、我国香港特区、新加坡、俄罗斯等前 10 大版权贸易合作地，共计引进图书版权 125 865 种，占 10 年间全部引进数量的 92.1%。其中，美国以 35.3% 的份额高居榜首，美、英、德、法、俄 5 个欧美发达国家引进合计占 45.7%，而从美、英、德、日、我国台湾地区等排名前五的贸易伙伴，引进版权数量约占各年引进总量的 90%。版权输出则高度集中于台湾地区、香港特区、日本、韩国等地，美、英、德、法、俄等欧美国家虽然也占据一定比例，但与版权引进份额相比不可同日而语。2012 年，我国向排名前 10 的版权输出地共输出图书 1 246 种，占当年总输出量的近 70%。

据 2017 年最新数据统计，我国大陆地区对台湾地区和美国的输出量皆超过 1 000 项，占全国图书版权输出总量的近 25.5%；越南、印度、黎巴嫩、泰国、马来西亚、尼泊尔、印度尼西亚、吉尔吉斯斯坦、斯里兰卡等为我国图书版权输出重点国家；而丹麦、菲律宾、芬兰、哥伦比亚、拉脱维亚、马耳他、毛里求斯、孟加拉、瑞士、斯洛文尼亚这 10 个国家相对输出量较少，输出量占全国图书版权输出总量的百分比皆为 0.01%①。

---

① 王珺、马思彤：《2017 年全国版权贸易数据报告》，《国家出版周报》2018 年 8 月 20 日。

### 3. 版权逆差绝对值居高不下

近年来,虽然我国版权输出数量持续增长,但版权贸易逆差的绝对值同样也在逐年增长。"九五"期间,版权引进总计 25 412 种,版权输出 2 247 种,逆差绝对值为 23 165 种;"十五"期间,版权引进 53 641 种,版权输出 5 437 种,逆差绝对值为 48 204 种;"十一五"期间,版权引进 68 613 种,版权输出 15 770种,逆差绝对值达到 52 843 种;2002—2012 年这 10 年间,我国图书版权贸易累计逆差高达 104 225 种,版权贸易逆差现象始终没有发生根本性改变;2016 年我国共引进图书版权 16 587 种,输出图书版权 8 328 种,逆差绝对值为 8 259种,略有下降。

为了缩小版权贸易逆差,扩大市场,现在我国版权产品输出途径已经从单纯的版权贸易转向合作出版,一些出版单位开始与西方著名出版机构建立战略合作关系,还有一些出版企业开始设立驻外出版分支机构,这一切努力,都为我国出版事业走出去奠定了坚实的基础。

上海作为我国文化服务贸易为数不多的贸易顺差城市,承担着我国文化走出去领头羊的作用。近年来,作为文化服务贸易的主力军,上海各种不同类型的文化企业,在版权贸易方面进行了大胆的尝试,取得了一些有益的经验,形成了具有上海特色的版权贸易发展模式,下面就其中一些具有代表性的企业的成功经验予以总结与评述。

## 二、拓展海外版权市场:探索 "走出去"的创新之路

版权产业发展到一定程度,为了扩大本国文化的影响力、提高经济效益,必然面临着走出去的历史重任,而作为一种生产精神文化产品的行业,其在开拓海外市场的过程中,不可避免地会受到文化折扣、知识产权保护等方面的问题,这就需要其在走出去的过程中,需要不断地吸取经验教训,根据各国市场的不同需要,走创新发展之路。而在这一过程中,上海五岸传播有限公司不断探索进取,形成了一条独特的"走出去"创新发展之路。

上海五岸传播有限公司(简称"五岸传播")成立于 2004 年,作为"中国文化走出去"标杆企业,已经连续几年被评为国家重点文化出口企业。五岸传播是上海文化广播影视集团有限公司(简称"上海文广集团")系下版权经营平台,从事国内外节目发行、节目代理和节目订制合作,主要是以电视节目为主,包含综艺、电视剧和纪录片等 SMG 版权下的文艺类、教育类版权产品。

从文化产业的角度来说,五岸传播是国内以版权运营为基础的文化产业的开拓者、引领者,经过多年的积累,五岸传播已成为国内外知名的影视节目发行和代理企业,文化产品出口收入年增长 20% 左右。2016 年五岸实现营业收入 48 910.12 万元,相比 2014 年营业收入 15 670.38 万元增长 76.67%,净利润 5 444.92 万元,相比 2014 年实现净利润 2 838.94 万元增长 38.49%。

但是,五岸传播的发展也不是轻而易举的,由于文化背景与体制的不同,其在发展之初也面临着许多现实问题与瓶颈。

### (一)中国出版产业拓展海外市场面对的瓶颈

出版产业拓展海外市场,由于各国文化背景不同、宗教信仰迥异、以及社会制度等方面的差异,因而面临着种种困难与障碍,这构成了其走出去的发展瓶颈,主要表现在以下几个方面。

1. 文化折扣现象

由于文化背景的不同,导致文化产品在传播过程中存在文化价值消减情形,这种"文化折扣"现象是版权贸易中有待解决的一个关键问题。一般来说,两国间经贸往来同其地理距离呈反向关系,也同其经济制度、政治、社会、法律和语言文化差异而衍生出来的"文化距离"呈反向关系。由于文化产品本具有不同国家的文化特质,在版权贸易过程中,这些文化特征将决定其产品在对应市场是否受欢迎,进而直接影响到其经济效益。文化差异成为版权贸易贸易的壁垒,使那些优秀的、具有中国特色的图书与数字产品,较难在短时间进入到更为广阔的国际市场,延缓了国际化进程。

2. 销售渠道狭窄

与国外出版社不同,国内出版社很难培养出自己独立的销售渠道,主要受如下两个因素的制约：第一，缺少国际贸易土壤。借力书展结识各国书商，达成合作意向是图书出版业最常见运作的模式，素未谋面的世界各国书商通过参加书展汇聚一堂，现场挑选各自感兴趣的书目并即刻沟通，达成合作意向，甚至当场完成订单交易，这是一种普遍流行的模式。但是，这种模式在中国本土却难以奏效，很大程度上是因中国出版业国际贸易起步较晚，国际影响力不足所致。第二，受制于出版社规模。海外出版社立足市场经济，在兼并与收购中扩大规模，市场地位稳固，拥有成熟的贸易架构和分销渠道。相比而言，虽然国内出版社数量众多，但规模各异，小型出版社很难在国际贸易中立足。

此外，出版社通过寻求与国际版权代理商的合作而走出国门，不失为一个好办法，但仍有明显的局限性。选择国际版权代理商就意味着放弃贸易主动权，无法自由选择交易对象和地区，营销战略更无从谈起。

3. 政策支持力度低

广义的版权产业涉及影视作品的翻译和推介等多个环节。以当前中国影视作品的多语种翻译和海外销售为例，就存在一定的成本压力和市场风险。根据现行政策规定，在版权交易过程中，版权方负责翻译并且承担费用。在影视作品翻译完成并且在海外市场销售后，政府再给版权方补贴一半的费用。这种市场前景的不确定性形成了对外翻译的经济压力。

4. 文化歧视现象

北美地区，美国因其强势的版权产业对外输出强势文化，一直以来提倡文化自由贸易原则；但加拿大一贯主张和坚持"文化例外"，以民族利益和经济利益为由抵制文化领域的自由贸易，实行"文化保护主义"。欧洲也针对他国文化采取壁垒措施，主张文化例外原则。中国文化虽然具有5000年的文明史，但是中国对外文化贸易的实力不强，以汉语为主的中国版权产品难以大量进入国际主流出版市场。

5. 维权难度高

中国企业对当地制度法规等不够熟悉，缺乏对当地语言文化、市场制度标准和法律法规的了解，成为版权贸易的阻力。在出现版权纠纷后，海外维权难度较高，主要体现在以下三个方面：第一、某些公司在海外注册，服务器也在海外,给维权带来难度;第二、相关法律的差异性会对权利人造成误导,导致维权策略、方式和诉讼选择错误;第三、根据现有规定,针对海外形成的维权证据需要进行公证认证,涉及外文的还需要翻译,由此导致证据链过长、准备周期长、成本过高,加大了海外维权难度。

## （二）依托展会营销：打开版权销售的突破口

2017 年,国际展会上国内参展机构的数量同比增长 30%,参展产品增量明显。

在如今会展业市场形态下,会展营销主要采取的方式包括：电话销售、直接邮寄、广告宣传、活动推广、网络营销、代理营销六大种类。五岸传播主要依靠 Email 营销、广告宣传、活动推广方式,会展举办前期向目标客户发送 EDM 邮件,通过与目标客户建立沟通渠道,向其直接传达相关信息,从而促进销售。会展期间,五岸前期投入广告宣传,张贴现场海报,塑造企业形象,吸引客户参与会展;在会展举办过程中,五岸通过包装概念、策划内容、展映样本,促进客户对企业以及会展产品的了解,从而达到销售产品的根本目的。

由于五岸传播背后强大的平台资源,从 2011 年起,五岸传播受国家新闻出版广电总局委托,负责国际大展上中国联合展台的组展工作,承办了展会"感知中国"中国影视内容推介会;2015 年,五岸传播全力推动"SMG 智造"内容战略体系,在当年非洲电视节上积极开拓非洲市场,《拳心拳意》及《华夏新纪录》等节目发行至多个非洲国家;广电总局还委托五岸传播代理多部国内优秀影视作品在非洲五国发行,成功与利比里亚国家电视台签约,首次将中国电视节目引入该国;SMG 出品的《中国面临的挑战第二季》《海上丝绸之路》《味道中国》等优质节目亮相非洲,引起多个电视台、传媒机构的关注和兴趣;五岸传播还与南非 MNET 电视台,莫桑比克 Miramar 电视台,尼日利亚 WETV 电视台等媒体就具体节目合作进行了商谈。2016 年 MIPCOM 展会期间,五岸传播与多家合作伙伴及客户洽谈,其中包括英国 All3Media、日本 ABC、法国 C&CO、凤凰卫视等,重点推荐了《中国面临的挑战第二季》、《味道中国》、《极限挑战》、《笑傲江湖》、《人间世》等多档 SMG 节目;五岸传播还积极推广《狗狗冲冲冲》等节目模式,力推"SMG 智造"节目创意,力争实现多层面上的中国文化走出去。此外,五岸传播还与德国 EuroArts、英国 EKurdina、法国 Arte 洽谈艺术类节目的引进合作。

2017 年 3 月,在第 21 届香港国际影视展上,五岸传播与马来西亚星报集团达成战略共识,将以专区的形式登陆其旗下首家 OTT 平台—DimSum,本次合作不仅标志着 SMG 内容落地马来西亚 OTT 平台,更是中国内容第一次以品牌专区形式登陆马来西亚 OTT 平台。此外,五岸在香港会展上也为更多国际合作伙伴,福克斯、香港 TVB、马来西亚 Astro、台湾东森电视台等带来最新最优质的内容;2017 年 12 月,五岸在新加坡 ATF 上主推奇幻类题材电视剧《东方奇幻》《太古神王》和《镇魂》,两部外宣纪录片《海上丝绸之路》《中国面临的挑战 3》,主推东南亚市场,包装"东方热播、东方奇幻"概念。

凭借电邮维系老客户,展会扩展新客户的方式,越来越多海外客户认可五岸,愿意与其合作。近几年,五岸交易额平稳攀升,销售内容多元化,将 SMG 版权产品发行至北美、欧洲、东南亚、日韩等 30 多个国家和地区。通过参加 MIPCOM、ATF、NATPE 等国际影视节目交易展,五岸传播充分地与国际领先的媒体机构接触与交流,学习国外节目在内容制作、发行和营销方式上的先进经验,使自己走出去的步伐更加稳健。

### (三) 与海外企业合作,共推作品进军海外

2017 年 10 月,五岸传播与泰国新加坡合资公司贝壳小岛动漫影业在 MIPCOM 2017 共同宣布携手达成合作意向,推出 10 部动画电影并在全球发行,成为首个由中国、新加坡、泰国联合出品的动画电影项目,对三国的文化产业合作具有重要的意义。首部系列电影将五岸传播科幻真人秀 IP《2049 明珠号》的故事背景与新加坡小岛动漫原有 IP《梦幻战士》的人物造型相结合,在 2017 年年底进入前期制作阶段,预计 2020 年上映,之后每年推出一部新电影,力争打造一个中国式的"漫威宇宙"。

除以上途径以外,五岸传播会直接前往海外洽谈项目,或是邀请海外企业来 SMG 合作;2017 年 3 月,五岸传播与印度 Planetcast Media Services Limited

在印度新德里成功签约,合作内容就是将中国的节目引入印度 Planetcast 下
OTT 平台,入驻的节目都是由总局授权的印度语译制节目,如电视剧《杜拉拉
升职记》和纪录片《故宫》以及部分 SMG 的精彩节目。

### （四）面对的问题和突破的对策

五岸传播积极拓展海外版权市场,探索创新"走出去"之路,在取得一系列
成绩的同时,也遇到了一系列发展中的问题,主要表现为:一是译制补贴不
足。由于不确定是否能成功销往海外,翻译作品就存在着一定的风险,事前五
岸需要谨慎筛选作品。例如,五岸将许多版权销售到亚马逊就遇到很多相关
问题,除将中文译成英文以外,还需调整为亚马逊要求的格式,这个过程中会
产生很多成本。未来五岸希望构建海外销售片库,其中既包含 SMG 旗下的版
权产品,也涵盖更多 SMG 以外的版权产品,这一愿景对五岸的资金、市场运行
能力都提出了很高的要求,而目前译制费用过高,挤兑出筹建海外片库的资
金。二是海外市场调研,企业个人力量有限。五岸在走出去过程中,需要海外
市场调研,分析不同海外市场的需求层次,做到区别销售,不过企业个人力量
毕竟有限,而海外大平台的数据库又对外保密,这给调研工作加大了难度。三
是维权难度高。根据现有规定,针对海外形成的维权证据需要进行公证认证,
涉及外文的还需要翻译,证据链过长、准备周期长、成本高等因素加大了海外
维权的难度。

针对以上存在的问题,可考虑采取以下对策予以应对:一是加强对版权
贸易的财政补贴力度,构建对外文化贸易专项资金常态化、制度化的资金供给
和运用机制,保证年度资金有效用于推进对外文化贸易活动的开展;二是依靠
政府力量,以及对外文化贸易基地的平台优势,开展国际文化市场以及中国文
化服务产品海外调研,加强对海外文化产业、市场的深度分析及案例介绍,为
文化服务贸易出口提供决策参考;三是加强与海外文化管理机构与相关管理
部门的合作,建立维权协调机制;同时加强版权贸易相关方面法律人才的培
养,提高维权水平。

## 三、推动科技版权贸易：坚持专业
## 定位推介优质图书

科学技术出版业是中国出版业的重要组成部分。近些年来，随着中国在科学技术领域不断取得新的成果，特别是在数学、工程学、化学、农业、地理等科学领域处于世界领先的地位，在其他科学领域每年都也都有新的进步和创新产生，国外对于中国科学技术类图书的需求也在提升。中国科学技术出版业随着市场的发展和中国科学技术水平的进步，逐渐走出了具有中国特色的海外版权贸易之路。

上海科学技术出版社成立于1965年，以出版自然科学、工程技术、医药卫生、实用读物以及科普类图书等为特色，同时兼顾理科基础教育及期刊出版，在中国综合科技出版社之中具有一定的影响力，具有门类齐全、品种多样、层次丰富的特点，得到社会的肯定和读者的认可。

上海科学技术出版社作为我国科技出版界的代表性企业，也承担着推动我国科技出版事业走向国际的使命，并在其多年的实践中，走出了一条"坚持专业定位、推介优质图书"的版权贸易发展模式。

### （一）坚持精准的发展定位，走原创科技图书精品之路

20世纪80年代，上海科学技术出版社作为国内较早从事文化贸易的出版社之一，积极探索国际与国外知名出版社的合作，设立对外国际部并专职于版权合作和输出。借助于长期的积累和优质的图书内容资源，上海科技出版社进行了较多的版权贸易尝试，提出了以"专业原创"引领走出去的发展理念，目前输出图书六百多种，引进图书约一千种，取得了显著的版权贸易成果。

上海科学技术出版社发展的定位就是专业性、原创性，将自己图书定位于国内一流、国际领先的地位，希望通过高质量的内容打开国际的图书市场。在20世纪80年代，出版社就将中医类、大学教材类等书籍，通过文化贸易输出到了香港、台湾地区以及日本、韩国等国家，获得了较高的认可度。出版社早期

的图书对外贸易更加侧重于中国传统的医学类的书籍，特别是中医、针灸等医学书籍的贸易，通过向国外一些出版社推介，将中国传统的医学文化向外推广，取得了较好的宣传效益和经济效益。

随着中国国力的提升，高技术水平人才的增加，一些代表中国现代科研发展新水平的理论成果出现。借助这一契机，上海科学技术出版社坚持科技出版、走原创精品之路，借助于国内科技界高水平原创专著，通过主动推介、积极合作，一些专业性的书籍得以走出国门，推进到国际市场，并获得了国际图书市场的认可。

专业图书对外出口，最重要的是内容的优质以及原创性，对此上海科学技术出版社适应这一专业性图书出版的发展趋势，力求将自己打造成为国内一流、国际领先的专业出版社。借着近些年来中国科学技术发展浪潮，向外出口了众多的专业书籍。例如结合我国西医临床案例多、发展快的优势，向施普林格出版公司输出了《慢性胰腺炎的诊断与治疗》、《脊柱外科手术解剖图谱》、《持续葡萄糖监测》、《血管腔内器具学》等临床医学专业图书；结合我国近年工业技术高端领域的发展，向爱思唯尔出版公司输出了《极端环境下的电液伺服控制理论及应用技术》、向施普林格出版公司输出了《高速气动控制理论和应用技术》等专业图书。这些书籍无论是在内容上、还是专业性上，都是能够在国际市场上立足的，体现了中国科技的发展水平，同时也凸显了上海科学技术出版社坚持"专业原创"，引领走出去的理念。

## （二）探索与国际机构联合出版的新模式

上海科学技术出版社主动与海外大型出版社开展版权合作，例如与施普林格出版公司就图书海外出版达成共识，以两家社名义共同在全球范围内出版相关图书的中文版和英文版；随着合作程度的加深与彼此的信任程度加强，出版社在多本丛书的版权中开展了版权合作，促进了图书文化产品贸易。

上海科学技术出版社推出的"现代数学丛书"，是建国以来我国数学界著名的图书出版品牌，在国内外数学界享有极好的影响和声誉。20世纪五六十年代，上海科学技术出版社响应"向科学进军"的号召，组织策划一套数学学术专著丛书，取名为"现代数学丛书"，其宗旨是向国内外介绍中国比较成熟的、对学科发展方向有引导作用的第一流数学研究成果，反映中国数学研究的特色和优势，扩大中国数学研究成就在国内外的影响，促进学科发展。该丛书由著名数学家华罗庚担当主编，于1963年开始陆续出版，到1986年共推出了8种。这些反映中国数学界研究最新进展的专著，受到了国际数学界的关注和极高评价，多部输出到国际著名出版社。20世纪90年代初，出版社对编委会进行了进一步调整，推出第二辑，由著名数学家苏步青担任名誉主编，著名数学家谷超豪担任主编。1992年到21世纪初，先后推出了18种，延续着第一辑良好的国际学术影响力。

随着时间的发展，21世纪进入第二个十年，"现代数学丛书"开启了第三辑的编辑工作，上海科学技术出版社探索尝试国际合作出版模式，由著名数学家李大潜担任主编，组建了由马志明、Ph. G. Ciarlet等专家组成的国际化编委会，以国际化眼光和标准推荐、遴选选题，指导丛书的规划、编辑和出版工作。上海科学技术出版社与施普林格出版公司就该丛书的出版达成共识，以两家出版社的名义共同在全球范围内出版该丛书的中、英文版，既面向国内介绍国际数学界最新进展，也面向国际介绍国内数学界最新成果，为"现代数学丛书"逐渐发展成为国际性图书品牌创造了空间。这一国际出版平台的搭建，有利于我国数学家尤其是中青年数学家的优秀成果走向国际，是上海科学技术出版社打造国际出版品牌的尝试。

随着版权合作工作的日益加深，上海科学技术出版社已经同施普林格等国际知名出版机构建立了密切的版权交流关系。依托国内优质专业出版资源，上海科学技术出版社主动出击，有些图书中文版尚未推出时，就开始为国内优秀的科研项目和专家寻找国际性的出版平台。在"十三五"国家重点图书出版规划项目中，上海科学技术出版社有24项入选，根据目前的规划和完成进度来看，"深远海工程装备与高技术丛书""智能港口物流丛书""人工智能2.0系列"都具有系列输出的潜力。

### （三）面对的问题和突破的对策

上海科学技术出版社坚持专业定位推介优质图书，推动科技版权贸易，在取得成绩的同时，也遇到了一系列发展中的问题，主要表现为：一是专业的翻译人才较缺乏。上海科学技术出版社出版的图书具有一定的专业性，涉及科学、工业、农业、医学、教育等，要求翻译者不仅英语要好，更要有较高的理论专业背景。这一要求使得在专业性图书领域的翻译人才显得十分稀缺，翻译人才的缺乏限制了一些中国最新的专业类书籍无法走出国门、进入国际市场。二是资金较为紧张。目前市场上普遍的翻译价格为500元/千字，而上海科学技术出版社的专业类书籍依靠的是较为专业的人才，其翻译成本会更高一些。专业类的书籍普遍字数较高，成功翻译完成一本专业图书需要大量的时间成本、经济成本，对于出版社而言动辄上万元的翻译费用也是一个较大的负担。三是国家文化存在差异的影响。上海科学技术出版社在国际图书贸易中，有些医学类图书，特别是中医类、针灸类的图书具有鲜明的中国文化内容特性，文化上的差异给图书贸易制造了一道文化贸易壁垒，使得那些优秀的、具有中国特色的图书较难在短时间进入到国际市场，减缓了出版社的国际化进程。

针对以上存在的问题，可考虑采取以下对策予以应对：一是要针对不同文化产业类别以及文化企业的特征和需求，研究定制专项培训计划，同时，文化企业需要与国内外高等院校、专业机构建立战略合作；二是拓宽融资渠道、加强资金运行，要积极争取国家（或部委）文化发展基金、专项资金和其他文化产业投资基金。除了政府资金外，还应该吸纳更多的社会资金，通过建立"文化产业发展基金""文化企业创新发展基金"等，以吸引更多的社会资本参与到图书出版事业中；三是加强与贸易对象国的国际文化交流与合作，减少文化折扣现象等。

## 四、推动资源双向流通：增强版权贸易的竞争力

版权贸易是建立在对丰富的历史文化资源深入挖掘、并形成书籍、影视作

品等精神产品的基础上的,这就构成了各国知识产品的不同特色与市场认可度。在文化差异存在的客观现实情况下,版权贸易鼓励各国在利用文化资源中的双向交流、互相沟通、融合发展,以生产出适销对路的文化产品,更好地融入彼此的文化市场,增强版权贸易的竞争力,充分满足各国人民的文化精神消费需求。

中国中福会出版社是由中国福利会儿童时代社与中国福利会出版社于2007年8月合并而成的集书、报、刊出版于一体的综合性出版社。出版社秉承宋庆龄"实验性、示范性、加强科学研究、加强对外合作交流"的指示方针,出版海内外有关宋庆龄研究、妇幼保健、学前教育、早期教育、校外教育研究成果,儿童文学原创精品,儿童启蒙启智读物等图书,引进和输出有关出版成果,开展版权贸易,促进国际间的文化交流,为读者提供健康有益、格调高雅、形式多样的精神食粮。

在对外文化贸易方面,中国中福会出版以"儿童绘本"为突破口,积极寻求出口机会。该社自2012年起开始选编制作原创绘本,2014开始扩展国际市场,截止到2017年底,中国中福会出版社的出版物对外出版原创图书十几种,远销美国、法国、加拿大、韩国等主流市场,图书出口战略初见成效。

中国中福会出版社成功的经验,主要表现为通过推动资源双向流动,扩大交流,增强版权贸易的竞争力来战略市场,从而达到扩大图书出口的目的,其具体做法如下:

## （一）"引进来"与"走出去"：进口贸易推动出口贸易

中国中福会出版社在初期开展进口贸易的同时兼顾出口贸易,二者有机结合,形成进出口贸易的良性循环。该社在图书进口贸易的过程中,结交到更多图书代理公司、国际知名出版社,既增加了该社的国际知名度,又拓宽了该社的国际贸易渠道。目前,中国中福会已经引进多种外来读物,其中就包括家喻户晓的"巧虎"系列。"巧虎"系列商品是中国福利会出版社于2006从日本Benesse(倍乐生)教育集团引进的、针对学前儿童的家庭学习商品,包含书、读本、父母用书、DVD影像教材和教具(玩具)等。截止2016年8月,"巧虎"系列商品的网络在籍会员数量就已经超 100 万,因其内容丰富,制作优良受到中国家长的广泛好评,是目前该社最成功的引进案例。

在"引进来"战略大获成功后,该出版社利用进口贸易所形成的渠道反向推广,变单行线为双行线,成功向日本出版社推介《自然科学美绘本》图书,实现了进口与出口的双赢。

### (二)参加国内书展,广泛结交国际书商

上海作为国际文化大都市,目前承接了中国最大的两个书展:上海国际书童展、上海书展。中国中福会出版社积极参与国内书展,筹办丰富的展会活动,抓住一切机遇结识国际书商,把作品推向国际。在 2017 年度 CCBF 中国上海国际书童展中,该社积极承办"国际出版人访问上海项目(SHVIP)",代表上海市新闻出版局接待了来自意大利、瑞士、哥伦比亚、波兰、法国、英国等国家的访问团,期间展出的原创绘本更是得到各国出版人高度赞赏。中国中福会出版社通过积极投身展会活动与各国出版人建立了长期友好的联系,搭起了对外社版权贸易的桥梁。

### (三)依托贸易代理,走向国际版权市场

由于中国中福会出版社规模较小,图书出口经验较为匮乏,尚未建成足够成熟的图书出口渠道,因此该出版社委托中国教育进出口公司,为其代理进行版权贸易。对于小型出版社而言,人力、物力、财力都难以支撑起跨国贸易的重任,而选择代理公司进行中转贸易,则成为小型出版社的必由之路。中国福利会出版社依托中国教育进出口公司丰富的贸易经验和成熟的贸易渠道,成功与国际知名出版社签约,其产品远销法国、美国、加拿大、韩国等主流市场,完成了出版社走出国门的第一步。虽然依托代理进行中转贸易缩减了盈利空间,但就目前来说还是小出版社走出国门的最优途径,既节省大量的人力、物力投入,又扩大了国际市场,提高企业国际知名度,总体上是成功的。

### （四）面对的问题和突破的对策

中国中福会出版社通过推动资源双向流通,增强了版权贸易的竞争力,开拓了国际市场,但在发展过程中,也面临着一系列问题,主要表现为渠道狭窄和利润率低等问题。

与国外出版社不同,国内出版社很难培养自己的销售渠道,主要受如下两方面的制约:第一、缺少国际贸易土壤。借力书展结识各国书商,达成合作意向是图书出版业最常见运作的模式。素未谋面的世界各国书商通过参加书展汇聚一堂,现场挑选各自感兴趣的书目并即刻沟通,达成合作意向,甚至当场完成订单交易,但是,这种方式在中国本土却难以奏效,很大程度上是因中国出版业国际贸易起步较晚,国际影响力不足所致。第二、受制于出版社规模,小型出版社很难在国际贸易中立足。首先,小型出版往往财力有限,仅聘请翻译,出国差旅的费用,就可能使其望而却步,即使有能力做到初期交涉,但聘请海外公司进行市场调研的费用也难以承受;其次,小型出版社规模有限,没有自己的国际版权部门或国际法务部门,在贸易的实际运作中,经常会因自身缺少国际贸易经验而流产。

目前,国内出版社走出国门,打入国外市场的主要动力仍然来自政策导向,而非经济利益,这很大程度上是因为海外市场的不确定性。中国中福会出版社国际贸易起步较晚,经验缺失,作为"试水"项目,目前没有利润可言,为了走出国门,出版社常常以低廉的价格向国外推广作品,作为初期可以接受,但长此以往,能否可持续发展仍有待检验。

针对以上存在的问题,可采取以下对策予以应对:一是参加书展拓宽贸易渠道。通过参与国外书展,可以在第一时间掌握行业动态,结识国际知名书商和优秀作者,为国内出版社"走出国门"奠定基础。二是开拓多样化贸易方式。目前,国内图书"走出去"主要有四种模式:图书版权贸易、图书商品贸易、合作出版、海外投资,这些模式都是我国出版社开展多样化贸易方式的重要抓手,国内出版社应结合自身规模,选择合适的版权贸易模式。三是树立以品牌为导向的经营之道。随着世界上对儿童教育儿童重视的普遍提高,儿童类出版物受到市场的追捧,若要从激烈的市场竞争中脱颖而出,出版社就必须坚持原创,巩固品牌;在内容方面,要创作出适应国际市场需求的产品,在坚持原创的基础上提升品牌质量;在创作方面,要遴选优秀儿童作家,主动组稿,适时引入新鲜血液,打造品牌作家;在贸易方面,要建立稳固的产品生产线,扩大大产品基数,吸引更多国外出版社参与合作,形成品牌效应。

# 12

## 彰显开放品格，提升开放优势，推进开放作为

### ——上海自贸区文化产业的新进展

花　建　顾方舟[*]

**内容提要**　习近平主席在首届进博会开幕式的主旨演讲中指出：开放、创新、包容是上海最鲜明的品格，这种品格是新时代中国发展进步的生动写照。上海自贸区在文化产业建设方面的新贡献，是自贸区作为开放型经济体制的国家实验之重要组成部分，从一个侧面体现了上海的开放品格、开放优势、开放作为。上海自贸区不断探索对外文化开放的新路径和新模式，发挥国家对外文化贸易基地的平台作用，主动承办各种国际文化合作活动，推动"文创中国"项目的运营管理，建设了规模居于世界前列的上海国际艺术品保税服务中心等，为推动中国文化产业走向世界发挥了积极的作用。

**关　键　词**　上海自贸区　文化产业新进展　提升开放优势

　　2018年11月5日，举世瞩目的首届中国国际进口博览会在国家会展中心（上海）隆重开幕。中国国家主席习近平在开幕式的主旨演讲中指出："上海背靠长江水，面向太平洋，长期领中国开放风气之先。上海之所以发展得这么好，同其开放品格、开放优势、开放作为紧密相连。我曾经在上海工作过，切身

---

\* 花建，上海社会科学院文化产业研究中心主任、研究员，长期从事文化产业、创意经济、城市文化研究，地区文化发展规划与决策服务工作；顾方舟，上海社会科学院文化产业研究中心助理，从事文化产业研究。

感受到开放之于上海、上海开放之于中国的重要性。开放、创新、包容已成为上海最鲜明的品格。这种品格是新时代中国发展进步的生动写照。"习近平主席把开放、创新、包容作为上海这座世界级城市最鲜明的品格,强调开放品格、开放优势、开放作为是一个有机的整体。改革开放40年来,开放品格成为上海发展进步的内在精神,开放优势彰显上海参与国际竞争获得的丰硕成果,开放作为体现上海在丰富实践中探索的有效举措。我们要从这样的国家战略和世界城市之高度,来认识和把握上海自贸区在文化产业建设方面的重要经验和有益探索。

# 一、开放型经济体制的国家实验

上海自贸区在文化产业建设方面的重要贡献,是自贸区作为开放型经济体制的国家实验之重要组成部分。近年来,经济全球化发展面临着前所未有的困境。2008年金融危机后各国推出的刺激政策,对国际贸易发挥了短时间的推动作用,但是随后就一蹶不振。贸易长期作为世界经济增长的引擎,从2012年开始就出现动力不足。目前全球主要经济体的贸易增速都远远低于金融危机前的水平。在全球价值链重构的背景下,贸易和投资的联系更加紧密:主要国家投资的萎缩,导致贸易订单有所减少;在全球普遍的产能过剩背景下,美国、英国等纷纷采取贸易保护主义政策;而从长远的观点看,全球化向积极开放的方向发展毕竟是世界性的主要潮流,越来越多的经济体融入全球价值链的重构过程中。20世纪90年代以来,跨国公司不断突破国家地理界线,将价值链的各主要环节在全球进行布局,吸纳和整合各地的优质资源,高度重视创新研发,增强了企业核心竞争力。在文化产业领域,包括亚马逊、时代华纳、迪斯尼等在内的一大批跨国公司的海外资产、海外员工、海外销售额的比重均超过半数,由此而伴生的企业价值链从区域集聚型延伸到世界各地,形成了全球价值链。

从这样一个战略背景出发,自贸区作为重大的国家试验,对中国建立开放型经济新体制,建设世界贸易强国的深远影响,逐渐地显示出来。从历史的角度看,自由贸易园区(Free Trade Zone,FTZ)是各国推进投资便利化和贸易自由化的有效工具,也是各国分享全球经济利益和参与全球化竞争的重要机制和发展平台。在欧洲,1228 年,法国南部的马赛港率先建立了自由贸易港区,形成了自由贸易园区 FTZ 的率先探索;1367 年德国北部的多个自由市联合设立了自由贸易联盟;18 世纪以后,北美等地区也兴起了诸多自由贸易园区,目前在全球 135 个国家和地区,已经有近 4 000 个自由贸易园区,开展了多样化的自由贸易模式。根据 1973 年国际海关理事会《京都公约》的定义,自由贸易园区是"在一个国家的部分领土内,免于实施惯常的海关监管制度,对于运入其中的任何货物,就进口关税及其他各税来说,被认为在关境以外"。自由贸易园区的特点之一,就是"境内关外",它与一般保税区的"境内关内"具有深刻的区别。它意味着:法律赋予了自由贸易园区特殊的关税政策,根据一国的贸易情况和经济发展需求,可以适时调节园区内的税收、贸易、产业、金融和物流等方面的政策,具有更大的政策灵活性和贸易自由度。跨入 21 世纪以来,全球自由贸易园区的功能出现了一系列的重大变化:

1. 主要功能由货物贸易功能为主向货物贸易和服务贸易功能并重转变

在全球货物贸易增长乏力的背景下,全球服务贸易温和增长。根据世界贸易组织(WTO)颁布的数据,2017 年全球货物进口额 18.02 万亿美元,货物出口额 17.73 万亿美元,全球服务进口额 5.04 万亿美元,服务出口额 5.25 万亿美元,服务贸易占世界贸易比重继续增长。全球许多自贸园区向服务贸易领域延伸拓展,成为全球服务贸易的重要载体。

2. 服务重点由单一贸易功能向贸易功能和投资功能比重转变

从 20 世纪末开始,北美自由贸易区 NAFTA、亚太经济合作组织 APEC、东盟投资区框架协议等都做出了投资自由化的规定。一些发达国家的自由贸易园区对来自境外的文化艺术品和设备的展销采取了更加便利的免税政策。

3. 辐射范围从区域性的特殊贸易功能区域,向周边地区乃至跨国型的贸易枢纽转变

比如位于巴拿马运河大西洋入海口处的巴拿马科隆自由贸易区,是整个西半球最大的自由贸易园区,它与美国迈阿密(Miami)共列为对中南美洲转口

中心。许多来自欧洲、东亚、中东的跨国公司均把科隆自由贸易区作为基地。

4. 业务重心从在岸业务为主向在岸与离岸业务同步发展转变

一是离岸贸易越来越发达,据香港特区政府统计处发布的数据,自 2006 年,香港每年的离岸贸易货值都高于转口货值,从 2002 年至 2011 年的 10 年间,离岸贸易货值增加超过 200%,远高于同期香港转口货值 130%的增幅①。二是离岸金融不断创新,包括离岸账户资金托管、离岸担保、离岸再保险等业务内容不断拓展。

5. 集聚主体从生产贸易型企业为主向集聚跨国公司地区总部转变

跨国公司地区总部是全球价值链资源配置的重要节点。自由贸易园区注重改善经营环境,与跨国公司总部选址的条件形成了深度的契合,如新加坡有 4 200 家跨国公司设立了地区总部,香港吸引了 3 500 家企业设立总部机构,前述的巴拿马科隆自由贸易区有 2 200 多家跨国公司的地区总部。

中国要继续推进全球化向积极的方向发展,在全球经济和贸易大格局中发挥重大作用,推动中国的经济逐步进入全球价值链的高端,就要通过建设自由贸易园区,建设开放性的经济体系,进行中国融入全球市场和参与全球贸易自由化的压力测试和制度创新。早在 1990 年代,上海就通过建立和运营保税区,进行了自贸园区的率先探索和实践。经过国家批准,2013 年中国(上海)自由贸易试验区正式设立,为中国新一轮对外开放的先行先试提供了国际化的战略平台,也为中国进一步发展对外文化贸易,包括对外文化产品贸易和文化服务贸易,提供了率先突破的前沿基地。

上海自贸区建立以来,确立了以负面清单管理为核心的投资管理制度,形成与国际通行规则相一致的市场准入方式。2013 年,上海自贸区制定和颁布了全国第一份负面清单。经过多次修改,从 2013 年版的 190 条减少到 2017 年版的 95 条。上海自贸区清单外实施备案制,外商投资的办理时间从 8 个工作日减少到 1 个工作日,申报材料从 10 份减少到 3 份。90%以上的投资项目都是负面清单以外的,以备案方式设立,同时全面实施境外投资备案制。2018 年

① 《回归 20 年来内地与香港经贸合作交流回顾》,中国经济网,2017 年 6 月 17 日。

3月,上海自贸区累计办结境外投资项目超过2 000个。在口岸监管服务模式方面,上海自贸区设立了符合高标准贸易便利化规则的贸易监管制度,其中,海关和国检等部门推出了"先进区,后报关报检"等一系列创新举措,使得进口货品的通关速度大大提高,企业物流成本平均降低10%。

2018年版《中国自由贸易试验区建设负面清单》大幅度地放宽了市场准入,把负面清单长度从63条减少到48条。该清单在文化领域,取消了演出经纪机构的外资股比限制,将文艺表演团体由禁止外方投资放宽到中方控股等。自贸区在文化领域的这些创新,显示了中国扩大对外文化开放,大力发展文化产业和对外文化贸易的决心。这些举措推动了中国与海外优质文化资源的双向流通,日益显示出中国顺应全球化潮流的智慧选择。中国积极推动文化出口,有助于为打造人类命运共同体贡献中国的文化正能量:中国鼓励开展文化进口,有助于满足人民群众对美好生活的需求,推动消费升级;这两者相得益彰,相互配合,推动中国对外文化开放不断迈向新的高度。

## 二、推动对外文化开放的创新机制

建立上海自贸区是深化经济体制改革、扩大对外开放的国家试验,也为推动中国对外文化贸易创造了重要条件。上海自贸区建成以来,不仅率先进行了投资管理制度、监管制度、金融制度等的创新,也探索了扩大对外文化开放的新路径和新模式,为全国提供了可借鉴可复制的宝贵经验。上海自贸区从2013年的外高桥保税区域起步,在2015年将张江、陆家嘴、金桥纳入自贸区扩区范围,形成了保税区域、陆家嘴区域、张江区域、金桥区域四大片区,使得上海自贸区涵盖了外高桥保税区、外高桥保税物流园区、洋山保税港区、上海浦东机场综合保税区、金桥出口加工区、张江高科技园区和陆家嘴金融贸易区等七个区域。在2014年外高桥片区成立国家对外文化贸易基地后,外高桥保税区和金桥出口加工区等的文化企业的登记数量大幅上涨,成为上海文化产业新的集聚区和增长点。

上海自贸区采取了一系列制度创新举措,包括投资管理制度创新,监管制度创新,金融制度创新,政府管理创新,法制环境创新在内的多项内容。上海自贸区不仅为扩大文化开放提供了制度创新的契机,也为文化产业融合发展注入了动力,为中国文化产业参与全球分工,占据文化竞争的制高点增添了动力,成为中国扩大对外文化贸易的先行先试者。比如上海自贸区国家对外文化贸易基地,于2007年9月全面开始运作。2011年10月27日由文化部命名为全国第一个国家对外文化贸易基地。2013年它依托上海自贸区的正式运作而进入一个新的阶段。它是全国范围内第一个,也是规模最大、运作最有效的国家级对外文化贸易基地,集聚了大批外向型和国际化的文化企业,包括许多位于文化产业链中高端的骨干企业,如中国图书进出口上海公司、新汇集团、浙江大丰等在图书进出口、音乐制品和音乐版权进出口、文化科技装备贸易等方面的骨干企业,也包括了微软XBOX、香港寰亚、倪德伦环球娱乐、韩国CJ等从事游戏开发、娱乐服务、演出经纪、版权贸易等方面的国际著名企业。上海自贸区国家对外文化贸易基地建立了全国第一个国际艺术品保税仓库,为扩大国际间的艺术品交流提供了便利,探索了先行先试的宝贵经验。

2017年以来,该基地进一步加大了推动中国对外文化贸易双向流通的力度。它采用多种方式,积极对接国内外文化贸易展会方面。它组织本土文化产业企业,重点对接20余项海内外拓展项目。其中包括国际知名的展会项目如美国洛杉矶艺术展、香港国际影视展、美国演艺出品人年会、中国(深圳)国际文化产业博览会等,也有与"一带一路"相关的国际展会项目如义乌文化产品交易会、韩国釜山艺术博览会、中拉文化产业交流会、匈牙利布达佩斯艺术节等;该基地积极组织本土文化产业企业在参展中学习国际文化贸易的重要经验,如参加香港国际授权展、美国国际品牌授权博览会、比利时布鲁塞尔"媒体早餐会"活动、法国里昂国际漫画节、德国科隆游戏展等,为中国文化企业进入国际文化贸易市场提供了法律咨询、对外投资、便利通关、政策咨询等各类服务。

以上海自贸区国家对外文化贸易基地为基础建设的文化装备产业基地(TCDIC),其主要目标是以文化市场需求为目标,以科技装备的研发为先导,以先进制造业为实体,培育以集成服务为特色的产业集群。这些产业集群涉及电影电视装备、IP和内容开发装备、文化智能制造装备、娱乐旅游和景观装

国家对外文化贸易基地（上海）入驻的外向型企业（部分）

  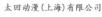 

图1　国家对外文化贸易基地(上海)集聚的外向型文化企业(部分)①

备、新型舞台演出装备等多个重点领域。截至 2017 年末,该基地已经汇聚了 100 多家文化科技装备企业,包括科视、大丰、鹏博士等国内外文化科技装备的龙头企业和领军企业,为全国多个城市提供了集成式的文化科技装备制造和服务。2018 年 6 月,上海自贸区国家对外文化贸易基地(上海)和上海国际高科技文化装备产业基地主办了上海国际文化装备博览会,这是中国第一个国际文化装备博览会。该博览会以"文化装备让文旅资源'活'起来"为主题,邀请来自全球业内的文旅演艺、主题游乐、数字博物馆、展览展示、出版印刷等五大类技术、产品赞助商,多个行业协会组织,以及一百余家产业链的上中下游服务商,共同走进先进文化装备的前沿领域。正如上海市委宣传部有关领导所指出的:"举办国际文化装备博览会,推动文化装备产业发展,是时代发展的必然需要。过去几年间,国内文化装备产业领域新技术、新业态、新模式层出不穷,在这样的背景下,我们需要一个国际化的平台,对接全球文化装备业,分享最新理念、展示最新技术、激发新的创意、创造合作机会。"上海作为世界城市和国际文化大都市,应该致力于建立一个能够对接世界前沿水平的文化设

① 本文作者设计和绘制。

备和先进技术的国际化平台,通过展览、演示、培训和贸易等全方位合作服务,将世界先进文化装备技术带到中国。同时,也希望借这样的展会,推动国内文化装备产业从"中国使用"向"中国制造",进而向"中国创造"实现跨越。① 上海自贸区通过这些行之有效的项目,确立了以双向开放为特点的发展路径,支持文化企业积极融入全球创新网络,参与全球创新资源配置。

## 三、拓展国际文化产业的合作路径

近年来,上海自贸区发挥国家对外文化贸易基地的平台作用,主动承办各种国际文化合作活动,促进国际文化交流,扩大文化产业"引进来"和"走出去"的规模。举办中国(上海)自由贸易区文化授权交易会(CCLF)就是其中重要的文化活动之一。所谓"文化授权",是一种以原创性的文化作品创作为主体的授权类型,即授权商将所代理的艺术家作品著作权以合同形式授予商家使用,进行商业性的创造性复制,对所蕴含的知识产权进行授权开发和利用,授权商把所得的收益按一定比例与提供著作权的艺术家分成,形成多元共享的动态合作过程。国际上的授权市场已经培育多年,积累了许多成熟的经验,也包括一些著名的授权交易和展示平台。比如每年6月在美国拉斯韦加斯举办的品牌授权展迄今已举办30多年,是国际授权市场中最具权威的展示交易平台之一。

CCLF体现了上海自贸区借鉴国际规则,推动优质文化资源双向流通的创新举措。CCLF从2014年开始连续举办,定位高端化运作、专业化服务,以B2B洽谈结合专题论坛和配套专业服务等的创新形式,探索文化授权的新路径,在支持文化企业与国际市场对接方面提供了许多有益的经验。② CCLF重

---

① 《打响上海文化品牌,上海将举办国内首个国际文化装备博览会》,澎湃新闻,2018年5月11日。

② 国家对外文化贸易基地(上海)上海东方汇文国际文化服务贸易有限公司:《打造上海自贸区文化授权交易的新型国际化平台——CCLF的特色、运作和展望》,《上海文化产业发展报告(2017)》,上海人民出版社和上海书店出版社,2017年4月版。

点关注美术、摄影、影视、综合艺术、非物质文化遗产等的授权开发和交易。多年来,作为劳动密集型产品的视觉艺术品是中国主要的文化类出口产品之一,而知识密集型的数字内容和新媒体占比重较小,而视听艺术品可持续发展的关键就是开发著作权。只有这样,才能把艺术品的核心知识产权价值充分开发,以便创造更多的社会财富。CCLF 为授权产业中的中外授权商、授权经营商、授权代理机构等搭建有效的交流平台,提供授权交易的各种便利,帮助授权经营商和授权开发商、配套服务商等之间建立契约关系,促使授权商的授权项目与经营商有机结合。前三届 CCLF 的重点是从吸引参展商参展,以后逐步过渡到文化授权交易和培养创新人才。而 2017 年以来,CCLF 更专注于文化授权交易的前沿领域,探讨如何拓展文化授权的产业链和价值链,吸引更多的文化投资商、开发商和服务商参与。

2017 年以来,CCLF 提出利用大数据研究,推动文化授权供需双方的精准对接,包括通过展前设置 B2B 商洽网络平台,进行贸易配对洽谈咨询服务,让优质 IP 全方位立体联动,提高展会效率等。CCLF 积极服务"一带一路"建设,吸引了"一带一路"相关的许多国家和地区上百家参展商参加。它们带来的不仅有传统艺术品,也有各具特色的动漫、影视、摄影、时尚、音乐等文化内容。CCLF 也吸引了中国美院等高等院校的师生参加,积极扶持各类文化创业创新人才,并提供广大的空间示他们的创意 IP 和技术,通过分享和转化把创意变成现实产品,点燃了创意的星星之火。① CCLF 在展会中注重提供优质的服务,特别配套了版权、金融等咨询服务等方面的咨询中心,并且提供便捷的通关和艺术品保税仓库服务,提升了交易的专业化水平。以 CCLF 为代表,上海自贸区将进一步探索各种对外文化开发与合作的有效途径。在上海自贸区的范围内,世博区域等地的文化产业也各擅胜场,不断创新。近年来,世博地区已成为上海演艺、会展、文博等的重要集聚区,2016 年举办大型活动 749 场次,2017 年 525 场次,2018 年上半年共举办 224 场次,人流年均超千万。

---

① 唐玮洁:《自贸区开展交易会:力图为中国文化授权打通全产业链上的各大环节,让文化创意与产业擦出火花》,《文汇报》2015 年 11 月 12 日,第 6 版。

## 四、建设文创产品的研发与贸易平台

中国是全球化的参与者、贡献者和受益者，也是全球化的积极推动者。正如中国学者张幼文指出的："经济全球化的本质特征是生产要素的国际流动"。由于生产要素存在流动性差异，技术、品牌、管理、创意等高级要素具有高流动性，土地和劳动力等低级要素具有低流动性，所以世界范围内的要素流动必然是发达国家的高级要素向发展中国家的低级要素流动，而且是高级要素的流动频率，大大超过低级要素的流动频率[①]。面对这样一个全球化要素流通的大格局，中国从吸引跨国公司的文化投资开始，吸纳全球优秀企业和优质要素，积极扩大先进的文化技术和关键设备、零部件进口，以及国内急需的研发设计、环境服务等知识、技术密集型生产性服务进口，使得本土资源和各国要素在中国获得合理组合，激活了相对富裕的大量资源包括劳动力、土地和初级自然资源，实现对外文化产品出口，又在这个过程中实施自主创新战略，培育中国自身的高端文化产业要素，加强中国的对外文化贸易优势，特别是大力发展技术密集型、资本密集型、版权密集型的文化产品，努力进入到全球文化产业价值链的中高端，把中国优质的文化产能向外输出，扩大中国在全球文化贸易市场上的话语权。这种从"引进"到"输出"的中国文化贸易逐步升级战略，不是使这两者此消彼长，相互冲突，而是使这两者相互促进，不断转换。

上海自贸区贯彻国家的对外开放战略，不仅推动国内外文化产能的双向流通，而且促进国内文化产业企业提升质量，开发中高端的优质文化产品和文化服务商，进一步进入全球文化价值链和产业链的高端。正是看到了上海自贸区的双向流通、高效运作平台，国家博物馆主动与上海自贸区合作，使得"文创中国"中国大区运营中心落户上海自贸区，共同构建一个线下涵盖设计、生产、运营、全球销售的文化创意和传播平台。上海自贸区与国家博物馆的合作，有助于把国家博物馆的 133 万件藏品进行进一步的研究和开发，提炼其中

---

① 张幼文：《要素收益与贸易强国道路》，人民出版社 2016 年 5 月版。

的中国文化智慧密码,使得中国优秀传统文化转化成为当代人喜闻乐见的文化资产和文化财富。

2016 年国家颁布了《关于推动文化文物单位文化创意产品开发若干意见》,明确提出要发展文博创意产业,要求全面支持博物馆发展文化创意产品,而国家博物馆更要起到带头示范作用。为了实施国家战略,满足人民群众日益增长的文化需求,2017 年 8 月 17 日,首期 2 100 平方米的"文创中国"中国大区运营仓储物流中心正式揭牌成立,标志着"文创中国"项目运营管理工作正式启动。"文创中国"中国大区运营中心由上海自贸区国际艺术品交易中心与国博(北京)文化产业发展中心合作运营。通过与这些顶级艺术资源结合,该交易中心自主开发多类文创产品。"文创中国"项目积极把握全球数字经济蓬勃发展的大趋势,积极探索"互联网博物馆"营销新模式。

近年来,中国对外文化贸易把数字贸易作为重要领域和竞争优势,焕发出中国推动数字创意产业和数字文化贸易的正能量,引起了世界范围内的关注。美国的世界报业辛迪加 2017 年 12 月刊登的文章指出:中国已经牢固确立自己作为消费数字科技的全球领袖地位。中国政府有着未来成为全球数字化大国的宏伟计划。中国已经成为世界上最大的电子商务市场,占全球总交易额的 40%以上[1]。数字文化贸易本质上是数字经济在国际文化贸易领域的具体体现。美国国际贸易委员会认为,"数字贸易就是通过互联网交付而实现的产品和服务活动,分为国内数字贸易和国际数字贸易"[2]。与传统国际贸易相比,数字化的文化贸易在贸易对象、贸易方式、贸易效率方面存在许多差异,它不但包括数字化的内容和服务,也包括以数字化作为载体来推广其他的文化产品,如用数字化手段推广实体化的博物馆创意产品等。这在"文创中国"的实践中获得了生动的体现。它通过开设的天猫旗舰店,扩大文创产品的消费,突破地域界限,降低了文创产品的流通成本。"文创中国"项目不仅积极扩大国

---

[1] 转引自:王雪峰:《我国跨境电子商务引领外贸新潮流》,《中国社会科学报》2017 年 12 月 26 日第 2 版。

[2] United States International Trade Commission. "Digital Trade in the U. S. and Global Economies." Part 1. July 2013.

内市场，同时也采用线上和线下的多种路径，努力拓展海外市场，2018年，"文创中国"在阿里巴巴的速卖通平台上线，以多种语言定向呈现。依托自贸区本身的贸易服务优势和金融外汇便利，将高质量的中国特色文创产品通过全球的电子商务平台，销售到全世界100多个国家和地区。在传播中国优秀传统文化，获得市场价值的同时，"文创中国"项目也有助于博物馆进一步进行馆藏研究、发展数字化服务、开展展览策划以及公众教育等，提高了文博创意产业的效率。随着"文创中国"项目的影响不断扩大，自贸区还与中国集邮总公司和国家图书馆等单位签约合作，以期提升优质IP的影响力，进一步促进对外文化开放。

## 五、推动国际艺术品的双向流通

自2017年以来，上海自贸区进一步打造和完善了上海国际艺术品保税服务中心等项目，为艺术品的国际进出口提供更多的便利。近十年来，中国艺术品市场蓬勃发展，交易规模连续多年保持世界前三强的地位，成为世界艺术品市场的重要组成部分。这与中国经济稳步发展，中国国民财富大量增加密切相关。根据瑞士信贷机构的研究，从2000年到2015年，中国中产阶级规模的平均增幅超过60%，同期美国为22%，欧洲为18%。此期间这部分中国居民的财富增幅达到620%，而老牌发达国家中产阶级的财富增幅为100%左右。随着中国居民收入水平提高、人口结构调整和对外开放的扩大，城乡居民的消费内容和消费模式都在发生深刻的变化，对消费质量、消费品种和消费环境提出更高要求。越来越多的中国居民希望获得优质的服务消费、信息消费、时尚消费、品质消费等，也把艺术品消费包括艺术品投资作为自己的选项之一。广阔而富有前景的中国市场正吸引越来越多的全球艺术品资源，包括艺术品的卖家、中介商和买家。面对艺术品产业"引进来"和"走出去"的双向需求，必须有一个通畅的海内外文化艺术沟通渠道。应运而生的上海自贸区保税服务中心项目方便了国际艺术品的交流，拓展了中国与国际艺术品的交易需求。

上海国际艺术品保税服务中心项目作为国际艺术品保税交易服务的重要

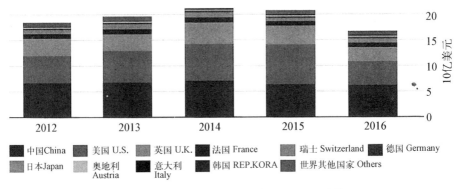

**图 2 主要国家艺术品拍卖交易额(2012—2016)①**

载体,是国际一流水平的集艺术品仓储物流、展览展示、拍卖洽购、评估鉴定、金融保险等五大板块于一体的新兴业态。它利用自贸区与保税区的优势,搭建起文化艺术进出境通道,使整个产业链运作更加流畅,促进了上海自贸区文化产业的集聚和发展。它位于上海自贸区保税区片区内,共两栋独体建筑,投资超过 10 亿元,总体建筑面积共计约 68 300 平方米。它分为西区(仓储展示区)与东区(办公服务区)。交易中心与海关、检验检疫、文广局、文物局等保持沟通。上海国际艺术品保税服务中心作为自贸区的创新试点,不断推动艺术品进出境环节优化升级,使得交易过程更快捷、更安全、更经济。它推出了含有电子设备的艺术装置进境免除 3C 证明、美术品由海外通过自贸区保税区域进境免除批文、由低风险国家入境含有动植物标本的艺术品可入区快速查验通关等举措。由于上海自贸区艺术品进出口效率的大幅增强,推动了上海艺术品产业的能级提升。2017 年通过上海自贸区进出口的艺术品贸易总额近70 亿元,也吸引了更多的艺术品拍卖行、画廊、艺术品商家等接受上海自贸区提供的服务。近年来,上海自贸区基本搭建了文化艺术全产业链的服务平台,提供一站式文化艺术品保税仓储、展览展示、交易拍卖、评估鉴定、保险金融等服务,形成具有特色的上海国际艺术品贸易服务模式。

上海自贸区国际艺术品保税服务中心,总体建筑面积共计约 68 300 平方

---

① 《TEFAF 2017 艺术品市场报告》,TEFAF 欧洲艺术基金会出版,上海文化艺术品研究院翻译。

米,其中西区为地上六层,地下一层结构;东区为地上九层,地下一层结构。两个区域仅在地下一层相连,出入库均独立分开。它在满足国家及上海市相关标准的基础上,对于项目的核心技术即安防、消防系统,按照国际标准 UL 安防与消防标准进行设计与建造;对于商业模式的保障,即储藏环境,参照 GRASP 艺术品储藏风险评估标准进行设计与建造,采用了多重高科技系统叠加的方式,大幅提升了艺术品仓储的安全性,达到最高的国际艺术品储存要求标准。它在节能环保方面,按照国家绿色建筑二星标准及美国 LEED 金/银奖认证标准,进行了精心的设计与建造。它申请了 UL 的安防及消防检测,获取 UL Class 2 的安防认证及消防认证。它面向全球各类文化艺术机构、知名企业等开展招商工作,已与 G4S,佳士得、Helu-Trans、特锐等文化机构开展了合作。该保税服务中心的建成,将成为自贸区文化产业的新地标、新亮点。它在提供艺术品保税服务的同时,也提供了优良的鉴定、会展、担保、交易等服务项目,承办多种大型国际文化产业展会,促进了海内外优秀文化艺术交流,显示了上海自贸区对于中国艺术品产业和艺术品贸易的积极贡献。

# 13

# 博物馆文化创意产品的研发与推广

## ——兼谈海内外博物馆文化创意产业开发对上海的借鉴意义

陈凌云[*]

内容提要　依托博物馆丰富的资源开发文化创意产品是世界性潮流,近年来我国亦予以高度关注。针对包括上海地区在内的我国博物馆开发文化创意产品中存在的瓶颈问题和制约因素,海内外博物馆在文化创意产品开发的授权模式、研发设计、营销推广等方面提供了足资借鉴的案例和经验。上海将从政策设计、人才引进、渠道开拓上着力,推动地区博物馆构建差异化文创发展模式,向艺术授权产业转型升级。

关 键 词　博物馆　文创　艺术授权　研发　营销

---

* 陈凌云,上海社会科学院文学研究所研究助理,主要研究领域:文化产业、博物馆管理。

依托博物馆丰富的资源,开发各类文化创意产品,是一个世界性的潮流。它符合了联合国教科文组织一贯倡导的重要主张:"弘扬文化多样性,意味着重视交流、创新与创造的绝佳源泉,意味着承认文化的繁荣与丰富是人类固有的活力,是实现和平与发展的关键"①。因而,博物馆文化创意产品开发在许多国家获得了广泛的开展,也推动了对开发规律的思考和实践的不断深化。

在经济结构全面转型、社会文化深刻变革的大背景下,海内外博物馆发展文化创意产业的驱动力,既是对创意经济蓬勃兴起背景下社会需求的呼应,也是博物馆自身筹资的迫切需要。同时,博物馆对创意经济发展的贡献,还表现在博物馆对周边旅游、餐饮等相关产业的带动作用,以其独有的文化附加值给所在地区带来经济辐射效益和溢出效应,催生良好的城市氛围和地缘环境,吸引并集聚以创意阶层为代表的高素质人才,加快地方资源、信息、人口和资金的流动速度,从而创造出巨大的经济价值。比如西班牙毕尔巴鄂古根海姆博物馆的设立,带动了毕尔巴鄂城市更新,使这个已经没落的工业城市重新成为世界瞩目的焦点,是博物馆推动城市复兴的重要案例。

2015 年以来,我国出台了《博物馆条例》《关于推动文化文物单位文化创意产品开发的若干意见》等一系列旨在推动博物馆文化创意产业发展的政策意见,为我国内地博物馆发展文化创意产业提供了法律保障,指明了发展路径。近两年来,我国各地博物馆提取、应用馆藏文物创意元素设计开发的文化创意产品越来越多地进入了公众视野,引起了广泛的社会关注,产生了一定的话题热度。在国家政策支持与社会民众的鼓励下,博物馆文化创意产业发展迎来了新机遇,呈现出蓬勃发展的良好势头。

截至 2016 年底,我国博物馆总数已经达到 4 873 家,其中 4 246 家向社会免费开放,占比高达 87%;近年来平均每年举办展览 3 万多次,年均参观人数约 9 亿人次②。就上海地区来说,目前正经历一轮博物馆数量和类型快速增长期,博物馆群落逐渐形成。截至 2017 年底,上海已经备案博物馆 125 座,平均

① 《联合国庆祝世界文化多样性促进对话和发展日》:载联合国新闻网站,2016 年 5 月 21 日。
② 数据来源:《国家文物局:我国博物馆每年接待约 9 亿人次参观者》,载新华网,2017 年 5 月 19 日。

每 19.3 万人就拥有一座博物馆,远高于每 28.7 人拥有一座博物馆的全国平均水平。上海地区博物馆十分注重借助国家政策的东风,积极发展文创产业,2017 年全年开发各类文创产品 1 085 种,全年文创产品销售额达到 4 921.84 万元。其中,仅上海博物馆举办的"大英博物馆百物展"文创产品销售额就达到 1 700 万元①。

但是从总体来看,目前我国内地博物馆文化创意产品研发和产业经营的水平还不高,面临多重发展瓶颈。博物馆内部环境方面,文化创意产品研发设计的思路和理念不够清晰,同质化现象严重,提取文化元素流于表象,时尚性、创新性不足,后续市场反馈和评价机制尚未形成;外部环境方面,文化创意产品研发管理和激励机制落后,资金投入和扶持政策不足,艺术授权和营销推广模式尚未完善。这些问题严重制约了博物馆文化创意产业的深入发展,亟需研究破解。即使在北京、上海等文化产业相对发达、博物馆设施比较完备的城市,这些问题依然明显存在。而海内外博物馆文创产业先驱在开发模式、设计方法、营销策略上突破多重瓶颈,研发系列特色文创产品以增资扩源、提高文化传播力的诸多案例,可为我国内地特别是上海地区博物馆下一步着力提升文化创意产品研发水平、构建完整文化创意产业链提供丰富有效的资源和模式借鉴。

## 一、博物馆文化创意产品的基本
## 开发模式和艺术授权方式

博物馆文化创意产品的附加值集中体现在其蕴含的文化价值、创意思维和品牌价值,在产业链的形成过程中,主要由前端的研发设计和后端的营销推广这两个核心战略环节创造。根据"微笑曲线"理论的价值创造模型②,博物馆开发文化创意产品应该着重加强上游的研发设计和下游的营销推广环节,

---

① 数据来源:《上海市博物馆年报 2017》,上海市文化广播影视管理局、上海市文物局编制。
② 施振荣:《微笑曲线——缔造永续企业的王道》,复旦大学出版社 2014 年 3 月版,第 47—50 页。

而博物馆开发文化创意产品采用何种商业模式,则是贯穿整个产业价值链的核心策略。

从国际上来看,博物馆开发文化创意产品的基本模式可以分为独立研发、代销、合作研发、市场采购、艺术授权五种类型。对营运能力强的大型博物馆而言,灵活采用这五种文化创意产品开发模式,可以应对不同的状况。公开市场采购模式更适用于特展和合作办展;当博物馆缺少经

图 1　博物馆文化创意产品开发的五种基本模式

费与人力,但又需开发文化创意产品时,多采用代销或合作研发模式;当博物馆外企业对博物馆藏品的商业运用表示高度兴趣时,则采用艺术授权模式。而就产品开发活动的形式来看,从第一种至第四种方式,博物馆皆是为了供应博物馆商店而为之,唯有第五种艺术授权方式,是厂商主动、博物馆采取配合的情形。

文化创意产业在全球蓬勃发展的当今时代,博物馆拥有文化创意产业的核心创意资源,这也是工业设计领域与文化产业界取之不竭的创意和灵感来源。博物馆虽自身资源不足,但如能凭借拥有的"文化资本",与工业设计界和文化产业界密切合作,则博物馆文化创意产业能够触及和影响的范围,将大大突破博物馆传统的框架限制,扩大至整个社会层面。而博物馆希望对外传播的文化特色和意欲实现的教育目标,将更容易达成。因此,在上述五种博物馆文化创意产品开发模式中,第五种艺术授权模式应可跃升成为合作主流。

就博物馆艺术授权的方式来看,主要有直接授权、委托授权和混合授权三种。博物馆直接授权是指以博物馆为主体的授权方式,具体来说,是博物馆将馆藏文物的知识产权等相关权利授予被授权方,被授权的厂商根据合同约定在特定的时间和区域内以此为基础进行文化创意产品的设计、制造和营销等经营活动或者其他非营利性活动,并支付给博物馆授权费用的一种模式。由

于博物馆在直接授权操作中占据主导性,具备一定市场营销经验和资源的博物馆多选择直接授权模式,如大英博物馆、大都会博物馆和台北故宫博物院都以直接授权模式为主。

博物馆委托授权是指博物馆通过第三方即授权经纪和厂商接洽,将拥有的藏品知识产权等权利委托授权经纪授权给厂商,被授权的企业根据合同规定使用授权标的物,并反馈权利金给授权经纪,授权经纪再根据约定将一定比例的权利金支付给博物馆的模式。例如,古根海姆博物馆指定 360ep 公司为其代理授权商,代理古根海姆的品牌授权业务。国内近年来规模比较大的博物馆授权平台如国家博物馆和阿里巴巴、上海自贸区共建的"文创中国"项目,以及南京博物院牵头组建的江苏省博物馆商店联盟等,则属于平台授权模式,即指博物馆将授权标的物置于授权平台,由平台代表博物馆进行对外授权。

国际上一些知名度高、藏品资源丰富、授权标的物类型多样的大型博物馆,如大都会艺术博物馆,经常会采用直接授权和委托授权相结合的混合授权模式。该模式综合了直接授权和委托授权的优点,部分博物馆标的物直接授权给厂商,厂商向博物馆直接交付权利金;博物馆同时将另外部分的标的物委托给授权经纪,授权经纪根据合同约定向博物馆回馈一定比例的权利金。虽然混合授权具有较大的优势,但由于交易成本较高,一般不适用于中小型博物馆。

## 二、博物馆文化创意产品的 研发理念和设计方法

在研发设计阶段,专家团队和设计师对原型文物进行内涵解读、元素提取、符码转化,将创意思维的成果有机融入产品设计,体现于产品的使用功能和象征意义之中。从销量和后期评估两个维度来审视博物馆文化创意产品研发设计的成效,并从中抽绎出设计理念和方法规律。从国际上开发比较成功的博物馆文创产品来看,在产品的研发设计上,需要遵循并坚持精品化、深度化、特色化、系列化、分众化、审美性、亲民性、新奇性、情感性等九种价值取向,以求最

大程度上保留和传达文物原型的内涵意蕴和教育意义。

首先,品质良莠不齐一直是我国博物馆文化创意产品的主要问题之一。对于文化创意产品来说,品质的重要性丝毫不亚于附加其上的文化意蕴。单霁翔院长曾指出,北京故宫博物院下一步开发文化创意产品要从"数量增长"向"质量提升"转变。因此,研发博物馆文创产品必须树立"精品意识"。所谓"精品意识",是指必须对

图2　博物馆文化创意产品研发设计的九种价值取向

产品的材质选择、色彩装饰、整体造型、细节布局、生产工艺等因素精益求精,充分运用人体工程学、设计心理学等理论进行产品的功能性设计,使产品具有超过或至少是不逊于同类商品的使用便利性和实用性。

在品质精良的前提下,凸显产品的文化深度也是重要的考量方面。博物馆文化创意产品的设计需要遵循一定的"深度原则",产品在内涵价值上要具有文化深度,而非仅注重从外观意象上来传达文化讯息;需要符合博物馆的教育宗旨,有效传递博物馆文化。早在2009年,台湾地区新闻即指出,台北故宫博物院院长周功鑫批评与故宫合作七年的意大利时尚品牌 ALESSI,称其主导设计的故宫文化创意产品缺乏深度,对中华文化的认识不够,以后要和故宫合作的设计品牌需要"先到故宫上上课"①。

此外,产品的审美性和亲民性也需要予以充分考虑。美学经济时代已经来临,将审美因素大量渗透于商品之中,提供给消费者充分的审美愉悦感,是

① 廖雅玉:《设计没深度,故宫院长批 ALESSI》,载 http://tw.news.yahoo.com/article/url/d/a/090313/8/1fzrh.html,2009 年 3 月 20 日。

文化创意产品的重要特点。在未来的设计中，技术只是辅助工具，美学才是最终旨归。设计师对于产品设计的责任，除了提供消费者使用便利和舒适度之外，也需要模拟消费者使用时的心境，使其得到艺术熏陶和情感浸润。同时，为避免"曲高和寡"的境况，博物馆文化创意产品的开发亦需要重视亲民的价值取向，多开发能够融入普通消费者日常生活的"接地气"产品；产品的定价要适中，符合一般博物馆观众的消费能力和消费需求。如北京故宫博物院以亲民原则重新定位文化创意产品开发后，研发了朝珠耳机、容嬷嬷针线盒和《皇帝的一天》《胤禛美人图》应用程序等一批"萌萌哒"文化创意产品，以戏说的方式将百岁故宫的"正经历史"和互联网时代的时尚趣味相结合，虽然在某种程度上亦有肤浅化和过度娱乐化之嫌，但线上线下相结合的销售方式创造了销售奇迹。以"萌化"的方式开发博物馆文化创意产品在国外也形成了潮流。大英博物馆著名的"小黄鸭"系列产品，结合埃及狮身人面像、罗马士兵等馆藏文物元素呈现"呆萌可爱"的面貌，风靡海内外。

故事性或称情感设计原则是博物馆文创产品有别于一般文化产品的重要特点。与一般工业设计注重物性、理性和合理性不同，文化创意产品设计需要满足的是人性、感性和故事性的诉求。在功能之外，我们还需要一些故事来点缀生活，创意产品通常都有一个动人的故事。故事性是情感化设计的一个重要元素。在与同质产品竞争时，携带"故事"的商品因诉诸人的感性思维更能给人留下深刻印象，激发消费动机。如苏州博物馆畅销的文化创意产品"文衡山先生手植紫藤种子"，设计理念简洁，仅撷取三枚文征明当年手植的古老紫藤树种子，辅以印有"衡山"章的包装说明，销量火爆，彰显了情感性在文创设计中的意义。

在视觉消费时代，新奇的外观设计可以为文创产品吸引来更充分的注意力资源。有调查表明，博物馆文化创意产品的主要消费人群是热衷于网上消费，又具有一定审美能力和精神文化需求的年轻群体（25岁—35岁），这一群体更注重个性表达和对时尚潮流的追逐，外观新颖、活泼有趣、与众不同、充满现代感的产品设计更符合他们的趣味。为迎合这一时尚群体的诉求，博物馆通过不定期组织文创设计大赛等形式发掘新的设计人才和设计方法。如台北故宫博物院每年举办"国宝衍生品设计竞赛",择取有新意的设计开发文创产品,"朕知道了"纸胶带等多款畅销产品的创意都源于竞赛作品。

同质化现象严重是博物馆文化创意产品受到广泛诟病的一个主要问题。创意产品的类型、设计方式、外观面貌大同小异,无法彰显博物馆和特有藏品的独特文化,导致吸引力下降、销量不高,无法使消费者产生真正兴趣和购买欲望。国外博物馆在开发文化创意产品的过程中早已意识到"特色原则"的重要性。McLean(1995)从营销层面指出,博物馆的营销应抓住其"与生俱来的特殊文化情感"。博物馆既无固定的"产品",也无一定的"顾客"形态或与之沟通的固定方式,因此,须了解自身特色,传达给顾客,才能达到一定的营销质量[①]。所谓"与生俱来的特殊文化情感",指的乃是博物馆基于收藏和展览所形成的文化特色,以及观众在观展和体验过程中产生的特有感受,如漫步于博物馆中庭时的视觉意象、参观展览的经验感受等。

作为特色原则的补充,围绕明星藏品研发成系列的文化创意产品也是博物馆需要特别予以注意的设计原则。推出系列性产品,一则可以突出明星藏品的元素标识,给消费者以深刻印象;二来可以树立博物馆的特色品牌。如大英博物馆以罗塞塔石碑为原型开发了共计61种文创产品,既有书籍图录、微缩复制品和装饰摆件等传统产品,也有首饰服装、设计文具、生活用品、3C周边等各种衍生产品,甚至还有巧克力和玩具,覆盖了衣食住行的各个方面。

最后,分众设计原则有利于精准定位营销市场。如果将博物馆文化创意产品作为一种有效的信息传播工具,则从分众传播理论来看,以分众原则指导产品开发能够达到更好的传播效果和教育目标。博物馆观众具有不同的教育经历和经济背景,来自不同的社会阶层和年龄结构,具有多样化的参观需求和差异化的消费能力,因此对购买文化创意产品也呈现出多种多样的需求。从实践来看,大都会艺术博物馆、大英博物馆等国外知名博物馆在研发过程中较好地贯彻了分众传播理论,而起步较晚的我国博物馆在这方面偏弱。

---

① McLean,F. C.,张誉腾译:《如何营销? 博物馆特殊情境的分析》,《博物馆学季刊》第9期,第35—44页。

## 三、博物馆文化创意产品的营销推广策略

作为"微笑理论"中创造附加值的又一个重要环节,欧美等国博物馆文化创意产品的营销推广通常在博物馆整体营销框架下统一进行。博物馆等非营利机构营销战略的制定在目标和衡量标准上有别于营利企业:营利企业追求的是"利润"即财政产出的最大化,非营利机构追求的是某种特殊的社会成果。具体到博物馆情境,则是如何通过文化的推广和生产,增进社会福利,提升生活品质。综观海内外博物馆实体商店和网络电商对文化创意产品的营销推广,亦适用于市场营销领域的四大策略:市场定位策略(People)、产品分类策略(Product)、差异定价策略(Price)和渠道开拓策略(Place)。

**图3 博物馆文化创意产品营销推广的四种策略**

### （一）博物馆营销文化创意产品的市场定位策略

与一般的市场营销策略相仿,博物馆营销文化创意产品可从以下四个市场开拓方案着手:大众营销、小众营销、细分市场营销和个体营销①。

大众营销方案不加区别地假定每个人都是博物馆产品的潜在消费者,忽略消费者行为和偏好的差异,采取一致的促销和宣传方式进行广泛营销。其缺点在于,由于无法精准定位顾客市场和特定消费群体,可能造成资源浪费,

① 具体可参见:（美）尼尔・科特勒,菲利普・科特勒著,潘守永等译:《博物馆战略与市场营销》,北京燕山出版社 2006 年。

且效果难以预测。

小众营销、细分市场营销和个体营销都有其显著优点。营销者能够对产品进行更好的调整以满足目标消费者的要求，还可以针对每一个目标细分市场调节它们的价格、流通渠道和营销组合。大型博物馆能够综合使用不同的营销方案，来获取特定的市场和消费者，而不是使用一种"机关枪"式的营销方案去吸引所有的潜在消费者。对于中小型、专题性博物馆而言，小众营销和个体营销是更为有效的营销方式。

## （二）博物馆营销文化创意产品的产品分类策略

博物馆文化创意产品在开发设计之初，即纳入营销思维，以市场定位为基础，针对博物馆特定观众市场的兴趣偏好、消费能力，开发适于营销的产品类型。因此，必须遵循一定的分类策略，确保博物馆开发的产品类型可以比较顺利地出售，为市场所接受。在分类原则上，最重要的两点，一是开发产品必须与博物馆藏品和展览具有紧密联系，有助于实现博物馆主旨目标和教育功能；二是针对博物馆面对的特定观众市场进行分众化、多样化开发。

博物馆针对市场分析定位的特定消费群体，有的放矢地开发文化创意产品，通常能取得较好的销售业绩。以美国大都会艺术博物馆、大英博物馆、台北故宫博物院等具有代表性的几家大型博物馆的网上商店为例，从其出售产品的类型构成和数量特征来看，可以归纳出若干相似的规律。

美国大都会艺术博物馆网上商店出售的商品分为"首饰和手表"（Jewelry and Watches）、"雕像"（Sculpture）、"书籍和图录"（Books）、"印刷品和明信片"（Prints/Posters）、"家居饰品"（Home Decor）、"文具和日历"（Stationery/Calendars）、"儿童用品"（Kids）、"服饰和配饰"（Apparel Accessories）八大品类。数量如图示：

大英博物馆网上商店出售商品种类和大都会博物馆类似，分为"首饰"（Jewelry）、"书本和影音制品"（Books/Media）、"雕像"（Sculpture）、"家居和办公用品"（Home/Office）、"服饰和配件"（Accessories/Clothing）、"儿童用品"（Children）六大品类。数量如图示：

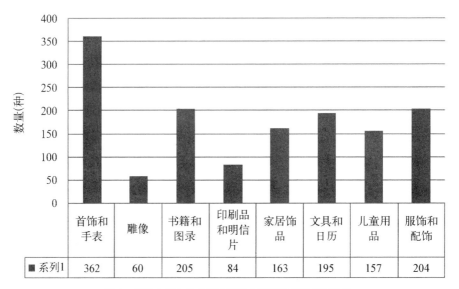

| 　 | 首饰和手表 | 雕像 | 书籍和图录 | 印刷品和明信片 | 家居饰品 | 文具和日历 | 儿童用品 | 服饰和配饰 |
|---|---|---|---|---|---|---|---|---|
| ■系列1 | 362 | 60 | 205 | 84 | 163 | 195 | 157 | 204 |

图4　美国大都会艺术博物馆网上商店商品种类及数量

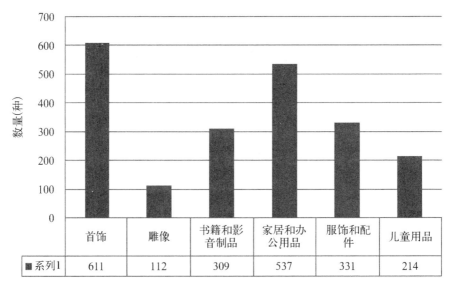

| 　 | 首饰 | 雕像 | 书籍和影音制品 | 家居和办公用品 | 服饰和配件 | 儿童用品 |
|---|---|---|---|---|---|---|
| ■系列1 | 611 | 112 | 309 | 537 | 331 | 214 |

图5　大英博物馆网上商店商品种类及数量

　　台北故宫博物院网上商店"故宫精品网络商城"出售商品分为"书法绘画""典藏精品""图书影音""饰品配件""生活风格""设计文具"六个类型。数量如图示：

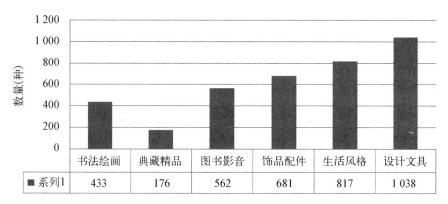

**图6 台北故宫博物院网上商店商品种类及数量**

通过对以上几家博物馆网店出售产品类型的比较,发现国内外博物馆开发文创产品的类型比较一致,以具有创意性的生活家居用品、文具用品、各类出版物、服装首饰等为主。在分众化市场开发上,大都会博物馆和大英博物馆都表现出对亲子家庭这一博物馆重要参观群体的重视,专门开发了"儿童用品"系列产品,包括各种承载教育意义、体现博物馆文化特色的儿童玩具、教具、学习用品等。

### (三)博物馆营销文化创意产品的差异定价策略

差异定价是主要的市场营销策略之一。博物馆通过制定分层次、多样化的产品价格,结合促销和折扣等通用定价策略,并实行心理定价这一具有博物馆产品特殊性的价格策略,有力推动文化创意产品的营销推广。

由于博物馆观众和文化产品消费者市场具有多样化的特点,由不同年龄、性别、背景的人群构成,具有差异化的兴趣偏好、消费理念和消费能力,因此,博物馆必须为文化创意产品制定多样化、分层次的价格,以吸引更多消费者。

以大都会艺术博物馆网上商店为例,平均售价最低的是文具类用品,以25美元以下居多;其次是主要消费群体为亲子家庭的儿童类产品,以50美元以下居多;书籍、明信片等出版品的价格则多为75美元以内。平均售价最高的是微缩雕塑模型和首饰,大多在100美元以上。服饰类和家居类产品定价则灵活多元,覆盖各个价格范围。

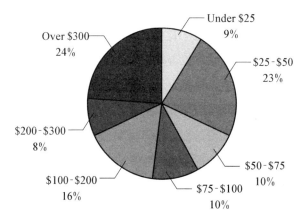

图 7　美国大都会艺术博物馆网店家居类产品价格分布

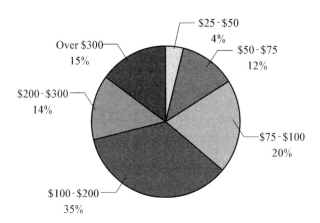

图 8　美国大都会艺术博物馆网店首饰类产品价格分布

另外,博物馆文化创意产品的营销定价策略还包括促销定价、心理定价和折扣定价策略等,不再赘述。

### (四)博物馆营销文化创意产品的渠道开拓策略

博物馆开发文化创意产品后,选择、设计合适的营销渠道或分销渠道出售商品,从而顺利的将产品送达目标消费者,是重要的营销策略之一。总体来说,博物馆文化创意产品的营销分为实体渠道和网络渠道两大类型。

博物馆实体营销渠道一般指博物馆商店。博物馆商店的合理营运是保证营销策略得以顺利实施的基础。博物馆商店的道德标准应该高于一般商店，因其承担着特殊的社会教育功能。纽约现代美术馆（MOMA）商品部经理 Kathy Thornton-Bias 曾经在世界博物馆商店协会发行的 2005 年春季号杂志中提出："博物馆商店有责任追求较高的品质，而且还得保证销售内容必须和博物馆的使命有关"；"选择商品是不断在文化与商业间寻求平衡点"[①]。建立分店是博物馆商店扩大营销范围的有力手段，但在分店的数量和选址上需要慎重考虑，须综合考虑博物馆资金是否充裕、商店营运团队是否健全、地理环境是否合适等问题。博物馆分店通常设置于购物中心、机场等人流密集区域。如纽约大都会艺术博物馆除了位于第五大道的总店外，还在纽约、新泽西州和澳大利亚、墨西哥、泰国等地开设了 15 家分店。

博物馆商店建设成本高，受运营时间和空间的限制较强，口碑营销功能不足，而互联网渠道能有效克服或者弥补这些缺点。其一，网络销售节省成本。博物馆商店无论设在馆内还是馆外，都需要场地，需要支出租金、水电、服务人员薪资等经济成本。博物馆网店所需的管理服务人员少于实体店，并且没有场地成本。其二，网络销售克服了实体商店的时空限制。博物馆商店经营产品无形中受到博物馆人流量的限制，往往是淡季客流少，晚上需要停止营业。但博物馆文化创意产品的生产能力并无旺季、淡季之分，公众在任何时间都可能产生购买需求。空间上来看，实体店只能覆盖部分博物馆观众和机场、购物中心的客流，而博物馆文化创意产品的辐射力和覆盖面是跨地域、跨时空的。网络营销可以实现二十四小时不间断运营，也不会受制于淡季和旺季的区分。其三，网络渠道的人际口碑营销效果佳。在互联网时代，消费者乐于通过论坛、微博、微信等分享博物馆文化创意产品的体验心得，形成成本低、速度快、效率高、范围广的口碑传播效应。其四，网络营销用户黏性更强。互联网由于具有高效、快速、超越时空的特点，使网络购买者对其产生了强烈的依赖感，网络消费极具用户黏性，利于培养消费者的忠诚度，制造更多的"回头客"。

---

① 黄光男：《博物馆行销策略——新世纪新方向》，台湾艺术家出版社 1997 年，第 94 页。

# 四、海内外博物馆文化创意产品开发
# 对上海地区的借鉴意义

上海地区在博物馆文化创意产品开发过程中，仍然存在研发设计水平较低、社会力量参与不足、授权模式不够健全、面临体制机制束缚和资金人才瓶颈制约，以及不同类型博物馆发展不平衡等突出问题。借鉴海内外博物馆文化创意产品开发的经验，对上海地区博物馆开发文创产品的着力点和突破口进行分析，并提出以下对策建议。

## （一）建议政府出台博物馆文创产业发展支持政策和实施细则

从我国近期出台的一系列推动博物馆文创产业发展的支持政策性质来看，以间接干预和协调性政策为主，直接干预性政策少；从政策效力来看，以国家层面的行政法规和规章为主，大都属于指导性意见，较少具有强制性效力。总体而言，相关政策的法律效力还不够强，具体的保障措施还不够细化，在落地过程中的可操作性尚需提高。作为拥有较好文博资源和文化产业发展条件的上海地区，建议积极出台地方配套实施细则，制定专项资金扶持办法、税收优惠政策、人才激励政策等，提升支持政策的分类指导针对性、可操作性、可执行性和落地能力，进一步为博物馆发展文创产业保驾护航，营造良好环境。

如北京市近期出台的《关于推动北京市文化文物单位文化创意产品开发试点工作的实施意见》中明确规定，试点单位可从文创开发取得的净收入中提取70%及以上奖励开发工作人员。同时，要求拓展完善文化创意产品营销体系，将自有空间用于文化创意产品的展示和销售，并在国内外旅游景点、大型文化设施、重点商圈、交通枢纽等场所开设专卖店或代售点。积极创新"互联网+文化"的营销推广方式，拓展与互联网电商平台的合作，综合运用线上、线下多层次商务平台和营销渠道①。建议上海市政府相关决策部门参考北京的

---

① 《北京市八部门联合发文：20余家博物馆文创开发净收入70%可奖励开发人员》，载弘博网，2018年6月7日。

做法,结合上海推进"文创50条"具体举措,从人才保障、税收优惠、激励机制、资金扶持等各方面制定支持政策和细化目标,

## (二)推动不同举办主体和类型博物馆构建差异化文创发展模式

截至2017年底,上海市已经备案的博物馆数量为125座,其中,国有博物馆96座,占比77%,非国有博物馆29座,占比23%。从主题类型来看,综合性博物馆12座、历史类41座、艺术类6座、自然科技类3座、其他主题类型63座。由此可见,上海地区的博物馆已经初步形成了多元化发展的格局,为不同需求层次的观众提供多样化的精神产品。但是,上海地区博物馆仍然呈现不均衡的发展态势,表现为中心城区集聚大量博物馆,边缘城区和远郊博物馆数量明显降低的布局。另外,从博物馆规模来看,绝大多数为小型博物馆,仅有特大型馆2座、大型馆7座、大中型馆5座、中型馆17座,其余94座均为小型馆。从全市博物馆文创产品开发规模来看,2017年全年文创销售额超过100万元的仅有4家,分别是上海博物馆(3 862万元)、四海壶具博物馆(374万元)、上海玻璃博物馆(173万元)和上海科技馆(105万元)。绝大多数博物馆囿于资金和开发人才瓶颈,未能充分发展文创产业,或是仅停留在简单开发上。

因此,针对上海地区博物馆发展不均衡的现状,探索差异化文创产业开发模式不失为拓宽各类博物馆资金来源渠道,扩大文化影响力和传播力的现实路径。对于上海博物馆、上海科技馆、上海历史博物馆等国有大型博物馆,因其国家财政资金补贴比较充足,藏品资源相对丰富,策展、办展和引展能力较强,主要应从摆脱观念和体制机制束缚、学习借鉴海内外博物馆文创开发优秀案例、积极引进文创研发设计人才、打通文创产品开发销售产业链等方面入手,着力于开发多样化、多层次、高质量的文创产品,并积极布局线上线下营销渠道,实现文创产品数量、质量和销售额的多重提升。对于占比高、发展层次不齐的小型专题性博物馆,因其多数受制于资金和人才瓶颈,博物馆运营管理能力较弱,应立足于馆藏实际,着力于开发具有鲜明馆藏特色的文创产品,并

引进专业设计营销人才，密切结合文化旅游项目，走文创品牌化发展之路，切实发挥文创营销收入反哺博物馆可持续运营管理的作用。

目前国内民营博物馆文创开发方面的突出案例是观复博物馆。观复博物馆将中国传统文化元素和现代商业模式相结合，建立了文创产品自主研发团队，研发了大众文化创意消费品和高端艺术礼品等多个系列和价位的文创产品，充分运用微信等新媒体推广手段，采用线上电商营销和线下实体商店销售相结合的形式，拓展品牌合作店和加盟商店，文创产品开发的完整产业链已经基本建立并运作顺畅。观复博物馆的特色化文创开发模式可供众多民营中小型博物馆借鉴使用。

### （三）推动博物馆文创开发向艺术授权产业转型升级

如前所述，目前我国博物馆文创开发有独立研发、合作研发、代销、公开市场采购和艺术授权五种模式。国际上文创产业链构建并运作较为顺畅的大型博物馆，多采用混合授权形式，而随着互联网技术的飞速发展以及 IP 经营管理模式的完善，艺术授权模式将跃升为主导模式。观诸博物馆领域之外的文化产业和商业品牌市场，如迪士尼、星巴克等国际文娱品牌，均已发展了较为完备的授权产业，大英博物馆、大都会艺术博物馆、梵高博物馆等的艺术授权产业已然蔚为大观。作为国际金融中心，上海拥有发展文化产业和授权产业的现实基础和先发优势，推动博物馆文创产业向艺术授权模式转型升级势在必行。

结合互联网技术开发的博物馆文创平台授权模式是上海目前正在探索并着力发展的方向。2017 年 6 月，上海市首个国家级文博创意产品开发生产基地建设试点获批，被纳入"互联网+中华文明"示范基地名单，将采用"一基地多园区"的形式，建成国家级文博创意产品开发生产产业园区和"互联网+中华文明"双创空间。2017 年 10 月，在国家公布的"互联网+中华文明"示范项目中，上海市有 6 个项目入选，将从文物遗迹、博物馆数字化展示，互联网文创开发等方面，拓展文创开发内容和形式。

上海自贸区的建设为博物馆文创艺术授权提供政策空间和发展机遇。

2016年,国家博物馆上线"文创中国"授权平台,上海自贸区作为"文创中国"中国大区运营中心,联手国家博物馆为相关文博、文化机构提供全方位运营保障与服务,并在国博的授权下,进行线下文物文化衍生品的设计、生产、推广合作,还依托上海自贸区政策优势,利用国际通道等相关服务展开境外发展合作。上海地区博物馆应充分利用地区政策优势,以丰富的馆藏藏品资源为基础,积极发展艺术授权产业,构建完整高效、运作顺畅的艺术授权产业链。

### (四)引进并培养高端文博创意产品研发人才

目前包括上海地区博物馆在内的我国内地博物馆文创产品研发设计中突出显现的同质化倾向严重、产品质量不高、文化深度不够、创意思维转化运用不足等问题,归根结底源于创意研发人才短缺这一瓶颈因素的制约。高端文化创意人才和设计、营销、管理复合型人才的缺失,不仅体现在博物馆相关部门的人才缺口,也体现在文化创意企业团队建设和城市文化人才结构的缺陷。造成这一状况的原因,无疑与现阶段教育体系的不完善密切相关。普通高等院校创意设计类专业偏少、课程设置不合理、培训计划和社会需求脱节,应试教育环境下对艺术审美教育的忽视,对学生创新创意创造能力培养的欠缺,对中国传统文化知识的传授不够重视,这些因素叠加起来,共同导致了目前高端文化创意人才供给不足的现状。另外,博物馆作为事业单位,其薪酬体系和激励机制无法有效吸引高端复合型文创人才长期入驻,偏于保守僵化的面貌不利于创新创意氛围的营造和灵感的激发,也将有潜力的创意设计人才拒之门外。

针对博物馆文创开发的人才短缺问题,建议上海市政府相关部门制定人才引进激励政策,吸引创意设计、艺术管理等高端复合型人才参与博物馆文创事业。如积极引进具有国内外知名高校文化设计类专业背景、爱好中国传统文化并拥有国际视野的艺术设计类人才,提供住房优惠、医疗保险等就业待遇;吸纳在文创领域深耕多年,具有丰富文创设计和营销管理经验的高级人才加入博物馆文创部门或者与博物馆有密切合作的创意企业,或是以独立设计师身份和博物馆开展合作,为之提供资金奖励、荣誉称号、创业平台等优惠待遇。

除引进高端创意设计人才外，上海应加强本土本地艺术设计研发人才的培养，完善专业艺术类院校和普通高校艺术设计专业、创意营销专业的课程安排、师资配备和硬件设施，并融入中国传统文化和文博知识相关内容的传授；鼓励沪上各大博物馆提供创意研发的实习岗位，培养一批具有文博创意研发深厚知识背景和实践经验的复合型人才，填补各博物馆文创研发人才缺口。此外，可通过组织各类博物馆文创专项培训班，提升文创从业者专业能力，培训对象不仅包括博物馆文创部门、公共文化服务部门从业者，也面向创意设计专业学生、有志于从事博物馆文创的设计人员和传统文化爱好者、文创企业等招收学员。开设针对性更强的专题培训班，如针对各博物馆馆长和文创负责人的高端培训、针对一线文创设计师的设计类专题培训班、针对博物馆市场部门和文创企业的授权模式、运营经验交流培训等。

### （五）应用互联网思维打通博物馆文创产品营销推广渠道

根据"微笑曲线"理论，营销推广是文创产业链的核心战略环节之一，包括产品的市场区分、定价机制、渠道开拓、宣传推广等多个方面。在互联网时代，充分运用用户思维、迭代思维、简约思维、社会化思维、大数据思维、跨界思维等互联网思维方式颠覆和重构传统文创产业推广模式，将有效拓展和畅通产品营销渠道，提高产品的市场竞争力和占有率。

从海内外博物馆文创产品开发项目的优秀案例来看，其从研发设计环节开始就致力于融入"以用户体验为中心"、"人性化简约设计"和"用户深度参与"的互联网思维方式，基于大数据收集分析结论和受众体验调查结果，进行精准的市场定位、差异化定价和分众化营销。构建线上线下销售渠道和产品线时，充分发挥新媒体口碑效应和人际传播的社会化思维优势，注重产品的更新迭代，以及与其他商业品牌的跨界合作，进一步传播推广文创产品，以"博物馆+"、"文化+"的方式反哺"互联网+"新型业态。

以此观之，目前上海地区博物馆还未完全打通文创产品线上线下多元营销渠道，互联网技术和新媒体传播手段运用不足。据统计，上海全市开设网站的博物馆有 68 座,开通微信、微博公众号的有 109 座,总体占比较高①。但是,多数博物馆网站信息的更新率和点击率等流量状况并不理想,微信、微博的情况也是如此,仍未能充分发挥互联网技术和新媒体传播手段的优势。上海正着力推进具有全球影响力的科创中心建设,科技人才、技术创新等技术要素和资源优势明显。在下一个发展阶段,上海地区博物馆应充分挖掘和运用互联网思维方式,推进文化和科技融合跨界发展,通过用户、展品、大数据和文创产品的多元互动传播,着力实现博物馆文创的个性化定制和智慧化服务,打通文创产业营销推广新渠道,推动博物馆文创产业链高效运行。

---

① 数据来源:《上海市博物馆年报 2017》,上海市文化广播影视管理局、上海市文物局编制。

# 14

# 韩国工业社会中的匠人精神和创意设计

金宝镜*

内容提要　从世界范围看,韩国经济的快速增长和社会发展成就是一个获得
广泛关注的事实。本文认为:韩国经济增长的奇迹及韩国人对社
会发展的认同感,与韩国的匠人精神和创意设计密切相关。由于
许多韩国企业坚持了匠人精神,对产品的设计避免了大批量和标
准化生产的福特主义(Fordism)之弊端,体现了精益求精的品质,
而这些出色的韩国设计更由于匠人的贡献而得以实现。半个多世
纪以来,韩国经历了大规模的工业革命,出现了进入世界500强的
大型企业,如Samsung、Hyundai、SK、LG等,之后又逐步进入到后工
业化时代。从工业化社会到进入后工业化社会,韩国的匠人精神
始终犹如DNA,对大小型企业甚至大型家族企业都具有重要的
意义。本文分析了韩国匠人精神在产品与企业两个层面上的典
型案例,特别是传承匠人精神的传统生活必需品和弘扬匠人精
神的现代企业,也分析了韩国工业革命以来匠人精神的延续与
发展。

关 键 词　韩国工业社会　匠人精神　创意设计　大师(Meister)文化
Vainer公司

---

　*　【韩】金宝镜,博士,现任北京大学外语学院外教,参与北京大学艺术学院的影视文化研究,并
且担任韩国首尔大学人文研究院研究员,主要关注中韩大众文化的比较研究。

# 一、韩国战争之后韩国经济社会的发展趋势

1945 年朝鲜获得独立和解放。1948 年大韩民国成立以后,韩国的经济结构尚未近代化,技术资本十分贫乏。在从落后的经济体制向自由市场经济体制转变的过渡时期,伴随着朝鲜战争的爆发,韩国经济尚未实现独立,便又陷入了更加贫穷的恶性循环之中。虽然从停战后直至 50 年代末,由于美国的援助及韩国政府的努力,韩国经济开始复苏,但是国民的生活水平依旧落后,且停滞不前,并未出现改善的迹象。当时韩国政府的经济政策是将重心放在最大化利用美国援助以及抑制通货膨胀上,因而产生了许多弊端。这一时期,韩国的年平均经济增长率约为 3.9%,人口增长率约为 2.8%,因此人均国民收入只有 60—80 美元。[1] 从工业结构来看,当时韩国尚处于经济发展的初级阶段,以小型农业为主的经济结构十分脆弱,市场的功能无法得到有效发挥。但是,大部分国民都经历过日本殖民经济的时期,对于国家干预或管制经济部门持着反对态度,同时,在美国的影响下,韩国政府也拥护美国式民主主义和自由市场经济政策,所以政府最终决定采取由民间主导的经济运行方式。[2]

60 年代,韩国经济发展迎来了重大的转折点。朴正熙政权上台后,强势的政府通过政策制定了经济发展计划。朴正熙将经济发展作为最优先的实现目标,他设置了经济企划员的职位,并于 1962 年开始着手制定经济发展计划。主导发展计划的政府决定采取以大企业为主的出口主导型的发展战略,强调工业先于农业,并从进口替代产业转向出口主导产业。当时政府实施的所谓"先发展,后分配"、以发展为中心和以出口为主导的经济发展战略,虽然能在短期的良性发展之中取得有益成果,但也引发了民间自生能力恶化、工业地区分布不均衡、经济结构对外依赖度高等结构性问题。[3] 因此,在 70 年代后期,社会均衡发展的必要性及公平问题被重新提出。特别是开始于 1982 年的第

---

① 姜满吉:《改写的韩国现代史,创作与批评》,2006 年。
② 宋丙洛:《韩国经济的崛起》,商务印书馆 1994 年版。
③ 王茹、赵文艳等:《一鸣惊人韩国人》,时事出版社 1998 年版。

五次五年计划,强调了民间主导自律和提高竞争效率的重要性,力求实现国民生活的均衡发展和有效改善。到了1990年后,大企业仍在不断进行扩张。之后,在1997年亚洲金融风暴冲击下,韩国经济陷入困境。[①] 大企业接连倒闭,金融市场逐渐僵化,金融机构也濒临倒闭。不过,依靠国民的"献金爱国运动",韩国在2001年还清了IMF(International Monetary Fund)的借款,并完全走出外汇危机。[②] 2000年后,韩国的高新技术产业迅速发展,并将以信息(IT:Information Technology)、生物(Bio:Biotechnology)、文化(Culture)和环境(Environment)为代表的高新技术以及其他尖端技术作为重心,进行集中的研究和开发。[③]

在经历了殖民地独立运动以后,虽然由于朝鲜战争而几乎成为废墟,但是韩国经济在短时间内就实现了快速增长。韩国从世界最贫困的国家迅速成长为世界经济排名第11位的发达国家,被剑桥大学的经济学家Joan Robinson称为"经济奇迹(Economic Miracle)"[④]。由此可见,韩国的经济增长是一个惊人的事实。那么,这种奇迹般的经济增长是如何产生的吗?韩国创造经济奇迹的特征或者韩国企业的特征是什么?反过来看,这种经济的快速增长给韩国社会带来了什么影响?都是值得深入研究的问题。本研究的目的,是跨越以西方观点为中心的经济学视角,探究与西方国家截然不同的韩国经济和韩国企业的发展历程,分析它产生世界意义的原因,重点分析韩国工业社会中的匠人精神和创意设计。

## 二、韩国工业社会中的匠人精神由来

自古以来,在朝鲜就有专注于一份特定职业的人,他们钻研独门手艺,并

---

① 赵淳:《韩国经济的历史》,韩国开发研究丛书62,2007年,第172—173页。
② 李庆臻、金吉龙:《韩国现代化研究》,济南出版社1995年版。
③ 金齐方:《韩国的现代史》,文学公园,2016年。
④ 韩国军政府将韩国的经济增长自夸为"汉江的奇迹"。柳东民:《韩国的经济—能力与公平的竞争,以及站在分岔口上的韩国独有特征》,Humanist(人文主义者出版社),2016再引用。

视自己为该门手艺的正统传人,被称为"匠人"。如果以时代为基础划分的话,朝鲜古代时期的匠人,是依据职业分工和贵族的需求而进行创作。到了高丽时期,匠人处在平民以下的地位,为了给被称为"所"的行政区域制作金、银、铁和纸张等,他们群居在特殊部落之中,制作精致的物品。① 虽然朝鲜的分工体系已经基本确定,但生产组织仍是为了制作优异制品的专门化过程。当时,由于社会对匠人的恶劣待遇,匠人们不喜欢将手艺展现出来,而选择将自己的一腔愤懑通过青瓷的"象敢技术"或"银入丝"等向外界表达。在这一时期,朝鲜人的身份制度在高丽社会的结构基础上增添了儒家思想。从朝鲜人的身份结构中看,其中64%是能够从事技艺的阶级。匠人作为一个社会群体是由奴婢、良民以及僧侣等组成的,且由士兵和军官来弥补人员空缺。参照《经国大典》②,官工匠有130种,共2 841人,外工匠27种,共3 650人③。匠人主要制作军事用品和两班阶级的生活用品。他们的生活条件逐渐提高,李朝时代的匠人性质由奴婢劳动转变为以良民为中心。由匠人推动的造纸业、木工和黄铜工业逐渐发达起来。

18世纪末兴起的"实学思想"④是用"经世致用"和"利用后生"来实现富国,又被称为"学中国"。在丁若镛的《技艺论》⑤中,充分展现了这种提倡技术,主张要向中国学习新技术和新知识的思想。在这一时期,匠人们由于民间信仰和实学思想的社会基础,为了家族而忍受了严酷的训练,以此保证了家业的传承和财产利益。通过匠人形成的历史,可以看到匠人追求精益求精的职业精神。专注于眼下之事,并希望以此成为正统,并且获得社会的尊重,这便是所谓的"匠人精神"。匠人精神深藏于韩国人的精神世界之中,代表了精益

---

① 严光燮:《韩国的匠人制度和造型意识研究》,韩国设计学会,1989年。
② 《经国大典》是李氏朝鲜的法律文献,被誉为"国家的立国磐石"。它确立了朝鲜的官职制度、官衙机构等,当中的官职在1469年制定以后虽然有所变动,但在总体上还是遵行《经国大典》的规定。
③ 严光燮:《韩国的匠人制度和造型意识研究》,韩国设计学会,1989年,第48页。
④ 实学是一种以"实体达用"为宗旨、以"经世致用"为主要内容的思想潮流和学说。
⑤ 丁若镛:(1762年8月5日—1836年4月7日)号茶山、朝鲜实学思想家,是位百科全书式的博学家、思想家和现实主义诗人。他的茶山实学思想和文学创作在韩国和朝鲜学术界倍受关注。他在《技艺论》中强调发展农业技术、纺织技术、军事技术、建筑运输和医药之学;在《原政》中强调发展水利、种植、畜牧、狩猎、采矿等技术。

求精的职业精神及职业伦理。① 对于韩国人而言,匠人即意味着专家,匠人精神则意味着在值得全力研究的事业上竭尽全力的专业精神。历经各个时代的精神及各地区的社会文化,这种匠人精神被不断地继承和发展。匠人精神成为一种韩国特有的精神。直到今天,匠人精神依然在韩国人的意识中一脉相承,成为韩国企业快速发展的强大动力。

除此之外,韩国的匠人精神也可以与西方的"大师(Master)精神"相提并论。② 在西方世界,拥有最高资质的手工艺人被称作大师。他们不仅拥有理论知识和实践经验,还具有经营者和教育家的素质。大师们为完成任务而默默工作,在很长一段时间,展现出自己最佳的精神状态,并将全部的热情和智慧注入到一件件的优质产品之中,创造最高的工艺水平,这便是所谓的大师精神。大师(Master)起源于欧洲的学徒制度,欧洲城市中有同职业组合(Guild),其内部组织是由大师、匠人和学徒 3 个阶层构成的。虽然学徒制度的历史是从12 世纪的德国逐渐发展起来的,但当时并没有将带一定年限的徒弟作为匠人的必要义务和资格,直到 14 世纪以后,这种大师带徒弟的义务才变为制度化。

从带学徒的角度看,欧洲的上课时间是 2—8 年,英国约 7 年。在这段时间内,一些人在大师的家中同吃同住,并研习技术,在 10—16 岁时成为徒弟。他们在结束徒弟时期后要再经过 3 年的匠人工作时间③。他们在结束匠人时期后,要向同职业组合提交晋级大师的作品,只有在获得技能审查后才能够作为独立的大师。但是,中世纪末期以后就很难出现独立的大师了,因为前辈大师们培养后继者的愿望逐渐衰退了。随后,由于工场制手工业的发展,徒弟制度瓦解,但同职组合的自律和自豪的传统,仍在今天的欧洲社会绵绵不绝。特别是在德国,拥有最高技术资格的手工艺人仍被叫做 Meister,拥有非常高的社会地位。这种传统促进德国人形成了"在德国历史中只有完美的技术才能为国家建设作出强有力的贡献"的世界观④。之后,这种大师精神逐渐传播至欧

---

① 高正昱:《朝鲜语辞典》,自由的想象,2007 年。
② 刘真英:《德国的职业教、大师(Meister)制度》,学以时习,2015 年。
③ 同上。
④ 同上书,第 24 页。

洲的其他国家,被称为 Master Craftsmanship。

在现代社会中,匠人精神被描述成为专家(Professional)精神。专家精神并不单纯以逐利为目标,它包含人文和伦理上的责任感,同时也考虑自身所带来的社会效应①。从现代性的角度看,匠人的范畴包括从事生产活动的劳动者,而这些人的想法与态度深刻地影响了生产活动的价值。因为只有这样的大师或者专家,才能为自己的职业而自豪,并愿将作为毕生的事业。他们即便地位和收入不高,也要竭尽全力、精益求精,这才能够生产出质量上佳、受社会公众欢迎的产品。

# 三、韩国匠人精神的典型案例

韩国的产业社会发展过程就像汉江奇迹(HanRiver Miracle)一样,让全世界为之震惊。本文认为,韩国之所以能够实现奇迹般的经济增长,是与匠人精神和创新设计密切相关。由于很多韩国企业坚持"匠人精神",它们的产品品质超过了批量生产及标准化的福特主义(Pordism)模式。我们可以通过对产品和企业进行分类,研究体现匠人精神的传统生活必需品,培养特色产品及匠人精神的中小企业及大企业(财阀企业)。

## (一)传承匠人精神的特色产品

### 1. 瓮器(옹기)

瓮器是韩国具有代表性的贮藏容器,若按碗的种类划分,又名陶瓯(질그릇)。瓮器的特征在于其透气性、贮藏性、发酵性、经济性以及用途的多样性。②因此,瓮器在日常生活中被广泛使用。但是,随着技术的发展,塑料器皿和不锈钢器皿出现,易碎、沉重而又昂贵的瓮器自60年代末逐渐退场,陶瓯文化也开始面临消亡的危机。但是,随着社会变迁和人们认识的变化,瓮器开始重获

---

① 俞弘浚:《我们时代的匠人精神》,Booknomad,2010年。
② 李龙宇:《瓮器制作研究》,韩国陶瓷学研究,2007年。

关注。会呼吸的容器即瓮器是由土制作而成,在调节好温度和湿度的情况下,能够长期保存食物,并且其不产生环境污染,对人体无害。而且,它在破碎之后不会污染环境,而是通过降解重新回归大地。由此,Wellbeing、Slow-life 的实现变得可能,悠闲生活也不再遥远。YanghebToGi(양협토기)便能代表韩国的瓮器文化。其中,YanghebToGi 延续五代的匠人精神更是耀眼。YanghebToGi 不单只是一件商品,更是代表了执着于精品的韩国匠人精神。[①]

2. 鍮器(유기)

在过去,鍮器由于质量重、属于有色金属不耐热、又需要不时擦拭等种种管理上的不便,因而常被排除在人们的日常生活之外。近年来,伴随着 Wellbeing 文化的升温,鍮器自身的优越性得到肯定,人们对其的需求逐渐增加。鍮器拥有黄金色的外观,具有美学意义上的观赏价值,还有杀菌的功能。此外,鍮器会对有害气体等有毒物质产生反应,还能够保温,因此也具有对食物的保鲜作用。一件这样的鍮器,可以让一个家族传承多代而持续使用。韩国鍮器也被叫做安城鍮器,这意味着安城的鍮器最为著名。安城鍮器工坊形成世代延续的传统,其代表作有重要无形文化遗产第 77 号香园金根洙瓮。[②]安城鍮器工坊依托出众的技术,由 20 多名工匠来生产方字鍮器和铸工鍮器,一方面有类似于博物馆的文物复制、宗庙祭器的复原那样的兼具艺术性的鍮器生产,另一方面也生产和销售日常用器物。如今,安城鍮器工坊因其手工艺而声名大噪,制作的鍮器供不应求,但其仍然将品质放在第一位,可谓是韩国顶级的鍮器工坊,这也是韩国匠人精神的体现。

3. 木制家具

韩国的传统木制家具因其保留了树木纹理和突出纯粹的自然之美而广受人们喜爱。传统木制家具的另一个特征不用钉子,而是采用嵌套木头的结构法。传统木匠之中有一位叫做朴明培的人,于 1968 年入门,在 40 年间与树木和木器制作为伴。木匠又可划分为从事建筑事业的大木匠以及制作建筑内部

① http://www.hangari.net

② 金洪圭:《鍮器造型分析的研究:以庆北金泉制作的鍮器形态分析为中心》,数码设计学会,2010 年。

的家具的小木匠。从衣橱的挂饰、长短柜、镜匣、嫁妆盒和半开柜等卧室家具，到方桌、文件柜、书桌、床头柜等厢房和厨房用具，都是他主要作品的内容。在1992年的传统工艺大典中，他获得了总统奖，说明他获得了广泛的认可。① 这些匠人制作的文化遗产，被作为家国之宝代代流传，而且它们在日常生活中实用性也逐渐被挖掘出来。传统木制家具完美保留了树木的固有特性，给人以亲切和亲近之感。它们也散发着匠人的气韵，这是使用化学粘合剂和化工材料大量生产的现代家具所无可比拟的。

4. 银入丝

在铜铁制成的器皿表面，用银钱雕琢纹样，这就是所谓的入丝。而银入丝技术则是在李朝时期便发展为青瓷镶嵌技术和螺钿漆器镶嵌技术。初期的入丝技术是在器物表面挖槽，再将丝线嵌入。到了李朝中期，在既有的入丝技术的基础上，全新的入丝技术出现，是一种直接在粗略绘线的器面直接凿纹并嵌入银丝的技术。李朝末期，即使是入丝工匠，在汉城的工曹也有2人，在尚衣院则有4人，但是，能够延续下去的却不多见。洪正实教授（重要无形文化遗产第78号）作为将这种技术现代化的匠人，做出了重要的贡献。她通过高品质的创作，表达了这种纤细风格作为文化商品的很高价值。

## （二）弘扬匠人精神的中小企业

对于匠人而言，在品质方面没有妥协的余地。拥有匠人精神的企业，和一般企业不同，它们遵循着严格的标准，专注工艺，而宁可牺牲许多短期的利益。可即便如此，等到它们开始盈利也需要历经数年。② 对品质的信赖不单是企业需要遵循的标准，也是保持竞争力的必要因素。③ 这些企业为了能让顾客愿意花更多的钱买到精品，孜孜不倦地进行钻研，努力制作最高品质的产品，并且为此感到骄傲。与此同时，企业将匠人精神注入到这些产品中，也就有可能创

---

① 柳真京：《活用韩国传统木制家具制作方法的生活家具相关研究》，韩国科学艺术论坛，2015年。
② 丹尼·米勒、金贤贞（译）：《家族企业做成长寿企业》金枝，2009年。
③ 尹光俊：《名牌的生活》，乙由文化社，2008年。

造出杰出的品牌。在这些饱含匠人精神和创意设计的韩国品牌中,笔者将着重介绍 Komelon 公司的卷尺、技术密集型企业 TrekSta 的登山鞋、SD sports 公司的滑冰鞋、以及韩国第一制鞋企业 Vainer 的健康鞋。①

1. Komelon 公司的卷尺

Komelon 公司创立于 1963 年,多年来发挥匠人精神,专注于卷尺一个领域,得到了全世界的认可。Komelon 公司秉承着韩国制造的理念,依托匠人精神的技艺和独具创意的设计,并以创新和设计为重心,打破了"工具无色"的固有观念,依靠设计创造出了高附加值的产品。它与美国的 Stanley 和日本的 Tajima 一起成为全球卷尺界的三大企业。这家规模小却实力强的企业的产品现已出口至全球 80 个国家。②

2. TrekSta 公司的登山鞋

20 世纪 90 年代,私营化的韩国鞋业陷入危机。TrekSta 将销售额的 50% 投入到开发之中,铸就了卓越的开发实力,同时还采用适合韩国人足形的设计,由此占据了竞争的优势。③ TrekSta 的登山鞋吸纳了新材料的特性、人体工学的功能和设计,和进口鞋相比,品质更好,价格也更低廉。登山家严弘吉登山 8 000 米高峰时穿的便是此品牌的登山鞋。TrekSta 公司创立于 1988 年(Dongho),在创社伊始,便将自身定位为专业户外品牌,依靠差异化的功能,成功登上登山鞋市场首位的宝座。制作质量高、功能好的产品是 TrekSta 公司的目标,它将挑战和开拓精神奉为信条,持续开发绿色、未来型的新功能,力图在激烈的市场环境中保持竞争优势。TrekSta 公司的产品出口至全球 20 多个国家,拥有不输给国外企业的技术实力,是韩国国内户外运动鞋的龙头企业。

3. SD sports 公司的滑冰鞋

在冬奥会中取得好成绩的韩国选手多数穿的都是国内品牌的滑冰鞋。SD sports 公司坐落于首尔市芦原区月溪洞,由于为李正洙、李昊锡等选手制作滑冰鞋而进入人们的视线,同时,其公司的产品也出口到其他国家。SD sports 的

①　金永范:《韩国最好的商店,趋势出版》,21 世纪 books,2005 年,第 220—225 页。

②　http://www.komeion.co.kr.

③　OhyunGil 记者:《制鞋产业不是夕阳产业　亚洲经济》www.asiae.co.kr. 2009.1.25.

特色在于,其对基于人体工学的科学方法的执着,这同样体现了一种匠人精神。SD sports 制作的滑冰鞋给人以顶级的适配感,对世界滑冰界的发展大有贡献。而且,为世界各国选手喜爱的 SD sports 的滑冰鞋也获得了国家级的认可,这家企业在韩国 2010 年的韩国中小企业大会中获得总统表彰。①

4. Vainer 公司的舒适鞋

Vainer 占据着韩国制鞋业的首位,其代表金元吉先生则是一位自 16 岁起便开始做鞋的皮鞋工匠。Vainer 公司的皮鞋是由深受大师文化熏陶的皮鞋工匠采取手工方式制作而成的,其追求皮鞋的质量和舒适感,兼具顶级的适配感,依凭着"BEST FEEL"横扫韩国皮鞋行业;在舒适度之上,Vainer 公司的皮鞋还具有美学上的观赏价值,目前正为进入国际市场做准备。在不间断的创新开发之下,皮鞋的重量大幅减小;而且 Vainer 公司在保留能够分散足部压力缓解疲劳的 VOA 系统以及防滑鞋底等既有技术的同时,还发挥匠人精神,推动全新的开发进程。② 1994 年,Vainer 公司创立以后,依托着"舒适鞋"的旗号,在一年间卖出了 500 亿韩元。由专职匠人所制作的 Vainer 舒适鞋在带给顾客顶级适配感的同时,也成为了指引传统手工鞋业转型为企业的典型案例。被称作中年人之"耐克(Nike)"的 Vainer 舒适鞋,在 2008 年韩国中小企业大会中获得了中小企业组国务总理奖和新兴中小企业奖,在 2011 年获得了大韩民国商品大奖,并在 2012 年获得了令人自豪的中小企业人奖。金元吉实践的匠人精神,获得了国内外的广泛关注。2016 年 10 月,金元吉来到世界知识分子关注的中心舞台之一——北京大学英杰交流中心,回顾了自身从一名皮鞋学徒历经 40 年风霜所走的匠人之路,与国内外的听众分享了他的挑战精神和创业故事,并发出了 Vainer 公司希望进军中国市场的积极信号。③

## (三)弘扬匠人精神的现代企业—财阀(Chaebol)

韩国经历了大规模的工业革命,形成了进入世界 500 强的大型企业,如

---

① www.damducksports.com.

② 金元吉:《穿上燃烧的皮鞋》,21 世纪 books,2013 年。

③ http://www.vainer.co.kr/shop/main/intro.php.

Samsung、Hyundai、SK、LG、等，以后又逐步进入到后工业化时代。在这样的工业社会背景中，匠人精神始终犹如 DNA 一样绵绵不绝，代代相传。这对于培育韩国大型企业，特别是把家族企业（财阀）发展成为可持续发展的长寿企业等，都具有重要的意义。根据牛津词典，财阀（Chaebol）指的是 Family owned corporation，意指韩国独特的企业结构。财阀这个用语源自日本的ざいばつ一词。韩国的《公平交易法》中使用了'大规模企业集团'这个用语。[①] 韩国的公平交易委员会将至每年四月一日，联营企业总资产在 5 亿元以上的企业集团指定为大规模企业集团。并且在 2009 年 4 月，指定了三星（SamSung）、现代（Hyundai）、SK、LG、乐天（LOTTE）等 48 个企业集团[②]。

　　值得进一步研究的是：韩国企业在哪些方面与匠人精神有关联性。如前面所说，韩国企业的匠人精神具有以专业性为中心，并且主要传承给子女的特点。从"财阀"是新载入牛津词典的用语这一点中也可以看出，韩国财阀具有

图 1　三星家族图

---

① Shinyoogen：《韩国大企业的成功要因和成功模式以 5 大企业为中心》，延世经营研究第 32 卷，1995 年。

② 韩正和：《对韩国财阀的理解和批判：以姜哲圭，赵东成教授的评论为中心》，社会科学评论，1992 年。

子女继承经营权、延续既有的企业文化和运营方式等特征。这一点在韩国五大财阀之一——三星企业世袭的谱系图中尤为明显。

三星成立于 1938 年,由李秉喆创办,集团领导人已传至李氏第三代。第二代的领导人为李健熙,其子李在镕为现任集团会长。旗下各个三星产业均为家族产业①。现代、SK、LG 和乐天(LOTTE)等大多数的韩国企业是家族企业。下一个经营者会继承以创业者的经营哲学为根基的领导力,而财阀第二代、第三代在继承权限之后会进一步发挥其影响力。当然,学界对于企业的家族世袭结构,究竟是韩国经济发展的主力还是贪欲的化身,一直存在着争议。②这是因为在 1970 年以后,财阀作为社会实体,其社会重要性明显提高。此外,财阀这种用词现象被认识是从新闻界开始的,而非学术性概念。新闻界使用财阀这个词来批判在政治权利的庇护下急剧成长的大企业集团,带有明显的批评意义。总体上说,对于财阀的研究既具有批判性,又具有价值指向性。比起对于财阀的价值指向性视角,本研究的重点在于客观地分析财阀作为韩国产业化发展的特色。财阀是韩国经济成长的主要动力之一,而财阀的壮大与韩国一脉相承的传统精神——匠人精神密切相关。

## 四、匠人精神在韩国工业社会中的作用

正如韩国经济学家柳东民教授研究所指出的,韩国进入产业社会的道路不同于欧洲、美国和日本,是一条后发追赶、后来居上的产业化道路。如图 2,它从 1950 年至 2000 年经历了数次的进化。③

韩国的工业化是随着 1962 年第一次经济开发五年计划的开始而正式实现的,以此为契机的经济开发计划大大的改变了韩国的产业结构。随着工业

---

① 郎立君:《韩国三星文化的理念》,中外管理,1998 年 11 月。
② 韩正和:《对韩国财阀的理解和批判:以姜哲圭,赵东成教授的评论为中心》,社会科学评论,1992 年。
③ 柳东民:《韩国的经济—能力与公平的竞争,以及站在分岔口上的韩国独有特征》,Humanist(人文主义者出版社),2016 年。

部门急速成长,制造业的行业种类或生产种类变得多样化,主导经济增长的业种也随着时期发生了改变。

50年代,韩国的制造业是与原棉、原糖、小麦等援助物资结合的产业为主导;60年代,韩国为推进工业优先的不均衡成长战略,制订了经济开发计划,推动织物、服装类出口产业代替了消费品进口;70年代,为了加强重化学工业,钢铁、有色金属和石油化学等能源产业,造船、电子、汽车和机械及重化工产业,形成了韩国经济成长的主导产业,具有技术密集型的特征。韩国的经济开发,带来了产业结构的变化,也带来了产业内竞争条件的变化。在1973年韩国发布重化学工业化宣言之后,钢铁、造船、机械、石油化学、电气电子及有色金属等6个业种被选定为战略产业,政府对于制造业的培育援助也就集中在了这些部门。[①] 在这一个发展过程中,许多经营不善的企业被整顿,它们大部分被财阀接管,从而深化了财阀在经济上高度集约化的现象。

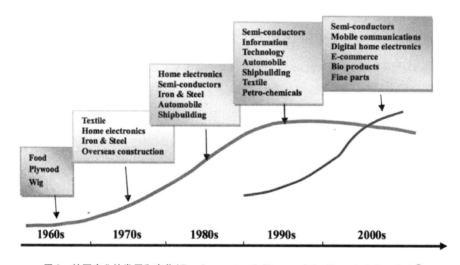

**图2 韩国产业的发展和变化（Development and Change of the Korea's Industries）[②]**

Made by author based on Lee, Keunet 2005

---

① Fields K, *Enterprise and the State in Korea and Taiwan*, NY: Cornell University Press, 1995.

② Lee, Keunet, Chaisung Lim, and Wichin Song, *Digital Technology as a Window of Opportunity and Technological Leapfrogging: Catch-up in Digital TV by the Korean Firms*, International Journal of Technology Management, Vol. 29, No. 1/2, 2005, p. 40 – 64.

从 70 年代后半开始到 2000 年,随着韩国经济规模的扩张与一些韩国企业大规模进入海外市场,韩国的造船、汽车、电子、钢铁、航空、运输企业迅速成长起来,这使三星、现代、大宇、金星、双龙、韩进、晓星、东亚、SK 等财阀巩固了地位。[1] 政府主导的外向型输出主导政策与经济的高度集聚有密切的关系。韩国政府鼓励以大企业为中心、以输出为中心的政策,促进了经济资源的高度集中,也促进了专业化、系列化的工业园区建设,进而形成了对中小企业的大力扶持等。在这个过程中,匠人精神对韩国工业社会的形成与升级,发挥了不可缺少的作用。

## 五、韩国匠人精神所带来的启示

通过以上案例,本研究将灌注匠人精神和创意设计的优质化、个性化商品,与早期工业社会中大批量生产与消耗的现象进行对比,可以得出以下结论。第一,比起早期工业社会的产品以追求利润为目的,匠人制作的手工艺品始终将品质放在第一位,这种“品质第一”的精神具有更加长久的社会价值;第二,匠人制作的手工艺品跨越了早期工业社会的机械化大批量模式,而坚持精耕细作的小批量生产,从而保持了技艺的精湛;第三,匠人制作的手工艺品,大量使用天然材料而非化工材料,因而更加绿色环保。所谓精品,其携带着超越天然价值和实用价值的灵光(Aura),具有精神的优势。[2] 真正的精品可以跨越世代,散发独属于自身的香气与价值。它不单只是一件昂贵的物品,更是一件能由父母传给子女的、以高品质而弥足珍贵的宝物。换言之,它是一件无法被模仿的,而是依靠技术和创意、立足于传统而拥有未来价值的物品;也是一件完全适用于“物以稀为贵”逻辑的特色创意制品;更是一件越是使用越是熠

---

[1] Yong-ho Bae, *Development of Technological Capability in the Semiconductor Industry*, Technological Capability and Competitiveness of Korean Industries, 1997, p. 169 - 214.

[2] Aura 原意为“气氛”等,是 20 世纪初德国思想家本雅明作为艺术理论引进的用语。他提出,“Aura”是艺术作品中组成个性的契机及意味着艺术作品具有微妙的个性。本雅明(Walter Benjamin),Shin chelmin 译《机械复制时代的艺术作品(The Work of Art in the Age of Mechanical Reproduction)》图书出版 B,2017。

熠生辉、让使用者获得心灵感应的艺术品。① 制作出这般精品的源泉便在于匠人精神。

从更深一层的分析看,不能简单地将韩国的匠人精神和创意设计作为拉动韩国经济增长的原动力。韩国经济增长是由于强力的政府支持、企业努力、员工素质和国民精神等许多因素一起造成的,不能简单地归结为一种要素。但是,韩国经济高速发展过程中所传承的匠人精神和创意设计,确实已经成为一种长久传递的意识形态,并且成为构成韩国企业的精神依据。它与韩国经济增长的其他要素相结合,相互促进、相互补充,成为韩国社会特有的一种增长活力。从更长远的角度看,韩国的匠人精神和创意设计在以后将如何发展,韩国能否凭借成就产业化和后工业社会的社会力量实现再次腾飞? 本文从四个角度提出发挥匠人精神的要求:从企业管理的角度看,要发挥匠人精神,有助于从小微企业和作坊,转型发展成为更大的企业,在保证每件产品的完成度的同时,提高产品的品质和生产效率;从消费者的角度来看,购买灌注了匠人精神的精品,并长时间地使用它,能给人们带来自豪感和精神满足;从生态文明的角度看,选用天然材料,不仅能给人以舒适感,还能实现生态和谐,符合后工业化社会的需求;从政府和社会的角度看,传承匠人精神而不断努力的现代企业,将积极地应用人工智能、机器人技术、清洁能源、量子信息技术、虚拟现实以及生物技术等,迎接第四次工业革命的挑战,不断提高生产力和竞争力。

**主要参考资料:**

［ 1 ］ 严光燮:《韩国的匠人制度和造型意识研究》,韩国设计学会,1989 年。
［ 2 ］ 韩正和:《对韩国财阀的理解和批判:以姜哲圭,赵东成教授的评论为中心》,社会科学评论,1992 年。
［ 3 ］ 宋丙洛:《韩国经济的崛起》,商务印书馆 1994 年版。
［ 4 ］ Shin yoogen:《韩国大企业的成功要因和成功模式以 5 大企业为中心》,延世经营研究第 32 卷,1995 年。
［ 5 ］ 李庆臻、金吉龙:《韩国现代化研究》,济南出版社 1995 年版。
［ 6 ］ 王茹、赵文艳等:《一鸣惊人韩国人》,时事出版社 1998 年版。
［ 7 ］ 郎立君:《韩国三星文化的理念》,中外管理,1998 年。

---

① 洪霞上:《欧洲名牌企业》,乙由文化社,2013 年。

［8］ 石庆华：《韩国企业文化及其管理模式浅析》,《延边大学学报(社会科学版)》2000年第4期。

［9］ 乔凡芸：《论韩国企业文化及其对我国的启示》,《东南大学学报(哲学社会科学版)》2000年。

［10］ 金精镇、陈燕：《韩的企业文化特性研究》,文化研究,2002年。

［11］ 韩菁：《简析韩国企业文化的特点》,《东北亚论坛》2002年2期。

［12］ 赵芳：《权威和温情兼备—韩国企业文化的特点》,《中外企业文化》2003年。

［13］ 金永范：《韩国最好的商店》,21世纪books,2005年。

［14］ 姜满吉：《改写的韩国现代史》,创作与批评,2006年。

［15］ 高正昱：《朝鲜语辞典》,自由的想象,2007年。

［16］ 赵淳：《韩国经济的历史》,韩国开发研究丛书62,2007年。

［17］ 李龙宇：《瓮器制作研究》,韩国陶瓷学研究,2007年。

［18］ 尹光俊：《名牌的生活》,乙由文化社,2008年。

［19］ 丹尼·米勒、金贤贞(译)：《家族企业做成长寿企业》,金枝,2009年。

［20］ 俞弘浚：《我们时代的匠人精神》,Booknomad,2010年。

［21］ 金洪圭：《鍮器造型分析的研究：以庆北金泉制作的鍮器形态分析为中心》,数码设计学会,2010年。

［22］ 孙代现：《被慢城市迷住了》,朝鲜&Books,2012年。

［23］ 洪霞上：《欧洲名牌企业》,乙由文化社,2013年。

［24］ 金元吉：《穿上燃烧的皮鞋》,21世纪books,2013年。

［25］ 刘真英：《德国的职业教、大师(Meister)制度》,学以时习,2015年。

［26］ 柳真京：《活用韩国传统木制家具制作方法的生活家具相关研究》,韩国科学艺术论坛,2015年。

［27］ 李韩久：《工业化时期(1960—1970)韩国企业家精神和儒教》,韩国经营史学会,2015年。

［28］ 金齐方：《韩国的现代史》,文学公园,2016年。

［29］ 柳东民：《韩国的经济—能力与公平的竞争以及站在分岔口上的韩国独有特征》,Humanist(人文主义者出版社),2016年。

［30］ 本雅明(Walter Benjamin),Shinchelmin 译《机械复制时代的艺术作品(The Work of Art in the Age of Mechanical Reproduction)》,图书出版B,2017。

［31］ Fields K,*Enterprise and the State in Korea and Taiwan*, NY：Cornell University Press,1995.

［32］ Yong-ho Bae, *Development of Technological Capability in the Semiconductor Industry*, Technological Capability and Competitiveness of Korean Industries, 1997.

［33］ Lee, Keunet, Chai sung Lim, and Wichin Song, *Digital Technology as a Window of Opportunity and Technological Leapfrogging: Catch-up in Digital TV by the Korean Firms*, International Journal of Technology Management, Vol. 29, No. 1/2, 2005.

**15**

# 上海文化产业大事记
## （2017 年 12 月—2018 年 11 月）

上海文化产业大事记课题组*

**内容提要** 2018 年是中国改革开放 40 周年,上海文化产业贯彻党的十九大文件精神,确立建成具有国际影响力的文化创意产业中心之战略目标,坚持以高质量发展为引领,把社会效益放在首位、社会效益和经济效益相统一,以满足广大人民群众日益增长的美好生活需要为出发点,以供给侧结构性改革为主线,壮大市场主体,创新生产机制,提升产业能级,鼓励创新创造,并且在培育新型业态、改善营商环境、扩大对外开放等方面,实施了一系列重要举措。本文记叙和分析了 2017 年 12 月—2018 年 11 月上海文化产业的重要事件,以彰显这一年间上海文化产业的发展步伐。

**关 键 词** 改革开放 40 周年 上海文化产业 重要事件

2017 年 11 月,国家商务部颁布 2017—2018 年度国家对外文化出口重点企业和国家对外文化出口重点项目目录。上海有 25 家企业和 10 个项目入选,其整体规模在全国各省市中名列前茅。就上海文化出口重点企业的产业结构看,上海与信息技术、数字内容和互联网结合的文化出口企业成长迅速,包括上海炫动传播股份有限公司、上海幻维数码创意科技有限公司等,形成充满活力的数字文创板块;上海在影视产品出口和影视信息服务贸易方面继续

---

\* 上海文化产业大事记课题组由花建研究员为负责人,由陈清荷、顾方舟等研究编写。

保持优势,拥有上海宇人影业(上海)有限公司、上海五岸传播有限公司、上海克顿文化传媒有限公司等品牌企业,而版权、出版和印刷也是上海对外文化出口的强项,拥有中国图书进出口上海公司等一批品牌企业,扩大了上海在国际文化市场上的话语权和占有率。

2017年12月,中共上海市委、上海市人民政府印发《关于加快本市文化创意产业创新发展的若干意见》("文创50条"),提出发挥市场在文化资源配置中的积极作用,突出八个重点领域,包括建设全球影视创制中心、打造亚洲演艺之都、建设全球动漫游戏原创中心、巩固国内网络文化龙头地位、深化国际创意设计高地建设、构建出版产业新格局、构建国际重要艺术品交易中心、加快实施文化装备产业链布局等。未来五年,本市文创产业增加值占全市生产总值比重达到15%左右,基本建成现代文创产业重镇;到2030年,本市文创产业增加值占全市生产总值比重达到18%左右;到2035年,全面建成具有国际影响力的文化创意产业中心。

2018年1月,在"协力众创 共筑生态——2018张江文创园区年度沙龙"上,《2017年张江文化创意产业园区发展报告》正式发布,报告指出,园区文化创意产业集群式体现了强劲的创新活力,实现了以IP为核心的网络文学、视听、游戏、动漫及周边多元产品全产业链融合;人工智能、VR/AR等先进技术与文化内容融合;手机、电脑、智能终端等多媒体媒介融合;产业、技术、平台的跨界融合。2017张江文创产业园区营收达489亿元,连续5年复合增长率大于18%;它作为国家级文化产业示范园区,累计入驻企业近500家,形成了数字出版、文化装备、动漫游戏影视、数字创意技术四大产业集群。近年来,这些产业集群正进入高速发展阶段。张江文化创意产业的领军企业层出不穷,其中包括阅文集团、哔哩哔哩、盛大游戏、喜马拉雅FM等骨干企业。经过多年的奋斗,该园区已由最初的文化创意产业"试验田",发展成为全国知名度和集约度最高、文化科技融合产出规模最大的文化创意产业园区之一。

2018年1月10日,中华人民共和国与法兰西共和国联合声明指出:双方加强教育、文化和科学交流领域的合作,包括支持蓬皮杜中心和上海西岸艺术博物馆共同举办展览和研讨会。这一合作项目在国内外引起了广泛的关注和好评。蓬皮杜中心与上海西岸开发（集团）有限公司签署了"展陈合作项目战略合作框架协议"，以位于上海徐汇滨江的西岸美术馆为载体，以蓬皮杜中心的藏品和理念为依托策划展览。蓬皮杜中心表示也将支持西岸集团推动中国优秀当代艺术去法国展览和推介，并且借此机会推动对中国当代艺术的研究及收藏计划。该展馆将作为一个法国和中国之间的长期文化合作项目，项目首期运行期间为 2019 年至 2024 年，成为西岸乃至上海又一个重要的国际文化地标。

2018 年 3 月，阅文集团作为文化类主板上市公司公布了年度综合业绩。阅文集团作为全国规模最大的华语文学服务平台，2017 年总收入人民币 41 亿元，同比增长 60.2%；经营盈利由 2016 年的 3 330 万元大幅增长至 2017 年的 5.108 亿元，阅文产品及自营渠道在线阅读收入同比增长 71.4%。阅文集团 2017 年拥有作品总数达 1 010 万部，其中原创文学作品 970 万部，在题材品类上也逐渐多元化，推出了以军事、体育、轻小说、二次元题材为代表的新类别，增加了热门影视书的数量。同时，阅文集团拓宽移动互联网的分销渠道，发挥原创文学内容的优势，与腾讯合作在其多个平台（包括手机 QQ、QQ 浏览器、腾讯新闻及微信读书）上发布内容，与百度、搜狗、京东、小米及快猫等第三方平台建立合作等。

2018 年 3 月 17 日，亚洲顶级国际设计展会"设计上海 2018"五周年庆典圆满落幕，这是体现上海作为联合国教科文组织创意城市—设计之都的重要举措。展览期间共吸引了 67 000 多名观众，观展人数再创新高。来自 30 个国家和地区超过 400 家的设计机构和独立设计师在上海展览中心 25 000 平方米展区中亮相。"设计上海"已经是第五年举办，成为亚洲顶级设计盛会之一。它汇集当代设计、精典设计、限量设计、厨卫设计和办公设计五大设计门类，还包括 50 场高端国际设计论坛、4 个设计趋势发布、20 件重量级互动装置和众多设计活动，展现了国际设计新趋势和上海作为"设计之都"的新作为。

2018 年 4 月，中共上海市委、上海市人民政府印发《关于全力打响"上海文化"品牌　加快建成国际文化大都市三年行动计划（2018—2020 年）》，提出确保在三年内全面打响上海红色文化品牌、海派文化品牌、江南文化品牌，使城市文化特质更加凸显、人文内涵更加厚实、文创产业更加发达、文化事业更加繁荣、文化交流更加频繁、优秀人才更加集聚,上海城市文化软实力进一步增强。打响"上海文化"品牌,重点推出"上海原创"的文化精品,充分彰显国际文化大都市的文化源头地位。提升"上海主场"的文化平台能级,做大做强上海文创产业,充分彰显国际文化大都市的产业领军地位;打造精神标识和文化地标,充分彰显国际文化大都市的人才高峰地位。

2018年5月,东方明珠新媒体股份有限公司连续第七年入选全国文化企业30强,是国内目前文化产业布局最完整的国有文化类上市公司。它的业务涉及影视制作发行、版权供应分发、游戏、视频购物、旅游地产等多个文娱板块,旗下融合媒体传播渠道覆盖用户超过1.2亿;东方明珠还拥有全牌照运营、全媒体渠道覆盖、线上线下业务协同互动以及强大的版权内容和IP优势。东方明珠在2015年进行重大资产重组,完成了一次国企改革的大胆实践;2017年探索特殊管理股试点工作,向聚力传媒PPTV提名并派出总编辑,成为广电系统第一家特管股试点正式落地企业。为贯彻党的十九大精神,东方明珠提出智慧运营驱动"文娱+"的升级战略升级,聚焦3亿新中产群体对文娱消费的高品质追求,通过OPG云的升级、融合媒体平台建设等,致力于打造中国文娱消费最有价值平台。

2018年5月,上影集团再次入选全国文化企业30强,它在全国连续十届"全国文化企业30强"评选中8次获得"全国文化企业30强"荣誉称号,2次被评为"全国文化体制改革先进企业",6次被评为"国家文化出口重点企业"。2017年上影集团全年主营收入28.74亿元,利润总额4.15亿元,总资产64.39亿元,同比增长4.78%,净资产45.60亿元,同比增长7.04%,是目前中国电影领域中产业链最为完整、吸收产业红利最为直接、盈利能力最为突出的优质公司之一。经过几十年的发展,上影集团已拥有故事片、译制片、纪录片、美术片、电视剧等多个片种的制片体系,产业链涉及电影制作、发行、院线、技术、拍摄基地、市场营销、媒体传播及酒店、房地产等其他产业。

2018年5月,上海世纪出版集团首次入选全国文化企业30强,它成立于1999年2月,是经中宣部、原新闻出版署批准成立的全国第一家出版集团和首批全国文化体制改革试点单位之一,目前已发展成为集书刊出版、印刷印务、新型实体书店、艺术品经营四大业务板块于一体的综合性大型出版传媒集团。2017 全年,世纪出版集团实现主营业务收入 35.31 亿元,同比增长 9.6%;利润总额 2.10 亿元,同比增长 2.94%。2017 年末,集团总资产达 75.06 亿元,比年初增长 15.68%;净资产达 42.38 亿元,比 2016 年增长 8.78%,达到历史最高水平,为我国出版产业的发展提供了新的经验和路径。

2018 年 5 月 12 日,首届中国自主品牌博览会在上海展览中心圆满闭幕。展会主题为"中国品牌　世界共享"。这是展示我国自主品牌发展成就,扩大自主品牌知名度和影响力的盛会,也是发展品牌授权产业链,促进文化消费的重要会展。本次展会展示面积约 2.5 万平方米,展会设置中央展区、地方展区、品牌服务展区,以及特色活动展示平台。为期三天的品牌盛会,共吸引了 6.4 万余人次观展,遴选出 600 余家知名品牌企业集中亮相。展会通过设置特色活动展示平台,采用现代展览技术手段,展示我国品牌发展历史、发展成就、发展前景。同时突出公共服务属性,通过搭建品牌墙、手机移动扫码等形式,传播品牌企业故事,展现品牌企业形象。

2018 年 5 月 23 日,静安现代戏剧谷圆满落幕。它包括名剧展演、市民剧场和壹戏剧大赏三个板块。名剧展演部分包括 17 部 36 场戏,包括国外剧目 7 部,国内剧目 7 部,中外合作剧目 3 部。其中,国内首次上演的剧目达到 6 部,上海首次上演的剧目达到 14 部,均创下历史新高,吸引了海内外大批演艺界人士和专业观众。名剧展演共分四个版块:国际视野 & 致敬大师、国内精品、人气剧场、节中节之"立陶宛戏剧节"等。静安区现代戏剧谷还与英国爱丁堡戏剧节签署了合作备忘录。它的"壹戏剧大赏"颁奖典礼,包括年度大戏、年度最佳导演、年度最佳编剧等十项专业大奖,特设致敬中国话剧卓越贡献者的"中国话剧杰出贡献奖",以及鼓励和扶持校园原创力量的"学院奖"。

2018 年 5 月 26 日,由上海市文化广播影视管理局、上海市商务委员会共同指导,各区文化和商务主管部门联合主办的文商融合项目——"2018 上海艺术商圈",在杨浦区正式启动。"上海艺术商圈"将大批演艺项目引入商业综合体,让市民在购物和消费的同时欣赏到丰富多彩的文化节目;它对现有的文化项目进行了扩充,包括在亲子、手工、流行音乐、古典音乐、艺术课堂、艺术讲座、戏剧沙龙等原有活动基础上扩大,挖掘上海非物质文化遗产项目、饮食、收藏、展览、朗诵、动漫等其他文化项目,在上海的各大商圈形成周期性的巡回演出季,推进文商旅产业的融合发展。

2018 年 6 月 7 日,中国(上海)自由贸易试验区与国家图书馆签署《国家图书馆与上海自贸试验区管委会战略合作协议》,国家图书馆成为上海自贸区文化产业集聚的国家级品牌阵营新成员。上海自贸区在新兴文化艺术产业方面发展迅速。双方将依托上海自贸区政策优势、上海自贸区国际文化投资发展有限公司的实力、国图丰富的典籍馆藏资源,在 IP 研发授权、艺术品国际通道、文创产品开发、产业运营等多个方面开展合作。在此基础上,上海自贸区逐步将合作范围扩大至国家图书馆牵头成立的"全国图书馆文化创意产品开发联盟",在馆藏资源的创造性开发与文化创意产品的运营等方面为联盟提供助力,共同促进中国文化的传承和发展,为图书馆事业和自贸区文化产业打开新的篇章。

2018 年 6 月 17 日,首届中国(上海)国际文化装备博览会(CDEX)圆满闭幕。它以文化装备让文旅资源"活"起来为主题,历时 3 天,有 131 家中外参展商亮相,还有联展的 NAB 上海 120 个参展商。它包括技术产品展区、政府项目与创新案例展区、关联服务展商区等,涵盖数字多媒体、主题娱乐、文旅演艺、智能文娱和游艺游戏五大领域。它邀请来自全球的文旅演艺、主题游乐、数字博物馆、展览展示、出版印刷等各类技术、产品供应商,多个行业协会组织展示文化装备促进文化旅游与科技融合发展新趋势,并集中展示了 AI、VR∕AR、超 4K 高清、超流明投影、柔软 LED 屏、万能光影、3D 打印、全息成像、沉浸球幕、智能演艺装置和活化情景、云计算遥控、多平台流媒体播出等最新技术及应用。

2018 年 6 月 15 日,第二十四届上海电视节圆满闭幕。创办于 1986 年的上海电视节,包含白玉兰奖国际电视节目评选、白玉兰优秀电视节目展播、国际影视市场、电视市场、国际新媒体与广播电视设备市场"白玉兰绽放"颁奖典礼等活动。本届电视节首次设立"一带一路"主题馆,采用国际电视节目推介和国际买家交流会等多种互动方式，为各国电视业的交流与合作提供平台。本届电视节隆重推出的"白玉兰导赏"—上海电视节线下惠民放映活动，在中华艺术宫、梅赛德斯—奔驰中心、松江大学城放映来自 15 个国家和地区的 22 部海外电视剧、电视纪录片、动画片，并邀请有关明星、导演等主创人员与观众面对面交流。

2018 年 6 月 25 日，第二十一届上海国际电影节（SIFF）圆满闭幕，它共展映中外影片 492 部，放映 1 621 场，观众购票数 468 178 张。开票销售破纪录，前 58 分钟售出 23 万张，超过去年首日全天。作为中国唯一的国际 A 类电影节，和亚太地区最有影响力的电影节之一，上海国际电影节在发展中国电影产业方面发挥了重要作用。本届电影节包含"改革开放 40 周年电影海报展"、"金爵奖"、"亚洲新人奖"和"互联网影视峰会"等一系列活动。此外，首次创办"一带一路"电影周，来自 29 个国家的 31 家电影节机构，联合签约成立"一带一路"电影节联盟，推动上海成为国际文化交流枢纽城市。

2018 年 7 月，第十四届中国国际动漫游戏博览会 CCG EXPO 圆满闭幕。该届博览会的观众达到 20.6 万人次，其中专业观众 3.2 万人次，专业板块活动现场意向交易额 17.1 亿元，公众板块活动现场交易额 1.74 亿元，公众板块面积达到 5.5 万平方米，吸引了全球 350 多家优秀企业展商参展，这一代表"中国水平"和"上海文化"品牌的高端展会集聚了海内外动漫游戏的高品质内容，其中最为引人注目的是推动本土文化与国际时尚相结合的原创国漫。展会上颁布了《2017 上海动漫产业年度报告》《2017 全国动漫节展报告》等多份行业权威数据。许多企业也借此平台公布产业合作项目，例如腾讯动漫宣布与故宫博物院合作打造故宫主题漫画《故宫回声》；日本角川则宣布成立全资子公司"角川青羽"，与中国文娱企业合作打造中国国产 IP。

2018 年 8 月，上海市委副书记、市长应勇主持召开市政府常务会议，研究设立"上海文化产业发展投资基金"，拟对影视、演艺、动漫游戏、网络文化、创意设计、出版、艺术品、文化装备、旅游等重点领域进行投资。该基金将坚持市场化、专业化运作，选聘优秀管理团队，发挥专业运作能力，遴选优质投资项目，吸引更多社会资本参与，更好地发挥财政资金的杠杆作用和放大效应，引导社会资本投向实体经济,全力打响"上海文化"品牌,这对引导促进本市文化创意产业创新发展具有重要意义。

2018 年 8 月,沪港合作会议在香港举行,上海西岸与香港西九文化区正式签署战略框架合作协议,"双西"合作正式开启。上海西岸已经建立了初具规模的文化生态圈。西岸美术馆、龙美术馆、余德耀美术馆、梦中心等 20 多座文化场馆星罗棋布,每年举行逾 100 场文化活动,塑造了西岸建筑与艺术双年展、西岸艺术与设计博览会等著名品牌,成为上海文化创意产业的重要集聚区之一;香港西九文化区是全球规模最大的文化综合项目之一,它集艺术、教育、时尚、商业及公共空间于一身,包括 M+博物馆、香港故宫文化博物馆、戏曲中心、综合剧场等,制作及上演世界级展览、演艺节目等。未来五年,双方将进一步合作打造"双西"特色文化区品牌,助力沪港两地文化大都市建设。

2018 年 8 月,第十六届中国国际数码互动娱乐展览会(China Joy)在上海圆满闭幕。作为全球数字娱乐领域最具影响力的年度盛会之一,它以"新科技、新娱乐、新价值"为主题,涵盖了游戏、动漫、互联网影视、音乐、网络文学、电子竞技、智能娱乐软件和硬件、新生娱乐业态等领域。本届展会总面积 17 万平方米,共 15 个展馆,展出了 4 000 款展品、逾 5 000 台体验机,展会观众达到 35.45 万人次,同比增长 1.18 万人次,创历史新高;8 月 4 日单日观展人数高达 13.39 万人次,创造了历届观展单日入场人数之最。此次展会中的"全球电竞大会",以"更竞一步"为主题,旨在促进全球电竞产业互动交流,推动中国电竞产业健康发展。全国性游戏产业研发技术会议——中国游戏开发者大会(CGDC)也在展会期间举办。

2018 年 8 月 16 日,上海市文创金融合作座谈会举行。在这次会议上,对接文创企业与金融服务机构的信息平台"上海文创金融服务平台"正式上线。"上海文创金融服务平台"依托微信公众号开展服务,分设金融服务、申报指南、政策导航三个栏目,旨在提供全方位文创金融政策与服务信息,满足不同阶段、不同类型文创企业金融需求。中共上海市委常委、宣传部部长周慧琳指出,要抓住有利时机,加快推进上海文创金融深度合作;坚持创新驱动,创新产品和服务,创新机制和渠道,创新资金扶持方式,加快推出文创金融合作的新机制、新服务、新产品,为全力打响上海"文化品牌"、加快建设上海国际金融中心做出新的更大贡献。

2018 年 8 月,由上海自贸区国际文化投资发展有限公司、国家对外文化贸易基地(上海)主办的"2018 上海对话——艺术开启未来"在上海浦东陆家嘴召开。"上海对话"作为上海自贸区的重要文化品牌,已成功举办 3 届。来自国内外文化产业专家和企业代表 300 余人出席论坛,对文化产业的新现象、新发展、新趋势展开深入对话和研讨,同时发布四份文化艺术产业领域专业报告,介绍了上海自贸区文化产业平台的最新进展。"上海对话"论坛是基于国民经济转型和文化产业发展的大背景,积极搭建平台,做大做强文化艺术全产业链,形成文化艺术金融与消费的中心,提升中国文化艺术的国际竞争力的重要活动。据主办单位介绍:上海自贸区文化产业要学习发达国家的先进经验,同时也要为中国文化艺术产业在加强管理体制改革和扩大对外开放上寻求新发展、新机会,要拓宽产业视野、打破传统观念、积极引入新技术,不断创新转型和升级,走出一条有特色的文化创意产品开发、设计、生产、制造之路。同时,做大做强文化艺术全产业链,提升中国文化艺术的国际竞争力。

2018 年 8 月 4 日,2018 全球电竞大会在上海浦东召开,会上"上海电子竞技产业发展核心功能区"落户浦东并正式揭牌。在具体的支撑方式上,浦东方面表示,未来将利用自贸区优势,用产业链、价值链、资本链和服务链等支撑电竞产业的发展。上海市新闻出版局局长徐炯表示,深入推进"全球电竞之都"建设,坚持开放格局促出版行业发展,是上海打造城市文化名片、打响"上海文化"品牌工作的重中之重。相关领域的专家表示,相较于国内其他城市,上海拥有自贸区先行先试的体制创新经验、国际金融中心的优势与张江电子科技产业等重要资源,因此实现国外产业与中国传统文化进行嫁接,发展电竞产业等新兴业态,是当前上海大力发展文创产业的一项重要探索。

2018 年 9 月 2 日,2018 上海设计之都活动周圆满闭幕。它的主题是"打造设计梦想共同体·再设计",旨在通过对生活方式的再设计,改变消费习惯和时尚认知;通过对商业模式的再设计,促进业态创新和产业升级;通过对生态体系的再设计,推动城市更新和社会进步。它的主场展览——"创新生活设计体验展",总面积约 25 000 平方米,是历届规模最大的一次。3 天不同主题日活动和 6 大主题展区,汇聚了文化、科技、时尚、艺术、美食、教育等多个领域的内容;它汇聚了全球 10 多个国家 200 家品牌商,10 000 家设计新品,邀集全球近百位设计师、艺术家和意见领袖共同参与。它携手新媒体艺术平台MANA 旗下的 date 举办以"重构"RE－CODING 为主题的跨界论坛,聚焦"新城市"和"设计未来",关注"艺术与科技""商业与情怀",带来全球前沿的思考。

2018 年 9 月,由中共上海市委宣传部、市文广影视局、市新闻出版局指导,东方网牵头主办的第二届"上海文化企业十强""上海文化企业十佳"和"文化创业年度人物"揭晓。其目的是发掘和展示近年来上海文化产业发展取得的成果,培育和扶持一批具有自主知识产权和核心竞争力的骨干文化企业和文化企业创业者。经过四个月的推荐、展示、路演、投票、评选,最终诞生了新文化、张江文化等第二届"上海文化企业十强",河马动画、咪咕视讯等第二届"上海文化企业十佳"以及 10 位"文化创业年度人物"。此次入选的上海文化企业十强,侧重于规模实力、对行业发展的引领、对地区经济的影响力等方面;入选的文化企业十佳,主要侧重于促进产业融合、新业态培育、商业模式创新等方面;入选的文化创业年度人物,主要侧重于勇于创业、积极创新,创造良好社会效益和经济效益等方面。

2018 年 9 月,由亚洲艺术品金融商学院主办的"AIAF 大师讲堂:共话"上海文化"品牌,聚焦艺术金融实践暨《艺术品金融——实践与探索》新书发布会"在上海成功举办。来自上海社科院、国家文化产业创新发展研究基地以及其他来自上海学术界的多名文化产业和艺术品金融专家与来自文化艺术、银行、基金会、家族办公室、高校、在沪文创企业、媒体界嘉宾齐聚一堂,分享了在"上海文化"品牌建设的指引下,艺术品金融、文化艺术产业的创新实践与探索,共同交流经验和分享成果,展望上海城市文化的未来。与会专家指出要鼓励产业创新发展;优化产业载体布局;做大做强产业主体;营造产业发展环境;强化人才队伍支撑;深化"放管服"改革。努力吸收国内的资源,走向中高端的资源配置,不断创造各种新的模式,学习国外先进经验。

2018 年 9 月，闵行区召开 2018 年文化创意产业发展推进大会。会议旨在对全区文创产业发展进行规划、部署和动员，共商闵行文创产业的创新发展，提升文化创意产业的现代化、国际化、多元化水平，全力打响闵行文化创意产业品牌。会议明确了闵行文化创意产业的发展目标、重点领域、空间布局和行动路径，并对闵行文创产业创新发展提出明确的目标与要求。会议认为闵行区文创产业发展特色明显、实力强劲、潜力无限，希望闵行成为上海全球设计之都的重要区域和"5G"时代创意产业发展的核心区域，实现现代传媒文化产业的突破性发展，为全市文创产业发展贡献更大的力量。

2018 年 9 月，崇明区人民政府主办上海崇明生态岛国际论坛文化产业发展专题论坛，有关专家学者围绕"乡村振兴与文化产业发展"这一主题进行轮流发言，共同探讨崇明"生态+文化"的新兴发展模式。该论坛两年一届，汇聚了来自生态、经济和社会各领域的国内外专家，共同为崇明世界级生态岛建设和发展出谋划策。论坛迄今已成功举办六届。今年的论坛新设立了文化产业专题论坛，论坛的主题是"乡村振兴与文化产业发展"。通过与会专家的发言和交流，进一步凝聚文化发展共识，助推崇明文化产业发展。为推动"生态+文化"战略实施达成共识并形成有效指引，以此营造良好的文化产业发展氛围，引领崇明生态岛建设向深层发展，助推崇明乡村振兴早日实现。

2018 年 9 月，上海市政府与网易公司在沪签署战略合作协议，上海市与网易开启战略合作，共建文创产业基地。市委书记李强，市委副书记、市长应勇会见了网易公司董事局主席兼首席执行官丁磊一行。未来，双方将共同在徐汇区和青浦区分别建设网易上海总部及网易上海国际文创科技园，将云计算、大数据风控、智能机器人等业界前沿产品技术与上海相关产业对接，设立以AR、人工智能为主的核心技术研发中心和集消费、文化体验为一体的新商业展示体验中心、新技术展示体验中心，共同促进上海网络游戏和电竞产业、上海跨境电商产业发展，推动上海文创科技人才集聚，打造全国标杆型创新创业文创产业基地。通过升级创新引擎，助力文化领域供给侧改革。

2018 年 9 月 15 日，由中国文化创意产业研究会和上海大学联合举办的"新时代文化创意产业高质量发展"研讨会暨中国文化创意产业研究会 2018

年年会,在上海宝山区举行。本次会议以"新时代文化创意产业高质量发展"为主题,邀请近百名学界和业界文产专家共议中国文创新图景,为新时代中国文化创意产业的提升质量建言献策,指出中国文化创意产业的发展,经历了从引进学习到探索创新的发展阶段,并逐渐形成了自己特有的发展方式和发展路径。随着新时代的到来,中国文化创意产业的发展建设也面临着新的使命。特别是在以互联网为背景的产业升级和消费升级的语境下,文化创意产业的研究和实践更应强化产学研的融合,积极专注地探索优质文化产品的生成和不断推进新型文化业态的健康可持续发展。

2018 年 10 月,2018 中国(上海)国际乐器展开幕,旨在让文化创意与人工智造协同发展,乐器制造、商贸交流、艺术教育、文化演艺产业要素跨界融合,2018 中国(上海)国际乐器展精彩呈现。面对行业发展的热点,本届展会立足行业、科技、教育、文化视野,邀请国内外重量级行业嘉宾,精准对位行业与市场终端需求,集合行业智慧,力图破解行业发展瓶颈。本次展会汇聚海内外热门品牌和知名商家,吸引大量爱乐人群共享音乐参加。展会从产品科技创新、音乐教育培训、企业经营实操战略展开多元互动与前瞻信息分享,展商和观众零距离获取行业一手资讯、商贸洽谈取得了许多成果。

2018 年 10 月,东方明珠发布公告称,拟出资 5 亿元设立合资公司,与上海临港集团全资子公司在上海闵行浦江镇地区建设"东方智媒城"项目,打造全国首个智慧媒体产业集聚区。据相关消息来源,投资或将达到百亿元。项目对标英国媒体城,或将是上海下一个文化新名片。东方智媒城被设计为一个智能化园区,整个园区将引入社区大脑的管理理念,和其他传统产业园区相比,东方智媒城重要的核心之处在于——软硬结合的智慧媒体共享平台的建设。东方智媒城建成后将是上海地区面积最大的文化科技产业集聚区,也有望成为中国首个智慧媒体产业集聚区。并且结合购物中心、会展中心、金融、文化教育、医疗卫生、休闲娱乐等专项服务为一体,打造文创产业与体验经济高度融合的国际文化新地标。

2018 年 10 月 18 日至 22 日,第二十届中国上海国际艺术节演出交易会圆满举办。此次交易会吸引了来自 53 个国家与地区的代表参会,参会机构近

460家,参会人员近800人,推介演出31台,专业研讨会8场,包括爱丁堡国际艺术节、澳大利亚阿德莱德艺术节、瑞士琉森音乐节、英国曼彻斯特艺术节在内的世界重要艺术节都前来参展。交易会上的各种推介演出成为中国原创缤纷展示的舞台,此次还新增了"夜十档"推介演出,在推介新锐艺术家作品的同时,提供更多中外代表交流平台与空间。交易会举办国内"走出去"项目视频选拔推介会、境外项目视频选拔推介会、演艺项目创投会、"走出去"专业工作坊等8场专业交流与供需对接洽谈会。

2018年10月26日,由虹口区人民政府、上海社会科学院和上海戏剧学院主办的"2018世界城市文化论坛(上海)"隆重举办。本次论坛主题为"一带一路:文化交流与文化品牌",三个分论坛的议题为"城市文化建设品牌战略"、"城市文化交流新形式新内涵"和"城市文化创新发展与人类命运共同体建构"。2018世界城市文化论坛(上海)作为城市文化的交流平台,旨在促进文化与政治、经济、社会、生态的协同发展,鼓励城市间共享文化知识与经验,探讨文化在其各自城市中的作用,完善城市文化政策,为"一带一路"城市文化交流和城市文化品牌建设贡献智慧与经验。来自伦敦、波士顿、温哥华、巴塞罗那、开罗、曼谷、万象、瓦伦西亚、安卡拉、上海、香港、台北等城市的知名学者、业界专家及政府文化官员共计300余人与会。

2018年10月30日,第二十届中国上海国际艺术节长三角区域文化合作论坛在上海召开,本届论坛的主题为"一体联动,合作共赢",旨在通过分享区域文化融通合作的新机制、新态势和新成果,寻求长三角城市群地域文化深度共通共融的实践路径,充分发挥区域文化发展建设在城市群中的先行引导作用,在更大范围内推动实现文化资源与文化成果开放共享,从而推动长三角城市群一体化协调发展取得新的成就。

2018年1月到10月底,上海备案立项的电影244项,约占全国总数的10%;上海完片70部电影,其中20余部"上海出品"进入电影院线,年度累计票房突破100亿元。相比2017年上海全年出品41部电影,获49.6亿元票房,2018年上海出品影片数量增长七成,票房翻了一番以上,显示上海在建设全球影视创制中心方面跨出了新步伐。其中《无双》《一出好戏》《动物世界》《挑山女人》等电影,题材多样、关注现实、口碑突出,不仅在市场效益方面获得良好成果,更在艺术创作上有所创新。如青年导演文牧野执导的第一部长片《我不是药神》围绕平民英雄的故事,前半程诙谐幽默,后半程感人至深,以 30.99 亿元票房成为 2018 年暑期票房冠军,也是内地市场第 5 部票房超过 30 亿的影片。

2018 年 11 月 7 日到 9 日,第五届世界互联网大会在乌镇举行,上海张江的一批文化科技企业精彩亮相。它们包括沪江、连尚网络、阅文集团、喜马拉雅、云从科技、图麟科技、七牛云、达观数据、视+AR、叠境数字、小蚁科技、小派科技等近 20 家企业。这些企业展示了近年来在互联网领域的最新成果,显示了张江推动文化、科技、金融相结合,参与全球文化科技创新链和产业链,激发文化产业发展活力的举措。他们的代表也围绕共建网络空间命运共同体,探索互联互通的文化创意产业新业态,对推动互联网时代文化产业的发展等前沿课题建言献策,贡献了各自的智慧。

2018 年 11 月 29 日至 12 月 2 日,首届长三角国际文化产业博览会在上海举办。这是我国第一个以世界级大城市群的文化产业为参展主题和主要内容的文博会,它的主题是"推动长三角文化产业更高质量一体化发展",包括展览、论坛及区城联动等板块。它由长三角地区的江苏、浙江、安徽、上海三省一市共同打造,聚焦于服务国家文化、服务长三角一体化、服务世界级城市群建设的三大战略,成为有史以来长三角文化产业第一次全面、精彩、盛大的展示。它的展览规模近 2 万平方米,集中呈现近年来长三角文化产业中涌现的新动能、新业态、新模式、新品牌。它的展览部分包括新动能、价值链、新视野、酷天下、最乐活等五大展区;它的论坛部分邀请了海内外著名专家、学者、企业家代表共同探讨江南文化与新时代发展、推动文化产业高质量发展、演艺产业与塑造城市文化品牌、数字经济拓展文化产业新空间等重要议题。

上海影视摄制服务机构自 2014 年 10 月 28 日开始运营,到 2018 年 11 月,已经为来沪拍摄影视剧的机构提供包括政策咨询、外景服务、拍摄协调、专业人才、设备租赁等服务,涵盖了 100 多项服务内容,全国已经有近 3 900 家机构接受了免费的咨询和协调服务。根据此间颁布的《拍摄在上海—上海影视拍摄指南2018》,上海已经在16个区建立了影视摄制服务工作站和近200个可供拍摄单位取景的影视拍摄取景地,为众多影视作品留在上海、接轨上海、展示上海做了大量的工作。以此为起点,上海将开启更加广泛的全球影视协拍服务体系,以"走出去""引进来"的形式推动上海影视产业进一步向全球化纵深发展,吸引全球更多影视剧组前往上海拍摄制作影视作品。

# 16

# 后记

　　《上海文化产业发展报告（2019）》以"建设国际文化创意产业中心"为主题，深入研究了上海文化产业在"文创50条"引导下，建设具有国际影响力的文化创意产业中心的最新进展和重要经验。上海积极发挥市场在文化资源配置中的积极作用，在内部优化整合文化、创意、科技、资本、制造等要素，在外部整体把握文化创意产业与实体经济深度融合的趋势，推动全市文化创意产业跨入了新的发展阶段。上海聚焦于影视、演艺、动漫游戏、网络文化、创意设计、出版、艺术品、文化装备等八大重点领域，推动了重点文化产业向国际先进水平不断攀升，形成一批主业突出、具有核心竞争力的骨干文化创意企业，保持了全国领先的水平。上海积极贯彻长江三角洲区域一体化发展的国家战略，为推动长三角文化产业更高质量一体化发展做出了积极贡献。

　　本书汇集了15篇研究报告。上海社会科学院、同济大学、华东政法大学、上海工程技术大学、西南民族大学、上海交通大学、上海对外经贸大学、上海出版印刷高等专科学校、上海市网络游戏行业协会、上海市会展行业协会、上海文创特展研究中心、亚洲艺术品金融商学院、北京大学和韩国首尔大学等院校和机构的专家学者和专业工作者参加了研究报告的撰写，其中有许多是他们承担的重点研究课题成果。

　　本书的封面、内容提要、目录等由朱恬骅翻译成为英文。陈清荷、顾方舟等承担了本书的有关文字整理等工作。

编　者

2018 年 12 月